AHMED ARİF

Hasretinden Prangalar Eskittim

Ahmed Arif (1927-1991) Diyarbakır doğumludur. Ortaöğrenimini Afyon Lisesi'nde tamamladı. Ankara Üniversitesi Dil ve Tarih Coğrafya Fakültesi'nde felsefe eğitimi yaparken Ceza Yasası'nın 141. ve 142. maddelerine aykırı eylemde bulunma savıyla ilki 1950, ikincisi 1952-53 olmak üzere iki kez tutuklandığından öğrenimini tamamlama olanağı bulamadı. Çeşitli Ankara gazetelerinde çalıştı. Şiirleri 1944-55 arasında dönemin dergilerinde yayımlandı. İlk ve tek şiir kitabı *Hasretinden Prangalar Eskittim* 1968'de basıldı. Günümüze kadar defalarca baskı yapan kitap, başta 68 ve 78 döneminin sosyal muhalefet hareketleri olmak üzere geniş bir okur kesimi tarafından benimsendi ve bir klasik haline geldi.

Metis Yayınları
İpek Sokak 5, 34433 Beyoğlu, İstanbul
e-posta: info@metiskitap.com
www.metiskitap.com
Yayınevi Sertifika No: 43544

Metis Edebiyat
Hasretinden Prangalar Eskittim
Ahmed Arif

Metis Yayınları'nda İlk Basım: Mart 2008
Yirmi Birinci Basım: Ocak 2022

İlk kez 1968'de Bilgi Yayınevi'nden çıkmış; 2-44. basımları 2002'ye kadar Cem Yayınevi tarafından; 45-58. basımları 2007'ye kadar Everest Yayınları tarafından yayımlanmıştır. Ahmed Arif'in hayattayken kitaplaşmamış şiirlerini bir araya getiren *Yurdum Benim Şahdamarım* (Everest Yayınları, 2003) kitabının içeriği bu kitapta ek bölüm olarak verilmiştir. Ayrı bir başlık olarak yayımlanmayacaktır.

Kitap Tasarım: Emine Bora, Semih Sökmen

Dizgi ve Baskı Öncesi Hazırlık:
Metis Yayıncılık Ltd.

Baskı ve Cilt:
Yaylacık Matbaacılık Ltd.
Fatih Sanayi Sitesi No: 12/197 Topkapı, İstanbul
Matbaa Sertifika No: 44865

ISBN-13: 978-975-342-652-7

AHMED ARİF

HASRETİNDEN PRANGALAR ESKİTTİM

METİS YAYINLARI

Ahmed Arif (1927-1991)

İÇİNDEKİLER

ÜÇ YÜREKTEN

•

EKLER

AHMED ARİF VE ŞİİRİ ÜZERİNE

HASRETİNDEN PRANGALAR ESKİTTİM

SEVDAN BENİ

Terketmedi sevdan beni,
Aç kaldım, susuz kaldım,
Hayın, karanlıktı gece,
Can garip, can suskun,
Can paramparça...
Ve ellerim, kelepçede,
Tütünsüz, uykusuz kaldım,
Terketmedi sevdan beni...

İÇERDE

Haberin var mı taş duvar?
Demir kapı, kör pencere,
Yastığım, ranzam, zincirim,
Uğruna ölümlere gidip geldiğim,
Zulamdaki mahzun resim,
Haberin var mı?
Görüşmecim, yeşil soğan göndermiş,
Karanfil kokuyor cıgaram
Dağlarına bahar gelmiş memleketimin...

KARANFİL SOKAĞI

Tekmil ufuklar kışladı
Dört yön, onaltı rüzgâr
Ve yedi iklim beş kıta
Kar altındadır.

Kavuşmak ilmindeyiz bütün fasıllar
Ray, asfalt, şose, makadam
Benim sarp yolum, patikam
Toros, Anti-toros ve âsi Fırat
Tütün, pamuk, buğday ovaları, çeltikler
Vatanım boylu boyunca
Kar altındadır.

Döğüşenler de var bu havalarda
El, ayak buz kesmiş, yürek cehennem
Ümit, öfkeli ve mahzun
Ümit, sapına kadar namuslu
Dağlara çekilmiş
Kar altındadır.

Şarkılar bilirim çığ tutmuş
Resimler, heykeller, destanlar
Usta ellerin yapısı
Kolsuz, yarı çıplak Venüs
Trans-nonain sokağı
Garcia Lorca'nın mezarı,
Ve gözbebekleri Pierre Curie'nin
Kar altındadır.

Duvarları katı sabır taşından
Kar altındadır varoşlar,
Hasretim nazlıdır Ankara.
Dumanlı havayı kurt sevsin
Asfalttan yürüsün Aralık,
Sevmem, netameli aydır.
Bir başka ama bilemem
Bir kaçıncı bahara kalmıştır vuslat
Kalbim, bu zulümlü sevda,
Kar altındadır.

Gecekondularda hava bulanık puslu
Altındağ gökleri kümülüslü
Ekmeğe, aşka ve ömre
Küfeleriyle hükmeden
Ciğerleri küçük, elleri büyük
Nefesleri yetmez avuçlarına
–İlkokul çağında hepsi–
Kenar çocukları
Kar altındadır.

Hatıp Çay'ın öte yüzü ılıman
Bulvarlar çakırkeyf Yenişehir'de
Karanfil Sokağında gün açmış
Hikmetinden sual olunmaz değil
"Mucip sebebin" bilirim
Ve "kâfi delil" ortada...

Karanfil Sokağında bir camlı bahçe
Camlı bahçe içre bir çini saksı
Bir dal süzülür mavide
Al - al bir yangın şarkısı,
Bakmayın saksıda boy verdiğine
Kökü Altındağ'da, İncesu'dadır.

YALNIZ DEĞİLİZ

Bir ufka vardık ki artık
Yalnız değiliz sevgilim.
Gerçi gece uzun,
Gece karanlık,
Ama bütün korkulardan uzak.
Bir sevdadır böylesine yaşamak,
Tek başına
Ölüme bir soluk kala,
Tek başına
Zindanda yatarken bile,
Asla yalnız kalmamak.

Şafakları ben balığa çıkarım
Akan akmayan sularda
Benim, bütün tezgâhlarda paydosa giden
Bir bahar akşamı dünyada.

Ben dört duvar arasında değilim
Pirinçte, pamukta ve tütündeyim,
Karacadağ, Çukurova ve Cibali'de.

Zehirli kör yılanları
Ve sıtmasıyla
Gün yirmidört saat insan avında
Karacadağ'da çeltikler.
Bir kız çocuğunun gözyaşı gibi
– Ayak bileğinde bir dizi boncuk,
Sol omzunda nazarlık,
Dağ başında unutulmuş, üşümüş,
Minicik bir aşiretin kızının,
Damla - damla, berrak olur pirinci.
Kamyonlarla, katır kervanlarıyla
Beyler sofrasına gider...

Çukurovam,
Kundağımız, kefen bezimiz.
Kanı esmer, yüzü ak.
Sıcağında sabır taşları çatlar,
Çatlamaz ırgadın yüreği.
Dilerse buluttan ak,
Köpükten yumuşak verir pamuğu.
Külhan, kavgacıdır delikanlısı,
Ünlü mahpusânelerinde Anadolumun
En çok Çukurovalılar mahpustur,
Dostuna yarasını gösterir gibi,
Bir salkım söğüde su verir gibi,
Öyle içten
Öyle derin,
Türkü söylemek, küfretmek,
Çukurova yiğidine mahsustur...

Tütünü bilir misin?
"Kız saçı" demiş zeybekler,
Su içmez her damardan,
Yerini kolay beğenmez,
Üşür
Naz eder,
Darılır,
İki yaprak arasında kıyılmış,
Bir parçası var kalbimin
İncecik, ak kâğıtlara sarılır,
Dar vakit yanar da verir kendini,
Dostun susan dudağına...

Sokaklardan,
Kıyılardan,
Gök mavisinden,
Ekmeğinden,
Canevinden ayrı düşmeye
Yani bütün hasretlerin kahrına
Ve zehrine çaresiz kalmaların,
İlk nefesi Hızır gibi yetişir
Cibalide sarılan cıgaranın...

Tütün işçileri yoksul,
Tütün işçileri yorgun,
Ama yiğit,
Pırıl - pırıl namuslu.
Namı gitmiş deryaların ardına
Vatanımın bir umudu...

MERHABA

Gün açar,
Karın verir yağmurlu toprak.
İncesu Deresi, merhaba.
Saçakta serçeler daha çılgındır,
Bulutlarda kartal,
Daha çalımlı.
Koparır göğsünden bir düğme daha,
Tezkere bekleyen biri.
İncesu Deresi, merhaba.

Genç bayraklar vardır,
Barış düşünür,
Kuyularda işçi, mavilikleri.
Ben hepsini düşünürüm,
Yirmidört saat
Ve seni düşünürüm,
Karanlık, hırslı...
Seni, cihanların aziz meyvası.
İlân-ı aşk makamından bir mısrâ,
Yeşerip, kımıldar içimde,
Düşer aklıma gözlerin...

Oysa murad alamam.
Oysa akdan - karadan
Bilirim, payım bu kadar...
Unutmuş gülmeyi gözbebeklerim.
Unutmuş dudaklarım öpmeyi.
İncesu Deresi, merhaba...

HANİ KURŞUN SIKSAN GEÇMEZ GECEDEN

Yiğit harmanları, yığınaklar,
Kurulmuş çetin dağlarında vatanların.
Dize getirilmiş haydutlar,
Hayınlar, amana gelmiş,
Yetim hakkı sorulmuş,
Hesap görülmüş.
Demdir bu...

Demdir,
Derya dibinde yangınlar,
Kan kesmiş ovalar üstünde Mayıs...
Uçmuş, bir kuştüyü hafifliğinde,
Çelik kadavrası korugan'ların.
Ölünmüş, cânım, ölünmüş,
Murad alınmış...

Gelgelelim,
Beter, bize kısmetmiş.
Ölüm, böyle altı okka koymaz adama,
Susmak ve beklemek, müthiş
Genciz, namlu gibi,
Ve çatal yürek,
Barışa, bayrama hasret
Uykulara, derin, kaygısız, rahat,
Otuziki dişimizle gülmeğe,
Doyasıya sevişmeğe, yemeğe...
Kaç yol, ağlamaklı olmuşum geceleri,
Asıl, bizim aramızda güzeldir hasret
Ve asıl biz biliriz kederi.

İçim, bir suskunsa tekin mi ola?
O Malta bıçağı, kınsız, uyanık,
Ve genç bir mısrâdır
Filinta endam...
Neden, neden alnındaki yıkkınlık,
Bakışlarındaki öldüren buğu?
Kaç yol ağlamaklı oluyorum geceleri...
Nasıl da almış aklımı,
Sürmüş, filiz vermiş içimde sevdân,
Dost, düşman söz eder kendi kavlince,
Kınanmak, yiğit başına.
Bu, ne ayıp, ne de yasak,
Öylece bir gerçek, kendi halinde,
Belki, yaşamama sebep...

Evet, ağlamaklı oluyorum, demdir bu.
Hani, kurşun sıksan geçmez geceden,
Anlatamam, nasıl ıssız, karanlık...
Ve zehir - zıkkım cıgaram.
Gene bir cehennem var yastığımda,
Gel artık...

AKŞAM ERKEN İNER MAHPUSÂNEYE

Akşam erken iner mahpusâneye.
Ejderha olsan kâr etmez.
Ne kavgada ustalığın,
Ne de çatal yürek civan oluşun.
Kâr etmez, inceden içine dolan,
Alıp götüren hasrete.

Akşam erken iner mahpusâneye.
İner, yedi kol demiri,
Yedi kapıya.
Birden, ağlamaklı olur bahçe.
Karşıda, duvar dibinde,
Üç dal gece sefâsı,
Üç kök hercai menekşe...

Aynı korkunç sevdâdadır
Gökte bulut, dalda kaysı.
Başlar koymağa hapislik.
Karanlık can sıkıntısı...
"Kürdün Gelini"ni söyler maltada biri,
Bense volta'dayım ranza dibinde
Ve hep olmayacak şeyler kurarım,
Gülünç, acemi, çocuksu...

Vurulsam kaybolsam derim,
Çırılçıplak, bir kavgada,
Erkekçe olsun isterim,
Dostluk da, düşmanlık da.
Hiçbiri olmaz halbuki,
Geçer süngüler namluya.
Başlar gece devriyesi jandarmaların...

Hırsla çakarım kibriti,
İlk nefeste yarılanır cıgaram,
Bir duman alırım, dolu,
Bir duman, kendimi öldüresiye.
Biliyorum, "sen de mi?" diyeceksin,
Ama akşam erken iniyor mahpusâneye.
Ve dışarda delikanlı bir bahar,
Seviyorum seni,
Çıldırasıya...

SUSKUN

Sus, kimseler duymasın.
Duymasın ölürüm ha.
Aydım yarı gecede
Yeşil bir yağmur sonra...
Yağıyor yeşil.

En uzak, o adsız ve kimselersiz,
O yitik yıldızda duyuyor musun?
Bir Stradivarius inler kendi kendine,
Yayı, reçinesi, köprüsü yeşil.
Önce bendim diyor ve sonra benim...
Ölümsüz, güzel ve çetin.
Ezgisidir dolaşan bütün evreni,
Bilinen, bilinmeyen ıssızlıkları.
Canımı, tüylerimi sarmada şimdi
Kendi rüzgârıyla vurgun...
Sarıyor yeşil.

Rüya, bütün çektiğimiz.
Rüya kahrım, rüya zindan.
Nasıl da yılları buldu,
Bir mısra boyu maceram...
Bilmezler nasıl aradık birbirimizi,
Bilmezler nasıl sevdik,
İki yitik hasret,
İki parça can.
Çatladı yüreği çakmaktaşının,
Ağıyor gök kuşaklarının serinliğinde
Çağlardır boğulmuş bir su...
Ağıyor yeşil.

Yivlerinde yeşil güller fışkırmış,
Susmuş bütün namlular...
Susmuş dağ,
Susmuş deniz.
Dünya mışıl - mışıl,
Uykular derin,
Yılan su getirir yavru serçeye,
Kısır kadın, maviş bir kız doğurmuş,
Memeleri bereketli ve serin...
Sağıyor yeşil.

Aydım yarı gecede,
Neron, çocuk kitaplarında çirkin bir surat,
Ve Sezarsa, bir ad, yıkıntılarda.
Ama hançer taşı sanki
Koca Kartaca!
Hani, kibrit suyu vermişlerdi üstüne
Bak nasıl alıyor, yiğit,
Binlerce yıl da sonra
Alıyor yeşil.

Vurur dağın doruğundan
Atmacamın çalkara,
Yalın gölgesi.
Kuş vurmaz, tavşan almaz,
Ama aç, azgın
Köpek balıklarıydı parçaladığı
Bak, Tiber saygılı, suskun.
Bak, nilüfer dizisi zinciri.
Bunlar bukağısı, kolbağlarıdır,
Cihanın ilk umudu, ilk sevgilisi,
Ve ilk gerillası Spartakus'un.
Susuyor yeşil.

Sus, kimseler duymasın,
Duymasın, ölürüm ha.
Aymışam yarı gece,
Seni bulmuşam sonra.
Seni, kaburgamın altın parçası.
Seni, dişlerinde elma kokusu.
Bir daha hangi ana doğurur bizi?

Ruhum...
Mısrâ çekiyorum, haberin olsun.
Çarşıların en küçük meyhanesi bu,
Saçları yüzümde kardeş, çocuksu.
Derimizin altında o ölüm namussuzu...
Ve Ahmedin işi ilk rasgidiyor.
İlktir dost elinin hançersizliği...
Ağlıyor yeşil.

AY KARANLIK

Maviye
Maviye çalar gözlerin,
Yangın mavisine
Rüzgârda âsi,
Körsem,
Senden gayrısına yoksam,
Bozuksam,
Can benim, düş benim,
Ellere nesi?
Hadi gel,
Ay karanlık...

İtten aç,
Yılandan çıplak,
Vurgun ve belâ
Gelip durmuşsam kapına
Var mı ki doymazlığım?
İlle de ille
Sevmelerim,
Sevmelerim gibisi?
Oturmuş yazıcılar
Fermanım yazar
N'olur gel,
Ay karanlık...

Dört yanım puşt zulası,
Dost yüzlü,
Dost gülücüklü
Cıgaramdan yanar.
Alnım öperler,
Suskun, hayın, çıyansı.
Dört yanım puşt zulası,
Dönerim dönerim çıkmaz.
En leylım gecede ölesim tutmuş.
Etme gel,
Ay karanlık...

VAY KURBAN

Dağlarının, dağlarının ardı,
Nazlıdır.
Uçurum kıyısında incecik bir yol
Gider dolana - dolana,
Bir hastan vardır, umutsuz,
Belki Ayşe, belki Elif
Endamı kuytuda başak,
Memesinin, memesinin altında,
Bir sancı,
Bir hayın bıçak...

Ölüm bu,
Fıkara ölümü
Geldim, geliyorum demez.
Ya bir kuşluk vakti, ya akşam üstü,
Ya da seher, mahmurlukta,
Bakarsın, olmuş olacak.
Bir hastan vardı umutsuz,
Hasreti uykularda,
Hasreti soğuk sularda.
Gayrı, iki korku çiçeğidir gözleri,
İki mavi, kocaman korku çiçeği,
Açar, derin kuyularda...

Dağlarının, dağlarının ardı korkunçtur.
Hiç akıl edip de düşünen var mı?
Gün kimin hesabına tutar akşamı,
Rahmetinden kim demlenir bulutun,
Hayırlı evlât makina
Nasıl canavar kesilir.
Kurdun, karıncanın rızkını veren
Toprak nasıl ayartılır,
Yüz vermez topal öküze,
Ve almaz koynuna kara sabanı.

Sepetçioğlu'm bir kömür işçisidir,
Mavzer değil, kürek tutar Urfalı Nazif
Mal, haraç - mezattır,
Can, pazar - pazar.
Kırmızı, ak ve esmer,
Yumuşak ve sert buğdaları
Yaratan ellerin sahibidir bu,
Kör boğaz, nafaka uğruna,
Haldan düşmüş, tebdil gezer...

Dağlarının, dağlarının ardı,
Nasıl anlatsam...
Ağaçsız, kuşsuz, gölgesiz.
Çırılçıplak,
Vay kurban...
"Kim bu cennet vatanın uğruna olmaz ki feda."
Yiğitlik, sen cehennem olsan da bile
Fedayı kabul etmektir,
Cennet yapabilmek için seni,
Yoksul ve namuslu halka.
Bu'dur ol hikâyet,
Ol kara sevda.

Seni sevmek,
Felsefedir, kusursuz.
İmândır, korkunç sabırlı.
İp'in, kurşun'un rağmına,
Yürür, pervasız ve güzel.
Sıradağları devirir,
Akan suları çevirir,
Alır yetimin hakkını,
Buyurur, kitabınca...

Gün ola, devran döne, umut yetişe,
Dağlarının, dağlarının ardında,
Değil öyle yoksulluklar, hasretler,
Bir tek başak bile dargın kalmayacaktır,
Bir tek zeytin dalı bile yalnız...
Sıkıysa yağmasın yağmur,
Sıkıysa uykudan uyanmasın dağ.
Bu yürek, ne güne vurur...
Kaçar damarlarından karanlık,
Kaçar, bir daha dönemez,
Sunar koynunda yatandan,
Hem de mutlulukla sunar
Beynimizin ışığında yeraltı.

Her mevsim daha genç, daha verimli,
Sunar, pırıl - pırıl, sebil,
Ömrünün en güzel aşk hasadını,
Elimizin hünerinde yeryüzü.
Dolu sofra, gülen anne, gülen çocuklar,
Bir'e on, bir'e yüz'le akşama gebe
Şafakla doğan işgücü.
Yalanım yok, sözüm erkek sözüdür,
Ol kitapta böylece yazılıdır,
Ol sevdâ, böyledir çünkü...

UNUTAMADIĞIM

Açardın,
Yalnızlığımda
Mavi ve yeşil,
Açardın.
Tavşan kanı, kınalı - berrak.
Yenerdim acıları, kahpelikleri...

Gitmek,
Gözlerinde gitmek sürgüne.
Yatmak,
Gözlerinde yatmak zindanı.
Gözlerin hani?

"To be or not to be" değil.
"Cogito ergo sum" hiç değil...
Asıl iş, anlamak kaçınılmaz'ı,
Durdurulmaz çığı
Sonsuz akımı.

İçmek,
Gözlerinde içmek ayışığını.
Varmak,
Gözlerinde varmak can tılsımına.
Gözlerin hani?

Canımın gizlisinde bir cân idin ki
Kan değil, sevdamız akardı geceye,
Sıktıkça cellâd,
Kemendi...

Duymak,
Gözlerinde duymak üç - ağaçları
Susmak,
Gözlerinde susmak,
Ustura gibi...
Gözlerin hani?

KARA

Çarpmış,
Paramparça etmiş,
Kara sütü, kara sevdayla seni...
Ve kara memelerinde dişlerin âsi,
Karadır, upuzun yattığın gece,
Felek, âh ettirir, boynun kıl - ince...
Cihanlar, çocuklar, kuşlar içinde
Sızlar bir yerlerin
Adsız ve kayıp
Sızlar, usul - usul, dargın,
Ve kan tadında bir konca,
Damıtır kendini mısralarınca...

De be aslan karam,
De yiğit karam,
Hangi kalemin yazısı,
Zorlu yazısı,
Belanda?

Anadan doğma nişan mı,
Sütlü barut damgası mı,
Bir gece parçası mı kaburgandaki?
Kız kâkülü, ne hal eylermiş teni,
Ellerin, deli hoyrat,
Ellerin, susuz, yangın.
Ellerin ooooy alarga...

De be aslan karam,
De yiğit karam,
Hangi güzelin diş yeri,
Mavi diş yeri,
Sevdanda?

Vurmuş,
Demirlerin çapraz gölgesi,
Alnın galip ve serin.
Künyen çizileli kaç yıldız uçtu,
Kaç ayva sarardı, kaç kız sevişti,
Gelmemiş, kimselerin...

De be aslan karam,
De yiğit karam,
Hangi zehirin meltemi,
Saran meltemi,
Hülyanda?

Hakikatlı dostun muydu,
Can koyduğun ustan mıydı,
Bir uyumaz hasmın mıydı,
"Ooooof" de bunlar olsun muydu?

De be aslan karam,
De yiğit karam,
Hangi kahpenin hançeri,
Saklı hançeri,
Yaranda?

BU ZİNDAN, BU KIRGIN,
BU CAN PAZARI

Gördüler
Yedi cihan,
İn, cin, Kaf dağının ardındakiler,
Kıtlık da kıran da olsa
Gördüler analar neler doğurur
Amân amân hey...

Dünyalar vardır elvan,
Bir su damlasında, bir kıl ucunda,
Meyvalar vardır, meyvalar,
Ağacı, omcası yok,
Sana vurgun, sana dost.
Beride Kabil'in murdar baltası
Ve kan değirmenleri,
Kader kahpesi.
Beride borazancıları o puşt ölümün,
Hazır, zilzurna keyfinden,
Hazır ırzını vermeğe
Yiğitler vuruldukça.
Timsah kısmı çünkü yavrusunu yer
Akarsu duruldukça.
Cadı, yalan hamurunu dağ - dağ yoğurur
Amân amân hey...

Bu zindan, bu kırgın, bu can pazarı,
Macera değil.
Yaşamak, sade "yaşamak"
Yosun, solucan harcıdır.
Öyle açar ki murat.
Susuz, güneşsiz de kalsa, koparılsa da
Şavkı, bulut güllerinden daha bir suna,
Daha bir burcu - burcudur.

Bu zindan, bu kırgın, bu can pazarı
Macera değil
Sardığım toprağımın altın sabrıdır.
O sert, erkek hüznüdür lâhza başında
Cıgara değil.
Ve sevgilim uykusunda bağırır
Amân amân hey...

Meltemin bir tadı, ustura ağzı
Biri, kız memesi, tılsım,
Yağmurun bir damlası süzülmüş küfür,
Bir damlası, aşk.
Senin uykuların hayın,
Düşlerin kardeş.
Duyar mısın, ağlayıp sızlar mısın ki?
Gece, samanyollarında rüzgâr çıkıncayadek,
Mısrâlarım kardeş - kardeş çağırır
Amân amân hey...

Serabın bir sonu vardır,
Ufkun, sıradağın sonu.
Uçarın, kaçarın bir sonu vardır
Senin sonun yok.
Mandaların, kavakların pazarı olur,
Senin pazarın olamaz.
Sensiz nar çatlamaz, bebek gıı demez.
Beni böyle şair, divane etmez,
Kızımın çatal göğsü.
Senin yüzün suyu hürmetinedir
Buğdalara, cevizlere yürüyen
Kara toprağın ak südü...

Bir bilsen kimlere tasa, kedersin,
Anlar mısın, şaşırıp ağlar mısın ki?
Bir bilsen kardeşlerim ne can çocuklar
Ve bilsen nasıl vurur beni bu duvar.
Akşam - akşam, kara sevdam ağırır
Amân, amân hey...

UY HAVAR!

Yangınlar,
Kahpe fakları,
Korku çığları,
Ve irin selleri, aç yırtıcılar,
Suyu zehir bıçaklar ortasındasın.
Bir cana, bir başa kalmışsın vay vay!
Pusatsız, duldasız, üryan
Bir cana bir de başa
Seher vaktı leylım - leylım
Cellât nişangâhlar aynasındasın
Oy sevmişem ben seni...

Üsküdardan bu yan lo kimin yurdu!
He canım...
Çiçekdağı kıtlık, kıran,
Gül açmaz, çağla dökmez.
Vurur alnım şakına
Vurur çakmaktaşı kayalarıyla
Küfrünü, Medetsiz, Munzur.
Şahmurat Suyu kan akar
Ve ben şairim.

Namus işçisiyim yani
Yürek işçisi.
Korkusuz, pazarlıksız, kül elenmemiş,
Ne salkım bir bakış
Resmin çekeyim,
Ne kınsız bir rüzgâr
Mısrâ dökeyim.
Oy sevmışem ben seni...

Ve sen daha demincek,
Yıllar da geçse demincek,
Bıçkılanmış dal gibi ayrı düştüğüm,
Ömrümün sebebi, ustam, sevgilim,
Yaran derine gitmiş,
Fitil tutmaz, bilirim.
Ama hesap dağlarladır,
Umut, dağlarla.

Düşün, uzay çağında bir ayağımız,
Ham çarık, kıl çorapta olsa da biri
Düşün, olasılık, atom fiziği
Ve bizi biz eden amansız sevda,
Atıp bir kıyıya iki zamanı
Yarının çocukları, gülleri için
Herbirinin ayvatüyü, çilleri için,
Koymuş postasını,
Görmüş restini.
He canım,
Sen getir üstünü.

Uy havar!
Muhammed, İsa aşkına,
Yattığın ranza aşkına,
Deeey, dağları un eder Ferhadın gürzü!
Benim de boş yanım hançer yalımı
Ve zulamda kan - ter içinde, âsi,
He desem, koparacak dizginlerini
Yediveren gül kardeşi bir arzu
Oy sevmışem ben seni...

ANADOLU

Beşikler vermişim Nuh'a,
Salıncaklar, hamaklar,
Havva Ana'n dünkü çocuk sayılır,
Anadoluyum ben,
Tanıyor musun?

Utanırım,
Utanırım fıkaralıktan,
Ele, güne karşı çıplak...
Üşür fidelerim,
Harmanım kesat.
Kardeşliğin, çalışmanın,
Beraberliğin,
Atom güllerinin katmer açtığı,
Şairlerin, bilginlerin dünyalarında,
Kalmışım bir başıma,
Bir başıma ve uzak.
Biliyor musun?

Binlerce yıl sağılmışım,
Korkunç atlılarıyla parçalamışlar
Nazlı, seher - sabah uykularımı
Hükümdarlar, saldırganlar, haydutlar,
Haraç salmışlar üstüme.
Ne İskender takmışım,
Ne şah, ne sultan
Göçüp gitmişler, gölgesiz!
Selâm etmişim dostuma
Ve dayatmışım...
Görüyor musun?

Nasıl severim bir bilsen.
Köroğlunu,
Karayılanı,
Meçhul Askeri...
Sonra Pîr Sultanı ve Bedrettini.
Sonra kalem yazmaz,
Bir nice sevda...
Bir bilsen,
Onlar beni nasıl severdi.
Bir bilsen, Urfa'da kurşun atanı,
Minareden, barikattan,
Selvi dalından,
Ölüme nasıl gülerdi.
Bilmeni mutlak isterim,
Duyuyor musun?

Öyle yıkma kendini,
Öyle mahzun, öyle garip...
Nerede olursan ol,
İçerde, dışarda, derste, sırada,
Yürü üstüne - üstüne,
Tükür yüzüne cellâdın,
Fırsatçının, fesatçının, hayının...
Dayan kitap ile
Dayan iş ile.
Tırnak ile, diş ile,
Umut ile, sevda ile, düş ile.
Dayan rüsva etme beni.

Gör, nasıl yeniden yaratılırım,
Namuslu, genç ellerinle.
Kızlarım,
Oğullarım var gelecekte,
Herbiri vazgeçilmez cihan parçası.
Kaç bin yıllık hasretimin koncası,
Gözlerinden,
Gözlerinden öperim.
Bir umudum sende,
Anlıyor musun?

LEYLIM - LEYLIM

Leylım - leylım dünyamızın yarısı
Al - yeşil bahar,
Yarısı kar olanda
Gene kavim - kardaş, can - cana düşman,
Gene yediboğum akrep,
Sarı engerek,
Alnımızın aklığında puşt işi zulüm
Ve cânım yarı geceler
Çift kanat kapılarına karşı darağaçları,
Mahpusânede çeşme
Yandan akar olanda,
Gelmiş yoklamış ecel
Kaburgam arasından.
Yoklasın hele...

Çağıdır, can dayanmaz.
Çağıdır, en çatal, en ası,
Cehennem koncası memelerinin.
Çağıdır, kırk gün - kırk gece
Kolların boynuma kement,
He cânım kötüye inat...
Vâh ki ne desem,
Kurşunları namlulara sürülü,
İ'kelleri kan,
Baskıncılar uykumuzu yıkar olanda,
Alır yüreğim:

Yankın yasak, aynalara.
İnemem bahçende talan.
Tam, boş yanı bu, derim namussuzun,
Tam, bıçağım cehennem gibi güzelken,
Aklıma düşüyorsun
Ellerim arık......

Bilmiş
Bütün zula'lar,
Eğri hançer, kara mavzer, kan pusu.
Ve insan düşüncesinin o en orospu,
O en ayıp, frengili yemişi,
Çıldırtılmış uranyum
Bilmiş,
Bilsinler!.
Sana nasıl yandığımı
Uuuuy gelin...

İşte kan tutmuş korsanlar,
Haramla beslenmiş azgın,
Düzmece peygamberler
Ve cüceleri
Ve iğdiş ve aptal kölelerine karşı,
İşte bir kez daha
Bu can bendeyken,
Delin, divânenim işte
Uuuuy gelin...

Bu yasaklar,
Firavun kalıntısı.
Yoksun,
Akdan - karadan.
Gizline, cânevine kurulu faklar.
Gün ola, umut kesip korkunç yetinden,
Murdar tutkusuna dünyasızlığın,
Gün ola, düşesin bekler.
Düşme!.
Ölürüm...
Gözlerinden, gözlerinden olurum.

Leylım - leylım
Ayvalar, nar olanda
Sen bana yâr olanda
Belâlı başımıza
Dünyalar dar olanda.

HASRETİNDEN PRANGALAR ESKİTTİM

Seni, anlatabilmek seni.
İyi çocuklara, kahramanlara.
Seni, anlatabilmek seni,
Namussuza, haldan bilmez,
Kahpe yalana.

Ard - arda kaç zemheri,
Kurt uyur, kuş uyur, zindan uyurdu.
Dışarda gürül - gürül akan bir dünya...
Bir ben uyumadım,
Kaç leylım bahar,
Hasretinden prangalar eskittim.
Saçlarına kan gülleri takayım,
Bir o yana,
Bir bu yana...

Seni, bağırabilsem seni,
Dipsiz kuyulara,
Akan yıldıza,
Bir kibrit çöpüne varana,
Okyanusun en ıssız dalgasına
Düşmüş bir kibrit çöpüne.

Yitirmiş tılsımını ilk sevmelerin,
Yitirmiş öpücükleri,
Payı yok, apansız inen akşamdan,
Bir kadeh, bir cıgara, dalıp gidene,
Seni, anlatabilsem seni...
Yokluğun, Cehennemin öbür adıdır
Üşüyorum, kapama gözlerini...

DİYARBEKİR KALESİNDEN NOTLAR
VE
ADİLOŞ BEBENİN NİNNİSİ

1.

Varamaz elim
Ayvasına, narına can dayanmazken,
Kırar boynumu yürürüm.
Kurdun, kuşun bileceği hal değil,
Sormayın hiç
Laaaaal...
Kara ferman çıkadursun yollara,
Yârin bahçesi târümar,
Kan eder perçem

Olancası bir tutam can,
Kadasına, belâsına sunduğum,
Ben öleydim loooy...
Elim boş,
Ayağım pusu.
Bir ben bileceğim oysa
Ne âfat sevdim.
Bir de ağzı var dili yok
Diyarbekir Kalesi...

2.

Açar,
Kan kırmızı yediverenler
Ve kar yağar bir yandan,
Savrulur Karacadağ,
Savrulur zozan...
Bak, bıyığım buz tuttu,
Üşüyorum da
Zemheri de uzadıkça uzadı,
Seni, baharmışın gibi düşünüyorum,
Seni, Diyarbekir gibi,
Nelere, nelere baskın gelmez ki
Seni düşünmenin tadı...

3.

Hamravat suyu dondu,
Diclede dört parmak buz,
Biz kuyudan işliyoruz kaba - kacağa,
Çayı, kardan demliyoruz.
Anam sır gibi saklar siyatiğini,
"Yel" der, "Baharın geçer".
Bacım, ikicanlı, ağır,
Güzel kızdır, bilirsin,
İlki bu, bir yandan saklı utanır
Ve bir yandan korkar
Ölürüm deyi.
Bir can daha çoğalacağız bu kış,
Bebeğim, neremde saklayım seni?
Hoş gelir,
Safa gelir,
Ahmed Arif'in yeğeni...

4.

Doğdun,
Üç gün aç tuttuk
Üç gün meme vermedik sana
Adiloş Bebem,
Hasta düşmeyesin diye,
Töremiz böyle diye,
Saldır şimdi memeye,
Saldır da büyü....

Bunlar,
Engerekler ve çıyanlardır,
Bunlar,
Aşımıza, ekmeğimize
Göz koyanlardır,
Tanı bunları,
Tanı da büyü..

Bu, namustur
Künyemize kazılmış,
Bu da sabır,
Ağulardan süzülmüş.
Sarıl bunlara
Sarıl da büyü...

OTUZÜÇ KURŞUN

1.

Bu dağ Mengene dağıdır
Tanyeri atanda Van'da
Bu dağ Nemrut yavrusudur
Tanyeri atanda Nemruda karşı
Bir yanın çığ tutar, Kafkas ufkudur
Bir yanın seccade Acem mülküdür
Doruklarda buzulların salkımı
Firarî güvercinler su başlarında
Ve karaca sürüsü,
Keklik takımı...

Yiğitlik inkâr gelinmez
Tek'e - tek döğüşte yenilmediler
Bin yıllardan bu yan, bura uşağı
Gel haberi nerden verek
Turna sürüsü değil bu
Gökte yıldız burcu değil
Otuzüç kurşunlu yürek
Otuzüç kan pınarı
Akmaz,
Göl olmuş bu dağda...

2.

Yokuşun dibinden bir tavşan kalktı
Sırtı alaçakır
Karnı sütbeyaz
Garip, ikicanlı, bir dağ tavşanı
Yüreği ağzında öyle zavallı
Tövbeye getirir insanı
Tenhaydı, tenhaydı vakitler
Kusursuz, çırılçıplak bir şafaktı

Baktı otuzüçten biri
Karnında açlığın ağır boşluğu
Saç sakal bir karış
Yakasında bit,
Baktı kolları vurulu,
Cehennem yürekli bir yiğit,
Bir garip tavşana,
Bir gerilere.

Düştü nazlı filintası aklına,
Yastığı altında küsmüş,
Düştü, Harran ovasından getirdiği tay
Perçemi mavi boncuklu,
Alnında akıtma
Üç topuğu ak,
Ekşini hovarda, kıvrak,
Doru, seglâvi kısrağı.
Nasıl uçmuşlardı Hozat önünde!

Şimdi, böyle çaresiz ve bağlı,
Böyle arkasında bir soğuk namlu
Bulunmayaydı,
Sığınabilirdi yüceltilere...
Bu dağlar, kardeş dağlar, kadrini bilir,
Evvel Allah bu eller utandırmaz adamı,
Yanan cıgaranın külünü,
Güneşlerde çatal kıvılcımlanan
Engereğin dilini,
İlk atımda uçuran
Usta elleri...

Bu gözler, bir kere bile faka basmadı
Çığ bekleyen boğazların kıyametini
Karlı, yumuşacık hıyanetini
Uçurumların,
Önceden bilen gözleri...
Çaresiz
Vurulacaktı,
Buyruk kesindi,
Gayrı gözlerini kör sürüngenler
Yüreğini leş kuşları yesindi...

3.

Vurulmuşum
Dağların kuytuluk bir boğazında
Vakitlerden bir sabah namazında
Yatarım
Kanlı, upuzun...

Vurulmuşum
Düşüm, gecelerden kara
Bir hayra yoranım çıkmaz
Canım alırlar ecelsiz
Sığdıramam kitaplara
Şifre buyurmuş bir paşa
Vurulmuşum hiç sorgusuz, yargısız

Kirvem, hallarımı aynı böyle yaz
Rivayet sanılır belki
Gül memeler değil
Domdom kurşunu
Paramparça ağzımdaki...

4.

Ölüm buyruğunu uyguladılar,
Mavi dağ dumanını
ve uyur - uyanık seher yelini
Kanlara buladılar.
Sonra oracıkta tüfek çattılar
Koynumuzu usul - usul yoklayıp
Aradılar,
Didik - didik ettiler
Kirmanşah dokuması al kuşağımı
Tespihimi, tabakamı alıp gittiler
Hepsi de armağandı Acemelinden...

Kirveyiz, kardeşiz, kanla bağlıyız
Karşıyaka köyleri, obalarıyla
Kız alıp vermişiz yüzyıllar boyu,
Komşuyuz yaka yakaya
Birbirine karışır tavuklarımız
Bilmezlikten değil,
Fıkaralıktan
Pasaporta ısınmamış içimiz
Budur katlimize sebep suçumuz,
Gayrı eşkiyaya çıkar adımız
Kaçakçıya
Soyguncuya
Hayına...

Kirvem, hallarımı aynı böyle yaz
Rivayet sanılır belki
Gül memeler değil
Domdom kurşunu
Paramparça ağzımdaki...

5.

Vurun ulan,
Vurun,
Ben kolay ölmem.
Ocakta küllenmiş közüm,
Karnımda sözüm var
Haldan bilene,
Babam gözlerini verdi Urfa önünde
Üç de kardaşını
Üç nazlı selvi,
Ömrüne doymamış üç dağ parçası.
Burçlardan, tepelerden, minarelerden
Kirve, hısım, dağların çocukları
Fransız Kuşatmasına karşı koyanda

Bıyıkları yeni terlemiş daha
Benim küçük dayım Nazif
Yakışıklı,
Hafif
İyi süvari
Vurun kardaş demiş
Namus günüdür
Ve şaha kaldırmış atını.

Kirvem hallarımı aynı böyle yaz
Rivayet sanılır belki
Gül memeler değil
Domdom kurşunu
Paramparça ağzımdaki...

ÜÇ YÜREKTEN

AHMED ARİF

Cemal Süreya

> "Bir şair: Ahmed Arif
> Toplar dağların rüzgârlarını
> Dağıtır çocuklara erken"

Hasretinden Prangalar Eskittim kitabıyla Ahmed Arif'in şiiri de gün ışığına çıktı. Böylece Ahmed Arif'in Türk şiirinde zaten öteden beri sağlamış bulunduğu yer, okurun gözünde de matematik bir kesinlik kazandı. Sanırım, bu yer, bundan sonra en az tartışılır yerlerden biri olarak kalacaktır. Şu yaşadığımız günler sıkıntılı, karmaşalı günler. Çok hareketli günler. Ama bu arada fikir ve sanat hayatımızda yerleşik değerler ile yeni değerler arasında, yerleşik değerlerin kendi içinde, yeni bir trafik doğmuş bulunuyor. Şimdiye dek şu yönden bakılmış değerlere şimdi bir de bu yönden bakılmakta, dayanıksız değerler ufalanmakta, silinmekte, çok şeyin hesabı görülmektedir. Ayrıca sağlam değerler yerlerini bulmaktadır ya da bulmaları için pek bir şey kalmamaktadır. Bunun için, iyidir diyorum, bu sarsıntı, bu karmaşa. Daha önce şairler arası bir "pazarı" olan Ahmed Arif de bu arada bu durumdan fırlayıp okura uzanmak olanağını buldu ya da gereğini duydu.

Ahmed Arif Diyarbakırlı. İlk şiirleri 1948-51 yılları arasında bir-iki dergide göründü. O günlerde kendisi Ankara Dil ve Tarih Coğrafya Fakültesi'nde, Felsefe bölümünde öğrenciydi. Sonra tutuklandı. İlk şiirlerini ortaya çıkardığı sıralarda Orhan Veli ve arkadaşları şiire iyice hâkim görünüyorlardı. Garip dönemi bitmiş, Sabahattin Eyuboğlu'nun deyimiyle "halk olarak sanat"ın dolaylarında dolaşılmaya başlamıştı. Bütün gençler, bütün yeni yetmeler Orhan Veli'ye, Oktay Rıfat'a, Melih Cevdet Anday'a öykünüyordu. Sanki şiir yalnız onların yazdığıydı; onların yazdığından başka şiir olamazdı sanki. Gençlerin bu bilinçsiz tutumu şiirimize zararlı olmuştur. Ama genç sanatçıların çoğu böyle olmakla birlikte, aralarında kendi çıkış noktalarını geliştirmeye çalışan, Orhan Veli ve arkadaşlarına pek kulak asmayan kimseler de yok değildi. Ahmed Arif'i de bunlardan biri olarak görüyoruz. İlk şiirinde bile, Garip'le gelen şiirin içeriğine aldırmamıştır. Önerilmekte olan ve bir çeşit şiirsiz şiir diyebileceğimiz hareketi umursamadan kendi doğrultusunda çalışan birkaç şairden biri de odur.

Ahmed Arif'in şiiri bir bakıma Nâzım Hikmet çizgisinde, daha doğrusu Nâzım Hikmet'in de bulunduğu çizgide gelişmiştir. Ama iki şair arasında büyük ayrılıklar var. Nâzım Hikmet, şehirlerin şairidir. Ovadan seslenir insanlara, büyük düzlüklerden. Ovada akan "büyük ve bereketli bir ırmak" gibidir. Uygardır. Ahmed Arif ise dağları söylüyor. Uyrukluk tanımayan, yaşsız dağları "âsi" dağları. Uzun ve tek bir ağıt gibidir onun şiiri. "Daha deniz görmemiş" çocuklara adanmıştır. Kurdun kuşun arasında, yaban çiçekleri arasında söylenmiştir, bir hançer kabzasına işlenmiştir. Ama o ağıtta, bir yerde, birdenbire bir zafer şarkısına dönüşecekmiş gibi bir umut (bir sanrı, daha doğrusu bir hırs), keskin bir parıltı vardır. Türkü söyleyerek çarpışan, yaralıyken de, arkadaşları için tarih özeti çıkaran, buna felsefe ve inanç katmayı ihmal etmeyen bir gerillanın şiiridir. Karşı koymaktan çok, boyun eğmeyen bir doğa içinde. Büyük zenginliği ilkel bir katkısızlık olan atıcı, avcı bir doğa içinde.

1959-62 yılları arasında Ankara'daydım, Muzaffer Erdost tanıştırmıştı bizi. Hemen dost olmuştuk. O sıra, Muzaffer Erdost, *Ulus* gazetesinin basımevi müdürüydü. Ahmed Arif de *Medeniyet* gazetesinde çalışıyordu. Haftanın üç-dört günü beraberdik. Daha doğrusu üç-dört gecesi. Ben, geceye doğru, saat 11-12 sıralarında *Ulus* gazetesine giderdim. O ara, kendi gazetesini erkenden bağlamış bulunan Ahmed Arif de oraya gelmiş olurdu. Muzaffer'in odasında oturur, sabaha kadar konuşurduk. Nelerden konuşurduk? Her şeyden. Sabahleyin, yürüye yürüye Kızılay'a kadar gidilir, orada ayrılınırdı. Yaz, kış, hep böyle. Bu sıkı ilişki birbirimizi iyice tanımamıza yardım etti. Her şairin konuşma tarzıyla (hatta yüzüyle) şiiri arasında bir yakınlık, bir benzerlik vardır muhakkak; ama konuşmasıyla şiiri arasında bu kadar bir özdeşlik bulunan bir şaire ilk kez Ahmed Arif'te rastlıyordum. Onun şiiri, konuşmasından alınmış herhangi bir parça gibidir; konuşması ise, şiirin her yöne doğru bir devamı gibi. Bir bakıma "oral" (ağza ilişkin) bir şiirdir onunki. Bizde oral şiirin tuhaf bir kaderi vardır: Bu şiirde, genellikle, ya kuru bir söylevciliğe düşülür, ya da harcıâlem duyguların tekdüze evrenine. Daha doğrusu, nedense şimdiye kadar genellikle böyle olmuştur. Bu, sözün yakışığı uğruna, şiirin elden çıkarılması, harcanmasıdır. Ahmed Arif'in şiirinde böyle bir sakınca yok. Hiçbir zaman söyleve düşmez. Bir duygu sağnağı, imgeler halinde, sıra sıra mısralar kurar. Ana düşünce, dipte, her zaman belirli, ama sakin durur; çoğalır, büyür belki, ama kalın bir damar halinde hep dipte durur. Ahmed Arif, kendi şiirine en uygun yapıyı ve mısra düzenini bulmuş bir şairdir. Anlatımıyla, şiirin özü arasında özdeşlik vardır. Türkçe destan türünün en ilginç deneylerini yapmıştır. En ilginç çıkışını desek daha yerinde olacak. Bir yalçınlığı koyuyor şiirine Ahmed Arif, bir graniti. O yalçınlıktan, birden, sınır köylerine iniyor; "tavukları birbirine karışan" insanları anlatıyor. Bu birdenbirelik onu kekre diyebileceğimiz bir lirizme ulaştırıyor. Ya da tersi oluyor. Eksiksiz bir silah koleksiyonunun arasından görüşmecisinin yolladığı taze soğan demetini görüyorsunuz. Ahmed Arif, Doğu Anadolu'nun, sınır boylarının yersel görüntüleri içinde oraların türkülerini kalkındırıyor, bütün Anadolu türkülerine ulaştırıyor onları, büyütüyor, besliyor; ama boğulmuyor onların arasında. Doğu Anadolu insanının müthiş malzemesini korkusuz bir lirizm içinde önümüze yığıyor. Sonra bütün Anadolu insanına doğru yayıyor onu. Pir Sultan Abdal'ı, Urfalı Nazif'i, Köroğlu'na, Bedrettin'e götürüyor. Büyük bir sevgiye, bir umuda çağırıyor Anadolu insanını; gözlerinden öperek, çıldırasıya severek. Evet, halk türkülerinden yararlanıyor Ahmed Arif. Yalnız, halk kaynağının, edebiyat için, şiir için, türkülerden öte daha bir sürü olanak taşıdığını, hatta öbür halk kaynakları içinde türkülerin o kadar da büyük bir ağırlık taşımadığını iyi biliyor. Bu yanıyla halk kaynağına eğildiklerini sanan başka şairlerden ayrılıyor. Onlar gibi sadece türkülere yaslanmıyor. Özellikle destan türü için vazgeçilmez olan tavrı ta temelden takınıyor. Çalışmalarını ona göre yapıyor.

Ahmed Arif kendi şiirine en uygun yapıyı ve mısra düzenini getirmiştir, dedik. Bir de, Paul Eluard için söylenmiş bir sözün onun şiirine de uyduğunu söyleyelim: Paul Eluard'ın şiiri imgenin tutsağı değildir; gerçeküstücü döneminde de, ondan sonraki dönemde de, şiirin temelinde yatan ana öğe, mısraların kısalığı, kuruluş tarzı ve bunları birbirleriyle bağlama biçimi sayesinde ipuçlarını hiçbir zaman saklamamıştır. Ahmed Arif'te de öyle. İmge, çıplaklığın çarpıcılığını taşır; düşünce, vurucu özelliğini ilk anda kullanır. *Hasretinden Prangalar Eskittim*'de bunun birçok örneğini görüyoruz. Sonra imge onda sınırlı bir öğe değil. Bir bakıma şiirin kendisi, bütünü. Öyle ki bütünüyle vardır onun şiiri. Kelimeler ilişkin oldukları kavramları aşan ve daha geniş durumları kavrayan bir nitelik gösteriyor. Şiirin bütünü içinde kullanılmış bazı düz sözler inanılmaz bir çarpıcılık, bir imge yeteneği kazanmaktadır Ahmed Arif' te. Öte yandan, şiirin içinde birer ikişer kelimelik mısralar halinde akan bu sözler biçim yönünden de önem kazanmaktadır. Öyle ki, kendiliğinden doğa ve yalnız Ahmed Arif'e özgü gizli bir aruz gibi bu sözlerden bütün şiire bir müzik yayılmakta, ya da bütün şiir çekidüzenini onlarda bulmaktadır.

Sözgelimi, "Otuzüç Kurşun"da:

Yakışıklı
Hafif
İyi süvari

mısralarının; yine aynı şiirde:

Ve karaca sürüsü
Keklik takımı...

mısralarının böyle bir işlevi vardır.

Bu, Mayakovski'nin ritm elde etmek için yaptığı biçim çalışmalarını akla getiriyorsa da, aslında bu noktada iki şairin tutumlarını birbirine karıştırmamak gerekir. Mayakovski için, ritm, bir yerde, her şeydir; "şiirin temel gücünü" ritimde bulur o; bir endüstriye benzettiği şiir için ritm manyetik gücü ya da elektriklenmeyi temsil eder. Ahmed Arif için ise ritm sadece bir olanak olarak önemlidir. Ama aralarındaki asıl ayrım şurda sanırım: Mayakovski'de ritm, bir bakıma, şiirin dışında bir yerdedir, anonim bir tekniktir. Bunun için sık sık düşey ya da yatay ses benzerliklerine, bağdaşımlarına başvurur. Daha özetlersek: Mayakovski ritmi ses'te aramaktadır. Ahmed Arif ise söz'de arar. Bunun için onun şiiri bir noktada "oral" niteliğini bırakır, çok ötelere gider. Bu yanıyla çağdaş şiirin en yeni yönsemelerine karışır. Özellikle imge konusunda yaptığı sıçrama onu bugünkü şiiri hazırlayanlardan biri yapmıştır. Zaten birçok şairin onun etkisinden geçmesi de bunu gösteriyor. Sadece bu bakımdan bile *Hasretinden Prangalar Eskittim*, geç kalmış bir kitap değildir. Bir de şu bakımdan geç kalmış bir yapıt değildir *Hasretinden Prangalar Eskittim*: Yaşsız bir şiirdir Ahmed Arif'in şiiri. Günün değil, çağın değil, çağların "aktüalitesi"yle doludur. "Künyesi çizileli" kim bilir kaç yıldız uçmuştur. Dirsek teması içinde bulunduğu köylülerin, yürüyerek gezdiği kasabaların arasından tarihi kalın çizgilerle görmeyi sever. Tarihi ve uygarlığı. Yalnız, "Diyarbekir Kalesinden Notlar ve Adiloş Bebenin Ninnisi"nde daha güncül bir tavrı var. "Otuzüç Kurşun"da da biraz öyle. Bir yerde tarihten önce yaşamış bir ozan konuşuyor sanırsınız, başka bir yerde en genç kuşağın bir verimi karşısında gibisinizdir. Bu bakımdan elli yıl sonra da yayımlansaydı aynı ilgiyi görecek, sevilecekti bence.

Hollanda'ya gittiğimde orada Van Gogh'un sarılarının kaynağını bulmuş ve daha çok sevmeye başlamıştım Van Gogh'un resimlerindeki sarıları. Çünkü Hollanda'daki coğrafyanın yeryüzü şekillerinin, bitkisel örtünün sarıları Van Gogh'u içimde somutlamış ve bir yere oturtmuştu. Onun çalışmasını gözümde daha da büyütmüştü. Doğal verilerle yaratıcı çalışma arasındaki böyle bir ilişki sanat yapıtının değerini arttırıyor. Sanat yapıtı gerçeğin asalağı olmamalıdır, ama bütün bütüne de ondan kopmamalıdır, ondan kopmayışın kanıtlarını taşımalıdır.

Aynı şekilde, Erzurum toprağını gördükten, Doğu Anadolu'daki yeryüzü şekillerini, iyice dolaşıp içime sindirdikten sonra, Âşık Veysel'in sesine daha çok tutuldum. Van Gogh'un sarıları Hollanda toprağının baskın renklerini taşıyor, bir yerde onlara katkıda bulunuyordu, onların arasında açılmış çılgın, sanrılı çiçekler gibiydi. Âşık Veysel'in sesinde de Doğu Anadolu toprağının rengi, kıvamı, taşıl niteliği, köy evlerinin içinden geçen arklar, yüzükoyun yatarak su içen delikanlılar, genç kızlar vardı. Ahmed Arif'in şiirinde de, şiirini yaparken kullandığı araçlar da, anlattığı yerlerin, yapıtına koyduğu hayatın çok tutarlı bir bileşkesini görüyorum. Özellikle destan türünde bunun nice önemli olduğunu anlıyorum Ahmed Arif'i okurken.

Cesareti söylüyor Ahmed Arif. Yiğitliği.
Bir pınar gibi, bir yeraltı suyu gibi, bir tipi gibi.

Dostuna yarasını gösterir gibi.

Yücelerde yıllanmış katar katar karın içinde yürüyor yalnayak ve ayakları yanarak.

Papirüs, Ocak 1969

AHMED ARİF

Nedret Gürcan

Şiir el sallıyordu hafiften
Ölgün Sezar gibi bizlere
Dönmez sanırdım gittiği yerden
Bir gün Lorca'ya çalan yüzüyle.

Senin şiirindi niceden
Çiçeği gizli açan akasya
Lâv gibi tomurcuğu geceden
Patladı çıktı işte, sabaha.

Sıcacık düşlerindi yıllarca
Dişlerinde sancı gibi beklettin
Şiirinle, insan dolu sevdanla
"Hasretinden prangalar eskittin."

Yeditepe Dergisi, Mart 1969

AHMED ARİF

Yılmaz Gruda

Yazmak seni
yazmak seni ak kâğıda–
bir dağı yazmak, bir boranı
seni ustam – ustalarım
nasibolmadı bize hayrülhalef mertebesi
yani granite yazmak
yazmak seni–

Dikine koşturmak bir ulu suyu
bir felsefe
dem tutmak bırakmanın, bırakılmanın kahrında
–sunulmak üzre bir feyz muhabbetinde–
çengi-düğün bir kanı susturmak kitaplara adanıp
geyik –etine girerken doğa–
o bir avuç su, o bir avuç toprak
o cehennem bedende
bir çelik gibi döverek umudu
o çatal yürekte çifte su vermek–
yaşamak halk sevmenin kıyâmetini
yürümek bir ömrü kıl payında muhannetin
geçmek sırat köprüsünden
kan gülleri patlarken göğüslerde
ve taş çıkartıp ilm-ü simyaya
hasret ile sabır ile yontarak karanlığı
bahasız bir elmas gibi yaratmak insanı
yani ne mümkün yazmak seni–

Bu çırak el, bu usul yürek
bu dağ yürümemiş, bu çiçek büyümemiş adam
ne bilsin bir nasıl zenaattir yiğitlik
sadece el öpüp icazetin almış
mısra-ı berceste düşürmeye bin acıdan
ve kim özün alır güneş salkımların
bir bağ bozumunda–
duyup bildiği, görüp ettiği

Yani ne mümkün okumak seni
sen ki hiç döndürmedin yüzün öte
ecel beşikleri kurulurken dağlarda
ve her kum zerresinde bir can
İşte! Burada! Şuracıkta!–
bir can sönerken yırtarak yaşamın yüzün
sen hiç çevirmedin yüzün öte
demir çubuklar var idiyse de dönüp devrânın
dönüp baktığın yerde
yani mümkünü yok yazmak seni–

Benimki eline varmak
baş alıp somun kırmaktan–
dinlemek bir ulu suyu
bir adam gübresi batağında
kutsamak elin, yüreğin, emeğin
ve yazmak seni ustam
yazmak boynum borcu
yazmak – ummanda damla.

Kuyumcular-Şiirler, İstanbul: Papirüs, 1980

EKLER

SUNUŞ

Filinta Önal

Değerli okurlar,

Yakınında olanların bildiği gibi babam, kendince yeterli ve gerekli bir süre şiirlerini zihninde ve yüreğinde damıtır, sonra kaleme alırdı. Sevdiklerinin ve okurlarının hasretle beklediği ikinci şiir kitabında yer alacak şiirleri de bu aşamadan geçmiş ve onun gözünde artık okurla buluşmaya hazır hale gelmişti. Ancak vakitsiz vefatı hepimizi bu şiirlerinden mahrum bıraktı.

Bunlardan dilimizde ve yüreğimizde yalnızca zaman zaman dost meclislerinde paylaştığı, çeşitli söyleşilerde okuduğu bazı şiirleri kaldı.

İşte 2003 yılında *Yurdum Benim Şahdamarım* adıyla ayrı bir kitap olarak yayımlanan, ancak burada bir ek bölüm halinde sunduğumuz şiirlerle, en azından elimizde kalanları okura sunmayı arzu ettik. Burada yer verdiğimiz şiirler, babam tarafından *Hasretinden Prangalar Eskittim*'e alınmayan, fakat çeşitli dergilerde yayımlanmış gençlik şiirlerinden ulaşabildiklerimiz ile ikinci kitabı için kaleme alabildiği şiirlerinden derlenmiştir. Amacım, babamın şiirlerini okurla paylaşmanın yanı sıra, bu alanda çalışma yapan edebiyat tarihçilerinin ve araştırmacılarının da değerlendirebilmeleri için tek ve doğru bir başvuru kaynağı oluşturmaktır.

Bundan sonra ayrı bir kitap olarak basımı yapılmayacak bu ek bölüm ile, babamın dilden dile dolaşan, ancak kendi imzasıyla bir kitapta toplanamamış şiirlerine de bir bakıma sahip çıktığım kanısındayım.

Ocak 2008 (2003), Ankara

KALBİM DİNAMİT KUYUSU

Şafakları,
Taaa şafakları
Nice bir
Yangınları düşer alın çatıma
Gencecik ölüme gitmenin.
Yığılır boşkovanlar, dumanlı
Ve susar mitralyözler kuytularda.
Suskundur,
Karanlıktır,
Kayıtsızdır,
Her namlu.
Beni kurşunlar götürür
Kollarım vurulu
Gözlerim açık.
Şafakları,
Taaa şafakları,
Kınalı tavşanlar suya inmeden,
İlk çığlıklarındayken martılar,
Kamplarda idamcılar
Azgın ve manyak
Tan yerinde kızartılar...

Tan yerinde kızartılar
Hey canım,
Orada,
Sularla
Sınırlarla
Uzaklar uzağında
Ve benim şuncağızımda hemencecik
Göğüs kafesimin altında, solda,
Barajlar, yeşeren çöller,
Katarlar, traktörler,
Yani her vidasında bin sevda,
Her civatasında bin saygı,
Bin ustalıkla,
İşlenen ve yaratılan dünyaların kımıldanışı
Ve hayatı pırıl pırıl çarktan çıkaranların
Deliksiz uykularından uyanışı.

Kutlu ve saygındır bir daha
Berrak çelik,
Renkli pamuk
Ve sütlü buğday.
Kutludur, saygındır kuşkusuz
Çimentosu ninnilerle karılan
Çeliğine su diye
Öpücükler verilen

Çatılarında köpürmüş güvercin uğultusu
Bahçelerinde güneş sağnaklarıyla
Görkemli çocuk saraylarının
Cana can katan nuru.
Yani, yaratan ve adaletli olan insan gücünün
o her yerde geçerli
Kesenkes haklı onuru.

Kutlu ve saygın olacak elbet
Beni yiğitler götürür
Katlarına sevda ile varılan
Yiğitler ki,
Dişlerini tükürmüş
Yiğitler ki,
Hayaları burulan.

Yan yana, upuzun, boylu boyunca
Tepeden tırnağa kan
Yiğitler ki,
Her biri bir parça vatan
Gözlerinde
Bir küfür kasırgası
Ana - avrat
Ah ulan...
....

Canımda damıttım seni ey zulüm,
Sancısını
İnceden
Kum gibi taşıdığım.
Kasığımda Amerikan kemendi
Bağıra bağıra geceler boyu
Kaskatı kesilip
Kan işediğim.

Uzmandı cellatlar
Ve hinoğlu hin.
Akım kabloları, kıskaçlarıyla
Bilenmiş azıları ve hınçlarıyla,
Buyruğunda gangster emperyalizmin.
Gene de yıkamadılar, sökemediler
Ve bozguna uğradılar sonunda
Karşısında çırılçıplak yüreğin
....

Beni baskınlar götürür
Gerillanın şahdamarı halkıma
Korkunç ve soylu bir tutkudur dayatma
Yalnız bu kadar da değil,
Yarin hayâli gibi üstelik
Nazlıdır,
Usuldur,
İnce,
Bilgedir,
Biz ki, ustasıyız
Vatan sevmenin
Umut, saklımızda ölümsüz bayrak
Kırmızı - kırmızı
Dalga - dalgadır...
Beni gözlerin götürür
Gözlerin, aşkla, acıyla...
Kuşatmışlar sesimi, soluğumu
Kesilmiş tuz - ekmek payım.
Vurgunum
Ve darda,
Gözaltındayım.

Dal, kor keser penceremde açarsa,
Kuş, vurulur üzerimden uçarsa,
Ve hal böyle böyle,
Yol bu yöndeyken.
Gelir,
Ki, her gelişinde daha da içten
Gelir,
Soluk soluğa benim olursun.
Amansız sarmasında kollarımın
Esrik, çığlık çığlığa
Erir, kar gibi vücudun.
....

Nicedir,
Kahpe ağzında
Bir salgın,
Bir deprem gibi künyemiz
Nicedir,
Başımıza zindan dünyamız
Biz ki, yarınıyız halkın
Umudu, yüz akıyız
Hıncı, namusu...
Şafakları,
Taaa şafakları
Hey canım,
Kalbim, dinamit kuyusu...

Yeni A Dergisi, Sayı 22, Ocak 1974, s. 21

ONUR DA AĞLAR

Gözlerinin pınarında
Bir bulut,
Boşandı boşanacak
Nerdeyse.
Aklımdan geçenleri
Okuyorsun su gibi.
Dünya gördü,
Bizi boğazladılar...
Tutma gözyaşlarını
Onur da ağlar...
Bırak yıkansın gökyüzü,
Lâcivert, yeşil, altın
Işıkları günbatının
İşte şafaktayız gene
Çırılçıplak
Ve mavi.

İşte sanki dağ yeli
Ve işte sanki meltem...
Kimse toz konduramaz
Kesip attığımız tırnağa bile.
Sen en güzel kızısın
Bütün galaksilerin
Bense tözüyüm artık
Akkor tözüyüm,
Prometheus'u yakan
Kara sevdanın...

Ne alnımızda bir ayıp
Ne koltuk altında
Saklı haçımız.
Biz bu halkı sevdik
Ve bu ülkeyi.
İşte bağışlanmaz
Korkunç suçumuz...

YURDUM BENİM ŞAHDAMARIM

Engereğin dişlerine işledim,
Ağu dişlerine
Oluklu, çentik...
Ve vurgun,
Gözleri bir çift cehennem
Burnuna kan tütmüş
Pars bıyığına...

Dağın pulat yüreğine işledim,
Şimşeğin masmavi usturasına
Sevdanı usul - usul
Sevdanı mısra - mısra
Lo ben seni hapislerde sevmişim,
Ben seni sürgünlerde.
Yurdum benim
Şahdamarım...

Yücende buzul
Ve kar,
Maviş dağ tavşanları
Gün vuranda alaran
Zemheri yılanları
Ve yakut bir hışımla
Öyle çakılan
Sonsuzluğun yakışığı kartallar.
....

Başım gözüm üstünesin
Suskum, avazım üstüne...
Adından başka silah
Yazgından başka günah
Daha yazmamış
Hiçbir gizli dosyada
Hiçbir açık kitapta.

Peşinde azgınları
Kanlı paranın
Yani Doların itleri,
Altın, Sterlin kurtları
Ve petrol Nemrutları
Ve kurşun Yezitleri...
....

Kaçgunda, kaçakta
Can havlindesin...
Ve çocuk ölüleri
Parçalanmışlar
Daha süt kokuyorlar
Ve anne ölüleri
İncecikten, gencecikten
Açık hepsinin gözleri.
Halkım benim
Askıda çığ...

TUTUKLU

Birden
Kurşun yemiş gibi susar,
Gözbebeklerime karşı.
Susar da, açılıp yol verir şehir,
Sade radyolarda bir gamlı hava:
"Elaziz uzun çarşı..."

Firarda gözüm yok,
Namussuzum yok,
Yok pişmanlık bir halim;
Yaslanıp, bir cıgara yakmak isterim
Dumanı cevahir değer.

Mağlup mu desem, mahçup mu?
Ama ikisi de değil,
Ben garip, sen güzel, dünya mutlu...
Öyle tuhafım bu akşamüstü,
Sevgilim,
Canavar götürür gibi
İki yanım, iki süngü...

Yeryüzü, Sayı 11, Mart 1952

BASÜBADELMEVT

Vazgeçemem mahşerinde!
Birinci boylamdan taa en uzağa,
Her miliminde enlem aralarının,
Silkinip uyacak da arınmış pişman,
Ve çiyan ve güvercin
Ta kimsede tek sızı kalmayıncaya,
Değse de ellerimiz o yitik düşe,
Vazgeçemem mahşerinde
Kar - beyaz oyumdan asla,
Kıyamet sabahı et - cana...

Bu nedensiz düzen körlere sungu,
Beyin dokularında yosunlar
Lağımlık, yeşil.
En gücü, en koyanı,
Bilmezlikten gelir ya da bilmezler
Saçları, tırnakları bir örnek uzar,
Düşlerine gül sakları eğilir.

Ya ben, "OL" dediğin altıncı gündem,
Bu mısrâ, hele yâr, bu ası tutku,
Çatlatıp kaburgamı, boyverinceye
Yetmiş bin yıl karasız sular üstünde
–Ve üç kez daha yetmiş bin–
Suuuu, suuu diye dişlerimi tükürdüm.

Sundun,
Haram, it kanı...
Hayır, yetti cömertliğin,
Dokunsam dellenirem,
Kusarım, aklıma düşende,
Üstelik "bilmek" gibi korkunç bir ayıptayım
Kan'ı,
İlk çıldıranı...

Ne Sûr'un sancılanmış ejder hum - hum'u
Ne hışmı çağrıcıların,
Bir cehennem kapılarını tutmuş dört - başlı'ların.
Bir tüyümü bile kıpratmıyacak
Örneğin şuncağızı,
Yârin dil urmağa doyamadığı
Şu omuzbaşımda biteni,
Kıyamet sabahı et - cana.

Kör zindan, başın dönmesin,
Ne kork, ne şaşır.
Erdemlerin, boksuyu avuntuların,
Bütün kavramların yittiği sıra,
İlk, Beethoven doğrulacak ağrısız, güleç.
İlk, Stradivarius usta gerecek yayı.
Ve kızımın, yasaksız ayva tadında
Kansız, gözyaşsız, kirsiz,
Ölünmez yaratıcam dünyayı...

Yeni Ufuklar, Sayı 35, Ağustos 1956

RÜSTEMO*

Modan Yaylası'na eşkin almadan
Maktele üzerinde sağımız
Karbeyaz Çermik Dağları
Solumuz kan kırmızısında Fırat'tır
Dört mevsim yeşildir orman
Ve toprak çetin
Baharları aşiretler iner Dersim üstünden
Sürü otlatır
Odunda
Kömürde
Pamukta
Gönlü bir akarsu gibi alıp götüren
Irzdan ve ekmekten yana
Bir kara sevdadır
Yeşil murattır
Ve bundan ötürü tutmuş dağları
Ve almış yürümüş sulardan öte
Kıl çadırlarda maceramız

* Şair, bu şiirini 1948'de kaleme almıştır.

Yasak bundan böyle zulüm
Ve öşür
Ve haraç
Ve angarya
Ve katil
Ve soygun
Ve talan
Ve küfür kıza kısrağa
Yasaktır, emreder Dağlar Paşası
Elinde, affetmez Fransız Üçlüsü...

Gayrı malûmunuz olsun halim
Hayrola encam
Malûm ola
Ayan beyan
Dosta ve düşmana serencam

Önce Şeyhülislâm fetva buyurur
Katlim dört mezhepte vacip görülür
Sonra saray ferman eyler
Ve kaltak vurulur ordugâhlarda

Dar vakit yetiştin tatar ağası
Bir elimde kana batmış hamaylım
Bir elim derman eyler
Cano

Buncasına kavga demezem
Kızanlar idman eyler
Hele sarılmasın dört bir yanımız
Tamam cümle dağlar mevzi almıştır
Ve yatmış pusuya patikalar

Salavat getirir dağ dağ taburlar
Narlı Bahçe üzre kanlı bir akşam
Gelen elçi değil
Azrail olsun
Anam avradım olsun kaçarsam.

Militan, Sayı 2, s. 9-10

KARA SEVDA*

Bir uzak rüyada yorgun ıhlamur,
İkindiler sonu inen ıssızlık.
Ve Araf kokulu uzak bir yağmur,
Hâlâ düşüncemde sonsuz yalnızlık.

Yemyeşil saltanat minarelerde,
Dualar ki ıslak, meçhul ve derin.
Ağıtla içilir pencerelerde,
Uzak hatırası sevilenlerin.

Haşin bir uzlettir kurşun sonbahar,
Hummalı alınlar serin camlarda.
Ve kara sevdalı delikanlılar,
Bekleşir... Bekleşir bu akşamlarda.

Servetifünun, Sayı 2433, 27 Mayıs 1943

* Bu şiire ulaşmamızı sağlayan Sayın Arif Damar'a ilgi ve katkısından ötürü çok teşekkür ederiz.

........................*

Palmiro, Palmiro şanlı işçi
Sıcak yaralarındaki barut kokusu
Kesik, anaların sütü
Ve kaçmıştır bebelerin uykusu
Korku katedrallerinde yarımadanın
Gün görmüş meydanları Roma'nın
Bizimledir
Mavi mavi eser deniz meltemi
Sicilya'nın güneşli kalçaları
Kartpostal dalgınlığında Napoli bahçeleri bizimle
Bizden yanadır hava
Bizden yanadır su
Bizden yanadır Sinyor de Gasperi'nin
Ve bütün sinyorların korkusu
Ürkmüştür manastır fareleri.

Ahmed Arif'in notu:

Şimdi buna şiir denir mi, denmez mi? Olsa olsa bir dölüt, cenin. Bundan sonra da olamaz. Bu ancak, öyle sanıyorum, edebiyat tarihçilerini, araştırmacıları ilgilendiren bir konu olabilir. Yoksa halkın huzuruna çıkacak bir şiir değil bence...
Burada, yıllar sonra, hiçbir gurura, büyüklük duygusuna kapılmadan, önce İtalyan proletaryasından, sonra halkımdan özür diliyorum. Yapacak hiçbir şeyim yok. Bu şiiri ne savunabilirim, ne onun için ağıt yakabilirim. Baltalanmış, boğazlanmış bir şiirdir bu. Erken doğumda ölen oğullarım var, hüngür hüngür ağladım, onun gibi bir şey işte...
Eğer, bu anlattığım olaylar olmasaydı bu şiir gelişebilirdi. Nasıl olurdu? Bilemiyorum. Ama böyle de kalmazdı. Daha bir yüz akıyla halkın karşısına çıkardı.

* Şair, bu şiirine isim vermemiştir.

.........................[*]

Bir mavi gül bahçesi yorganım
Uyku saçlarımın meçhul şarkısı
Sonra yastığımda ilk gölgen kızlık
Ve ilk unutuluş hürriyet raksı

Yumuşaklığında köpükten öpüşlerin
Mukaddes günahlar cenneti oda
Dikişsiz beyazlığında tüllerinin
Bir ay süzülecek buluta

Ve bir mavi şarap gözlerindeki
Musiki gölgelerinde yorgun
Sen hep öylesine güzel sevdalım
Ben sana Allahsızcasına vurgun

* Ahmed Arif'in Afyon'da, lisenin birinci sınıfındayken yazdığı bir şiir. Şair, bu şiirine isim vermemiştir.

.............................*

Bir akşam üstüdür şarabî
Bahçeler ve dağlar üzre hükümran
Tam dünyayı dolaşmak saatindesin
Ay ışığı su içer birazdan.

Kızarmış kalçalarını çanlar
Alabildiğine vurur
Manşetlerde kilometre kilometre yalan
Sallanır durur.

Sen çocuk tulumunda
Matbaa mürekkebi
Rüsva olmuş ellerinin emeği
Alıp götürmüşler dost dediğini
Almış rüzgârlar içini.

* Şair, bu şiirine isim vermemiştir.

Ümide benzer
Sevdaya
Soğuk bir namludur
Kör ve pusuda
Ense kökünde zulüm
Ve sermiş cânım sofrasını dört başı mâmur
Burnun dibine
Hürriyet.

Seviyorsun mümkün
Aranızda kurşun
Yasak bölge var
Sen genç
Sevdan ölünecek kadar güzel
Kanunu yapanlar ihtiyar.

Meydan, 15 Mayıs 1948

AHMED ARİF
VE ŞİİRİ ÜZERİNE

AHMED ARİF'LE BİR KONUŞMA

Veysel Öngören

"*Vurun ulan,*
Vurun,
Ben kolay ölmem."

VEYSEL ÖNGÖREN: *Dilimizde etkili olan ama şiirimizde kolay rastlanmayan sözcükleriniz var. Bu tazeliği nasıl yakaladınız?*

AHMED ARİF: Bu sorunuzu kısaca "halkımın dilini sevmek, o'nun türküleri, ağıtları, masallarıyla beslenmekle" deyip yanıtlamak var. Ama o sözcüklerden bazı örnekler vermek, böylece konuyu daha açık ve anlaşılır hale getirmek de gerekli belki.

"Bir ben bileceğim oysa
ne âfât sevdim."

Buradaki âfât sözcüğünü halkım "korkunç, kahredici, karşı konulmasının oluru olanağı yok bir belâ ya da salgın" gibi sözcük, deyim ve kavramları yetersiz bulduğu yerde kullanır.

Ben de örneğin "Çok sevdim... Yürekten sevdim" diyebilirdim. Sanırım buna kimsenin bir diyeceği de olmazdı. Ancak o zaman sıradan bir mısra kurulmuş olur ve ortaya şiir yükü bakımından yoğunluk, derinlik ve çarpıcılıktan yoksun, tatsız bir deyiş çıkardı.

"Olancası bir tutam can
kadasına, belâsına sunduğum"

Bu "olanca" sözcüğünün tam karşılığı "topu topu"dur. Karacaoğlan da "olancası" der. Şimdi mısra içindeki yerinden ve şiirsel yoğunluktan vazgeçtim; bu iki deyimi çıplak olarak da bir ölçüye vursak "topu topu"nun hiç, ama hiçbir puan alma gücü yok.

İkinci mısradaki "Kada"yı halkım bazen "Kafilkada" olarak da kullanır. Apansız gelen belâ, kara yazgı anlamına gelir. Özellikle Diyarbekir ve Siverek'te analar, çocuklarına acırken "kadan olaydım oğul, başan döneydim" derler. Bir türküde de şöyle bir mısra var: "Şirin canıma gelsin sana gelen kadalar." Şimdi bu sözcüğü de karşılıkları ile ölçüye vuralım. Ortaya gene deminki sonuç çıkar.

"Dört yanım puşt zulası"

Puşt'un ne olduğu herkesçe bilinen bir şey. Zula'yı belki bilmeyenler vardır. Argoda, mahpusane argosunda çok yaygın bir deyimdir. Taşınması kanunla yasak edilmiş nesnelerin saklandığı yer demektir. Mahpusanede tabanca, bıçak, jilet, esrar ve eroin gibi serbestçe taşınamayacak şeyler, içi oyulmuş takma dişten, ceket yakası ve ustaca sıvanıp restore edilmiş duvar kovuğuna kadar çeşitli yerlerde saklanır. İşte bu gizli yerlere "zula" denir. Genel olarak herkesin bir zulası olduğu kabul edilir. Ancak mert adamın zulasından pek korkulmaz. Çünkü kişiliği gereği kimseye puştluk etmez. Oysa puştun zulası namussuzluğa örnek faklar, açmazlar ve soteye getirip vurma hileleri ve provokasyonla doludur. "Dört yanım puşt zulası" sanırım şimdi daha anlaşılır hale geldi.

Şimdi konuyu toparlayalım: Sizin deyiminizle Türk şiirinde rastlanmayan etkin sözcükleri, ben evde, sokakta, işyerinde konuşurken de kullanırım. Cemal Süreya'nın *Papirüs*'te beni anlattığı bir yazısında belirttiği gibi benim şiirim ile konuşmam arasındaki özdeşlik hemen hemen hiçbir şairde yoktur. Kısacası, halkımın canlı, elvan ve gürül gürül dilinden hiç kopmadım ki şiirimde kopayım, yozlaşıp, yabancılığa boğulayım.

DENEYCİLERİN HALİ ORTADA!

V.Ö.: *Şiire başladığınızdan bugüne dek, ülkemizde çeşitli şiir deneyleri oldu. Siz şiirinizi bu etkilere kapama yolunu seçtiniz ve bunu da başardınız. Bu tutumun nedenlerini ve size başarı gücünü veren düşünceyi açıklamak ister misiniz?*

A.A.: Lisede karaladığım mısralarda daha çok edebiyat öğretmenimize beğendirme çabası vardı. Yani biraz Haşim, biraz Tanpınar, biraz Tarancı ve çokca da acemilik... Bir süre sonra bu yazdıklarımın şiir olmadığına ve gerçek şiirin bu kadar kolay yazılmaması gerektiğine inandım. Öğretmenimin ısrarına rağmen bu inancım hiç sarsılmadı. O günler asıl yaygın moda, Orhan Veli gibi yazmaktı. Üstelik çok da kolay bir yoldu bu. Biraz yaratılış gereği, biraz da şiirin, gıdıklama, alay ve ucuz espri ile asla bağdaşmayacağına olan inancımdan, bu yola dönüp bakmadım bile. Yaratılış gereği dedim, buna yaşayış tarzı ve dünya görüşünü de katmak gerek. Orhan Veli olsun, çevresindekiler olsun, birer küçük burjuvaydılar. Hem de İstanbul burjuvası. Düşünce ve davranışları, kendilerine örnek seçtikleri Fransız şairlerinin paralelindeydi. Oysa ben Doğuluydum. "Az gelişmiş" değil, sömürülmek için kasıtlı olarak geri bırakılmış bir ülkenin, aşiret töreleriyle yetişmiş bir çocuğuydum. Sömürgeci Fransız toplumunun, bohemi, serseriliği ve gerçekten kaçma çabalarını kutsayan şairleri, elbette beni ırgalamazdı. Halkımın duygularına ve çıkarlarına yabancı ve aykırı olan bu moda akımından başka bir şiir akımı yok muydu? Vardı kuşkusuz. Nâzım diye bir okyanus vardı. Rıfat Ilgaz, A. Kadir, Suphi Taşhan ve Abdülkadir Demirkan gibi yürekli ağabeyler de vardı. Bunlar, hapiste ya da sürgündeydiler. Şiire yeni başlamış devrimci bir delikanlının karşısına Nâzım'ı dikerseniz, çocuk ya paniğe kapılır ve ters akımların uydusu olur, yahut ezilir, kötü bir kopyacı kesilir. –Hidrojen bombasına karşı Kürt hançeri ne yapabilir?– Üniversitede ve mahpusanede bazı arkadaşlarım, "Nâzım'dan sonra şiir yazmak, boşuna bir gayret, hatta saygısızlık," diyordu. Onlarla hiç tartışmadım, hep sustum. Çünkü dedikleri bir bakıma doğruydu. Ne var ki "Nâzım gibi şiir yazmak" ile "Nâzım'dan sonra şiir yazmak" arasında vatanımın dipsiz uçurumları gibi bir uçurum vardı. Elbette Nâzım'ı yahut başka bir ustayı budalaca izlemekle kimse şair olamazdı. Ama Nâzım'dan da, başka ustalardan da sonra şiir yazılacaktı. Yoksa Shakespeare'den sonra trajedi, Moliere'den sonra komedi yazmak gerekmezdi. Nitekim, Dede Korkut, Yunus, Pir Sultan, Şeyh Galip ve Fuzuli gibi büyük ustalardan sonra da soylu şiirler yazılmıştı...

Sadede gelelim: Kimini sevsem, kimini hiç takmasam da bu moda olmuş etkili şairleri kendi hallerine bırakmam gerektiğini her şeyden önce bir mertlik borcu saydım. İş bir kez "etki"ye dökülmesin. Etkilere bile bile kucak açan bir şairin soylu bir yol seçtiği söylenemez bence. Bu yol ile insan belki "deneyci" olabilir, ama şair olamaz. İşte bu inanç ve duygularla halkıma sığındım. Şiirimi günün modası olan etkilere kapadım. Göbeğimi kendim kestim ve kasaba minnet etmedim.

ALKIŞ AMA KİMİN ALKIŞI?

V.Ö.: *Alkışlamaya karşı dayanıklısınız. Sessizlikte korkmamayı ve sessizlikte umutsuzluğa düşmemeyi nasıl öğrendiniz?*

A.A.: Bu sorunuz beni küçük burjuvazinin sezgiden yoksun ve diyalektik yöntemden habersiz eleştirmenleriyle karşı karşıya getiriyor. Bunların yergilerini, elbette övgü ve alkışlarına yeğ tutarım. Bunlar, sınıf yapılarından gelen çıkar kaygıları, yadsıma ve korkularla sürekli bir tutarsızlık içinde bunalıp gitmekteler. Ve bunların alkışı, benim gibi bir "dağlı" için yakışıksız bir lüks olur ancak.

BİR DE HALKIN VE ŞAİRLERİN ALKIŞI VAR

Bu eleştirmenlerin dışında şiirin işçiliğinde uzman, namuslu şairler var. Asıl eleştiriyi bu şairler yapıyor. Bunları elbette saygıyla karşılıyorum. Bu konuda beni duygulandıran bir durum daha var. Bazı şiirlerim kitabım yayınlanmadan çok önce Kürtçe ve Zazacaya çevrilerek elden ele köylere kadar yayıldı. Böylece dağlarda şu ya da bu nedenle kaçak dolaşan yiğitlerin donatım ve pusatları arasına bir "Otuzüç Kurşun"un, bir "Adiloş Bebenin Ninnisi"nin de katılması beni çok duygulandırdı. Kitabım çıktıktan sonra günlük ekmek parasından kesip onu alan binlerce yurttaşımın, özellikle Doğu Mitinglerinde şiirlerim okunurken "He kurban he" diye nağra atıp yüreğini ortaya koymasını saygıyla anacağım. Bunun dışında kısaca şuna da değineyim. "Alkışa karşı dayanıklı olmak" önce bir yetişme ve eğitim sorunudur. Hem devrimci töreye, hem bizim aşiret töresine göre bir yiğit, alkışa tutkun olamaz. Eh yiğitlik zagonu bu olunca bize de buna uymak düşer.

SESSİZ VE DERİN BİR HALK

"Sessizlikte korkmama"ya gelince... Ben, sessiz ve derin bir halkın çocuğuyum. Hem yalnız sessizlik değil, genel olarak korkusuzluk da halkımın en belirgin özelliği. Buna diretme ve başkaldırmayı da eklemek gerek. Ancak sorunuzu yanıtlarken konuyu böylece kestirip atmak, salt ırkçıların hoşlanacağı bir bağnazlık olur. Evet bu korkusuzluğu, soya çekim yasalarından çok, devrimci öğreti, devrimci bilinç ve kavga koşullarına borçluyum.

UMUTSUZLUK YASAK

"Umutsuzluğa düşmek" ise bir devrimciye yasaktır. Cellat elinde işkencede ölüme bir soluk kalmışken bile. Yalnız yasak değil ayıptır da. Çünkü devrimcinin kendisi, insanlığın yarını ve umududur. Bir kural, bir ilkedir bu. Namussuzluğun, alçaklığın egemen olmadığı, soylu, güzel ve onurlu bir dünya, bu temel ilke üzerinde kurulur. Bu bayrak, yüreğime delikanlıyken çekildi. Şimdi kırkı aştım, her an daha zorlu bir rüzgâr ile atardamarımı doldurmakta:

"... Biz ki, yarınıyız halkın
Umudu, yüzakıyız
Hıncı, namusu...
Şafakları,
Taaa şafakları
Hey canım,
Kalbim, dinamit kuyusu..."

Şimdi sözü sonuca getirelim. Bir yiğit şairse, üstelik bir de devrimciyse elbette yaşadığını yazar. "Yaşadığı" ise salt kendi ömrü değil, yaşama kavgası ve sevdasıyla, acıları, ağıtları, türküleriyle bir yanı geçmiş yüzyılların karanlığına, bir yanı geleceğin aydın sonsuzluğuna uzanan halkın ta kendisi olmalıdır.

Ankara Birliği Dergisi, Mart 1970

AHMED ARİF'LE İLGİLİ BİR ANI, BİR-İKİ NOT

Metin Demirtaş

Ahmed Arif ve şiiri üstüne ne söyleyebilirim?..

Öyle çok yazılar yazıldı ve öyle çok güzel sözler edildi ki... Yeni ve özgün bir şeyler söylemek güç.

Mezarı başında yaptığı konuşmada Ataol Behramoğlu, "Ahmed Arif' in şiirinde biraz Yunus, biraz Pir Sultan vardır," demişti. Hatta halk masallarına kadar götürdü bu şiirin kaynağını. Yunus, Pir Sultan, masallar ve halk türküleri... İşte Ahmed Arif'in yaslandığı kaya, su içtiği kaynak...

1989 Haziranında bir imza günü için Antalya'daydı. Bir-iki gün konuğum oldu. Bir gece geç vakitlere kadar konuştuk. Daha doğrusu ben kimi sorular sordum, o konuştu, ben dinledim. Sevgisi gibi öfkesini de saklısız, çıplak sergileyen bir dil... Sevdiklerini, güzel, yüce sözlerle övüyor, onurlandırıyor, sevmediklerini de aynı içtenlikle ve zehir gibi bir dille yeriyor. Yahya Kemal'i anınca "His var mı bu âlemde nekahat gibi tatlı" mısraının ardından, "O herif hiç iyi olmadı ki ne bilsin nekahatın tadını ve şiirini yazsın..." diyor, Necatigil anılınca bu kez, Necatigil'in kişiliği ve şiiri üstüne söyledikleri gül, sümbül oluveriyor.

O gece konuştuklarımızın birçoğunu sonradan Refik Durbaş'ın *Ahmed Arif Anlatıyor* adlı, Ahmed Arif'le yaptığı konuşmaları içeren kitabında okudum. Benim tuttuğum notların kimileri kitapta yok. Kimi konularda da Ahmed Abi ayrıntılara inmemiş. Örneğin, Yılmaz Gruda. Yılmaz Gruda'nın dar ve zor günlerde kendisine gösterdiği dostluk, dayanışma, onun evinde hastalıkla verdiği yaşam savaşı, vs...

Yolcu edeceğim günün sabahı "Yurdum Benim Şahdamarım" şiirinden bir bölümü eliyle yazıp imzalayıp anı olarak bıraktı. Bir gece önce dostlarla birlikte lokantada okuduğu şiirden bir bölümdü. O gece, "İlk kez burada okuyorum," diyordu. Sevindim ve yüreğimle dinledim. Gece birlikte eve dönerken şiirin bir dizesi bir şimşek gibi şavkıyıp durmuştu belleğimde:

"Şimşeğin masmavi usturasına"

Dinlediğim yeni bir şiiriydi. Ama sanki daha önce bildiğim bir şiiri dinliyormuşum gibi bir duyguya kapıldım. Teknik olarak, ses ve eda olarak kimi şiirlerini çok andırıyordu. Bu, az yazmış olmasının nedenlerinden biri olabilir miydi? Soracaktım, soramadım, erteledim. "Çoğaltmamış, yığmamış" olması namuslu bir şair tavrıydı. Şiire duyduğu saygının bir gereğiydi. Çünkü Ahmed Arif'in şiiri, sözcüğün tam anlamıyla "Organik bir şiirdi". Diyesim, şiirini etinden, kanından, canından sızdırıyordu. "Çoğaltmak" tekrara düşmek tehlikesini de taşır. Sanırım Ahmed Arif'in bilinçaltında bu korku herkesten çok vardı.

Eliyle yazdığı bölümde dizeler şöyle dizili:

"........................
Sevdanı,
Usul-usul
Sevdanı,
Mısra-mısra
........................"

Refik Durbaş'ın kitabında ise,

"Sevdanı usul-usul
Sevdanı mısra-mısra"

biçiminde.

Bir dizgi yanlışı mı? Bilemiyorum. Ahmed Arif sonradan değiştirmiş de olabilir. Bana bir dizgi hatası gibi geliyor. Çünkü Ahmed Arif'in şiir tekniği, art arda yinelenen aynı ve tek sözcüklü dizelerle ritm yaratma özelliği dikkate alınırsa bu olasılık daha akla yakın.

Benzer bir düzeni, "Adiloş Bebenin Ninnisi" şiirinde görüyoruz:

“..........................
Bunlar,
Engerekler ve çıyanlardır,
Bunlar,
Aşımıza, ekmeğimize
Göz koyanlardır,
..........................”

Cemal Süreya'nın Ahmed Arif şiiri üstüne yazdıklarından okuyorum: “........ / Şiirin bütünü içinde kullanılmış bazı düz sözler inanılmaz bir çarpıcılık, bir imge yeteneği kazanmaktadır Ahmed Arif'te.

Öte yandan, şiirin içinde birer ikişer kelimelik mısralar halinde akan bu sözler biçim yönünden de önem kazanmaktadır. Öyle ki, kendiliğinden doğan ve yalnız Ahmed Arif'e özgü gizli bir aruz gibi bu sözlerden bütün şiire bir müzik yayılmakta, ya da bütün şiir çekidüzenini onlarda bulmaktadır. / ....”

Şiirimizde bir doruktu. Her zaman başı karlı genç ve görkemli kalacak bir doruk! Estirdiği yer Anadolu kokulu, halk kokulu esip duracak.

Onun şiirinden bende kalan imge, bir yalçınlık, erişilmezlik duygusudur...

Toprağı ve toprağında şiir çiçekleri bol olsun.

Kırkmerdiven Dergisi, Sayı 16, Ağustos 1991

ÖFKENİN VE İNCELİKLERİN ŞAİRİ

Adnan Binyazar

Şair, şiire kendi söylemiyle girer. Başta söylemini kurdu mu, yaşadığı zamanların hakkından gelmeyi başarıyor. Nâzım Hikmet, Behçet Necatigil, Cahit Külebi, Hilmi Yavuz gibi şairlerin daha ilk şiirlerinde şairlik çizgilerinin izlerine rastlanması, söylemlerini iyi kurmalarına bağlanabilir. Söylem, şairin yalnızca sözcük seçimi, söz öbeklerini biçimleme, şiirsel bildirim (mesaj) gibi yerleşmiş becerileriyle sınırlandırılmamalıdır. Şairin kendine özgü söylemi, daha çok, şiirindeki ses-anlam kaynaşmasından anlaşılıyor. Ölçülü-uyaklı da olsa, bütün bunlardan yoksun da bulunsa, iyi şair, şiirinin duygu / düşünce örgüsünü, bu örgüyü şiirsel yaratı içinde biçimlenen sesi yaratıyor. Bunu gerçekleştiren şair için, bir dönemden ya da başka bir şairden etkilenme söz konusu olmaz.

Bu bağlamda Ahmed Arif ilginç bir örnektir. Şiirde kendine özgü bir yol çizmiş, bu yolda bıraktığı "iz"in dışına çıkmamıştır. Onun şiire başladığı yıllarda Türk şiirine Garip akımının getirdiği söylem egemendi. Garip akımının etkisinde kalıp düz şiir yazayım derken, nice şair, kendini "karikatürler"in, giderek zekâ gösterisine dönüşen "espriler"in arasında bulmuş, sonra da yok olup gitmiştir.

1940'larda, Nâzım'ın şiiri aşağı yukarı, yükseleceği yere gelmiştir. Çokları, yerine göre epik, yerine göre lirik olan, açısı geniş Nâzım şiirine yaklaşmaktan kaçınmıştır. Bunda Nâzım üzerinde estirilen siyasal baskının etkisi de olmuştur. Yine de, çok az sayıda şair, Nâzım'ın şiir gerçeğini kavrayarak kendi şiirine bir yol çizmeyi bilmiştir.

Şiire başladığı dönemlerde Ahmed Arif'in Nâzım'a ilişkin görüşleri şöyle:

"Şiire yeni başlamış devrimci bir delikanlının karşısına Nâzım'ı dikerseniz, çocuk ya paniğe kapılır ve ters akımların uydusu olur, yahut ezilir, kötü bir kopyacı kesilir. –Hidrojen bombasına karşı Kürt hançeri ne yapabilir?– Üniversitede ve mahpusanede bazı arkadaşlarım, 'Nâzım'dan sonra şiir yazmak, boşuna bir gayret, hatta saygısızlık,' diyordu. Onlarla hiç tartışmadım, hep sustum. Çünkü dedikleri bir bakıma doğruydu. Ne var ki 'Nâzım gibi şiir yazmak' ile 'Nâzım'dan sonra şiir yazmak' arasında vatanımın dipsiz uçurumları gibi bir uçurum vardı. Elbette Nâzım'ı yahut başka bir ustayı budalaca izlemekle kimse şair olamazdı. Ama Nâzım'dan da, başka ustalardan sonra da şiir yazılacaktı. Yoksa Shakespeare'den sonra trajedi, Moliere'den sonra komedi yazmak gerekmezdi. Nitekim, Dede Korkut, Yunus, Pir Sultan, Şeyh Galip ve Fuzuli gibi büyük ustalardan sonra da soylu şiirler yazılmıştır..."[1]

Ahmed Arif'in, şiirinin çok genç döneminde,[2] yaşadığı günlerin şiirine nasıl baktığını da şu görüşlerinden anlıyoruz:

"O günler asıl yaygın moda, Orhan Veli gibi yazmaktı. Üstelik çok da kolay bir yoldu bu. Biraz yaratılış gereği, biraz da şiirin, gıdıklama, alay ve ucuz espri ile asla bağdaşmayacağına olan inancımdan, bu yola dönüp bakmadım bile. Yaratılış gereği dedim, buna yaşayış tarzı ve dünya görüşünü de katmak gerek. Orhan Veli olsun, çevresindekiler olsun, birer küçük burjuvaydılar. Hem de İstanbul burjuvası. Düşünce ve davranışları, kendilerine örnek seçtikleri Fransız şairlerinin paralelindeydi. Oysa ben Doğuluydum. 'Az gelişmiş' değil, sömürülmek için kasıtlı olarak geri bırakılmış bir ülkenin, aşiret töreleriyle yetişmiş bir çocuğuydum. Sömürgeci Fransız toplumunun, bohemi, serseriliği ve gerçekten kaçma çabalarını kutsayan şairleri, elbette beni ırgalamazdı."[3]

Ahmed Arif'in, daha o yaşlarda, şiirinin ideolojisini çizdiğini görüyoruz. Nitekim, Melih Cevdet Anday ve Oktay Rifat kendi şiirlerinin yönünü belirlemesiyle Garip akımı dağılıma uğramış, bir süre sonra da, nerdeyse hiçbir iz bırakmadan, bir şiir döneminin adı olarak yazın tarihine geçmiştir. Buna karşın, Ahmed Arif'in, Nâzım şiirindeki toplumsal seslenmenin soluğunu görmezden geldiği kanısında değilim. Şairlik gökten inmiyor; nitekim, Ahmed Arif, "Muhip'ten[4] daha büyük bir şair mi olacaksın? Cahit Külebi'den daha mı büyük olacaksın?"[5] diye kendini sorgularken "Otuzüç Kurşun" şiirini yazmıştır. Şairin şairliği bura-

1. Veysel Öngören, "Ahmed Arif'le Bir Konuşma", *Ankara Birliği Dergisi*, Mart 1970. Bkz. bu kitapta s. 169.

2. Bunu duyumsadığında çok çok on dört-on beş yaşlarındadır.

3. Veysel Öngören, *a.g.y.* 4. Ahmet Muhip Dıranas.

5. Refik Durbaş, *Ahmed Arif Anlatıyor*, Cem, İstanbul, 1990.

da ortaya çıkıyor; "Otuzüç Kurşun"da ne Dıranas'ın, ne Külebi'nin etkisi söz konusudur; Ahmed Arif, yüzyılların şiir emeğinden yararlanarak özgün bir şiir yaratmıştır. Kendi şiirini kurmayı başarmış bütün şairlerin özelliğidir bu; ne birinin etkisinde kalırlar, ne onları izlemeye kalkanlar başarılı şiirler yazarlar. Cahit Külebi, "şairin makastarı"nın yine kendisi olduğunu söylerdi. Kimse, makası eline alıp bir başka şairi biçkiye sokamaz. İyi şairin ana kaynağı, yaşadığı ülkenin şiiridir. O oranda dünya şiirine de yabancı kalmamalıdır. Şair şairden öğrenmez, ama onun ne yaptığını bilir. Ahmed Arif, kimilerinin "yerel" diye nitelediği şiirlerini bu bilgiyle yazmıştır.

Ahmed Arif ne yaptığını bilen şairlerdendi. Şiirinin bir ayağı derin acılarda, bir ayağı "yokluğun öbür adı olan cehennem"dedir. Bir yanda "demir kapı", "kör pencere"; öbür yanda "yeşil soğan", "karanfil kokan cıgara", "dağlarına bahar gelmiş memleket". İmgelerindeki bu incelikli denge, "öfke" ile "yumuşama" arasında gider gelir. Onu duyguların acı sızısıyla yüz yüze getiren bu dengedir. "İçerde" şiirinde "Haberin var mı taş duvar?" diye sorar, ardından "Demir kapı, kör pencere, / Yastığım, ranzam, zincirim," gelir. Şiirsel sızı, "Uğruna ölümlere gidip geldiği mahzun resim"dedir. Seçtiği sözcüklerle resim çizmez, her sözcüğü bir resimdir Ahmed Arif'in. Şiir dediğimiz de, sözcüklerin çağrışım alanlarını görüp onu duyguya dönüştürmekten başka nedir? İnsanoğlunun yüreğindeki evrensel sızı sanatın gücüyle ancak bu bağlamda çizilebiliyor.

Ben, Ahmed Arif değerlendirilirken, "Doğu Anadolu halkının türküleri, ağıtları, masallarıyla beslenen şiiri kaynaklandığı kültürün özgünlüğüyle dönemin öbür toplumsalcı şairlerinden çok başkaydı. Yalnızca aynı kültürden yararlanmış olan Enver Gökçe ile benzerlikleri vardı," yolunda bir yargıya varmanın, onunla Enver Gökçe arasında bir benzerlik kurmanın olanaksızlığını düşünerek, bunun bir genelleme olmaktan öte geçmeyeceği kanısındayım. Ayrıca, Ahmed Arif'in, "halkın sözlü gelenekte yaşayan şiir birikimi"nden[6] beslendiğini ileri sürmek, onu "gelenekçi" bir şair durumuna sokar ki, Ahmed Arif, bir-iki yerde yerel ağız kullanmanın ötesinde, gelenekten yararlanmamıştır. Bana kalırsa, Ahmed Arif, "gelenekte yaşayan şiir birikimi"nden beslenmemiştir. Onun yaptığı, gelenekten yararlanma değil, şiirine halkın beğenisine ulaşabilecek sözcükler, imgeler seçmesidir. "Sevda", "terk etmek", "tütün",

6. Memet Fuat, *Çağdaş Türk Şiiri Antolojisi*, İstanbul: Adam, 1987, s. 41.

"kar altında olmak", "sapına kadar namuslu", "hasret", "zulüm", "zindan", "canevi", "murat almak", "ejderha", "ferman yazmak", "vay kurban", "paramparça", "yediboğum akrep", "sarı engerek", "kahpe", "kurşun", vb. sözcüklerin halkın duyumsama donanımında çağrışım alanları vardır. Yalnızca "kurban" sözcüğüne bakıldığında bunun birçok türeviyle karşılaşılır: kurban etmek, kurban kesmek, kurban olmak, kurban vermek... Ayrıca, halk söyleminin kaynağı olan yüzlerce türküde de, "kurban" sözcüğünün geçtiğini görüyoruz. Cemal Süreya, onun şiirini "tek bir ağıt" gibi nitelerken şunları belirtme gereği duyuyor: "Ama o ağıtta, bir yerde, birdenbire bir zafer şarkısına dönüşecekmiş gibi bir umut (bir sanrı, daha doğrusu bir hırs), keskin bir parıltı vardır. Türkü söyleyerek çarpışan, yaralıyken de, arkadaşları için tarih özeti çıkaran, buna felsefe ve inanç katmayı ihmal etmeyen bir gerillanın şiiridir."[7]

Ağıttan söz etmesine karşın, Cemal Süreya, bir terime bağlamasa da, Ahmed Arif'in şiirinin çağdaşlığından söz ediyor. Birçok bilim ve teknik terimi ağıtsı bir şiirde sindirime uğratmak öyle kolay olmasa gerektir. Ahmed Arif'in şiirine yönelik folklor, halk, türkü, gelenek vb. adlandırmaların tümü genellemedir; iyi incelenirse, tam tersine, Ahmed Arif'in geleneği yıkıp kendi duygu damarından çağdaş bir şiir kurduğu görülecektir.

Ahmed Arif'in şiiri söylem bağlamında ele alındığında, onun, öfkeyi ve inceliği anlatan karşıt imgelerden yararlandığı görülecektir. "Anadolu" şiirinde "Korkunç atlılarıyla parçalamışlar" dizesinin hemen ardından "Nazlı, seher - sabah uykularımı" dizesi gelir. "Akşam Erken İner Mahpusâneye" şiirinde, "İner, yedi kol demiri, / Yedi kapıya" dizelerinden sonra şair, birden ağlamaklı olan bahçede "Üç dal gece sefâsı"nı, "Üç kök hercai menekşe"yi görür.

Haksızı, namerdi, baskıcıyı suçlayıp sorguladığı için Ahmed Arif'in şiirini "öfkeli" bulanlar vardır. Sorusunu onu o hale getiren çıyanlara yöneltmez, "Haberin var mı taş duvar?" diye sorar. Taş duvarı, demir kapıyı, kör pencereyi, yastığını, ranzasını, zincirini onlardan yakın bulur kendine. Bu bir tepkidir, öfkeyi kendi içinde eritme erdemidir. "Anadolu" şiirinde sorgulama evrensel boyutlara ulaşır. Kendini, Nuh'a beşikler yapan, Havva Ana'yı dünkü çocuk sayan Anadolu yerine koyar ve sorar: "Tanıyor musun?" Uygar dünyada fukaralıktan utanan insandır o; yine

7. Cemal Süreya, "Ahmed Arif", *Papirüs*, Ocak 1969; bkz. bu kitapta s. 121.

sorar: "Biliyor musun?" Sömürülmüş, ama onurunu, yiğitliğini yitirmemiştir; sorar: "Görüyor musun?" Anadolu'nun yetiştirdiği nice adamın adını anar; sorar: "Duyuyor musun?" Her kesimden halkı direnmeye çağırırken yalvarır gibidir: "Dayan rüsva etme beni." Anadolu'nun kurtuluşuna şiirin aynasını tutarken de, "Kızlarım, / Oğullarım var gelecekte, / Herbiri vazgeçilmez cihan parçası," der; yine sorar: "Anlıyor musun?"

Öfke, şiirin varoluşunun gizli duygusudur; kimi şairde, Ahmed Arif'te olduğu gibi yüze çıkar, kiminde gizliliğini korur. Bu bağlamda öfkesiz şiir olmaz. Öfkesiz olan, övgü şiirleridir; övgü şiirlerinin yüzde doksandan fazlası da "şiir" değildir.

Tam şiirin büyülü yoluna koyulduğu yaşlarda bir delikanlıyı al, rutubetli mahzenlerde çürüt, kişiliğini altüst et,[8] sonra ondan "öfkesiz" şiir bekle!

Ahmed Arif, halden bilmezlere, sarı engereklere, yediboğum akreplere, çıyanlara öfke duydu. Acı, şiirin bileyitaşıdır. Bir insan acı çekti mi, sözcükleri bu taştan geçmeden şiirine giremez. Ahmed Arif, toplumsal acının bileyitaşından geçirmediği hiçbir sözcüğü şiirinin kapısından içeriye sokmamış, "acı"yı öfkeye dönüştürmeyi bilmiştir.

Ahmed Arif, Hacı Bektaş'ın, aslanla ceylanı kucağında tuttuğu gibi, şiirini öfke ile incelik arasındaki duyarlı dengeyi gözeterek yazmıştır. Şiiri ne ise o da o idi. Padişah olsa, namerdi yanına yaklaştırmaz, bir çocuğun gözlerinden öperdi. Aşiret geleneğine, devletin varlığına saygısı sonsuzdu. Namuslu insana tapardı.

Oğlu Filinta, heykelciliğinin ilk yıllarında, babasının büstü üzerinde çalışıyordu. Büstü, oğlunun başarısını gören baba beğense de, Filinta beğenmemişti. "Baba," demişti, "bunu bozup yeniden yapacağım." Baba, ciğerinin kılcal damarlarından gelen yürekli sesiyle, "Boz, oğlum, aslı buradadır," demişti.

Aslı şimdi namuslu halkımızın yüreğinde!

İstanbul, Eylül 2003

8. Ahmed Arif'in *Hasretinden Prangalar Eskittim*'in (Everest, 48. Basım, Aralık 2002) sonunda yer alan; Yılmaz Odabaşı'nın, Refik Durbaş ve Veysel Öngören'in konuşmalarından da yararlanarak hazırladığı tanıtma yazısı, şairin neler çektiğini öğrenmek için, satır atlamadan okunmalıdır.

Μ' ΕΝΑ ΜΥΣΤΙΚΟ
ΤΟΣΟ ΔΥΝΑΤΟ, ΟΙ ΖΗΛΙΕΣ
ΕΙΝΑΙ ΑΝΑΠΟΦΕΥΚΤΕΣ
ΚΑΙ ΚΑΜΙΑ ΣΥΜΜΑΧΙΑ
ΔΕΝ ΜΠΟΡΕΙ Ν' ΑΝΤΕΞΕΙ.

Ο ΚΛΕΦΤΗΣ ΤΩΝ ΣΠΑΘΙΩΝ

THE 39 CLUES

PETER LERANGIS

Μετάφραση: Μαρία Αγγελίδου

εκδόσεις
ΑΓΚΥΡΑ

Book design and illustration by SJI Associates, Inc.
Back cover photos of Dan and Amy by James Levin © Scholastic Inc.

Πρώτη έκδοση: © Μάρτιος 2009

Επιμέλεια-Διορθώσεις: Νέστορας Χούνος

Λ. Κατσώνη 271 & Γ. Παπανδρέου, Άγιοι Ανάργυροι, Τ.Κ. 135 62
Τηλ.: 210 2693800-4, Fax: 210 2693806
Κεντρικό κατάστημα: ΑΓΚΥΡΑ ΠΟΛΥΧΩΡΟΣ
Σόλωνος 124, Αθήνα, Τ.Κ. 106 81
Τηλ.: 210 3837667, 210 3837540, Fax: 210 3837066
e-mail agyra@agyra.gr • www.agyra. gr
Τίτλος πρωτοτύπου: *The 39 clues - Book Three - The Sword Thief*

ISBN: 978-960-422-867-6

Για την Τίνα, τον Νικ και τον Τζο, πάντα.

PL.

ΚΕΪΧΙΛ	**CAHILL**
ΛΟΥΣΙΑΝ	*LUCIAN*
ΤΟΜΑΣ	*TOMAS*
ΕΚΑΤΕΡΙΝΑ	*EKATERINA*
ΤΖΑΝΟΥΣ	*JANUS*
Γκρέις	Grace
Έιμι	Amy
Νταν	Dan
ΚΑΜΠΡΑ	KABRA
Ίαν	Ian
Ναταλί	Natalie
ΧΟΛΤ	HOLT
Άιζενχάουερ	Eisenhower
Μάντισον	Madison
Ρέγκαν	Reagan
ΣΤΑΡΛΙΝΓΚ	STARLING
Νεντ	Ned
Τεντ	Ted
Σινέντ	Sinead
Τζόνα Γουίζαρντ	Jonah Wizard
Άλιστερ Ω	Alistair Oh
Ιρίνα Σπάσκι	Irina Spasky
Γουίλιαμ Μακιντάιρ	William McIntyre
Σαλαντίν	Saladin
ΜΑΝΤΡΙΓΚΑΛ	MADRIGALS

ΚΕΦΑΛΑΙΟ 1

Ήταν χαμένοι.

Η Έιμι Κέιχιλ κοίταξε με αγωνία το μαύρο σακίδιο, που τρανταζόταν πάνω στην κινούμενη λωρίδα των αποσκευών. Σκόνταφτε στις στροφές. Η πινακίδα πάνω από τη λωρίδα έγραφε σε πέντε γλώσσες ΣΑΣ ΕΥΧΑΡΙΣΤΟΥΜΕ ΠΟΥ ΕΠΙΣΚΕΦΤΗΚΑΤΕ ΤΗ ΒΕΝΕΤΙΑ. Ο ΕΛΕΓΧΟΣ ΤΩΝ ΑΠΟΣΚΕΥΩΝ ΓΙΝΕΤΑΙ ΜΕ ΤΥΧΑΙΑ ΕΠΙΛΟΓΗ.

«Τη βάψαμε», είπε η Έιμι. «Πόσο τυχαία είναι αυτή η τυχαία επιλογή;»

«Αφού σου είπα ότι ένας νίντζα δεν αφήνει στιγμή το σπαθί του από τα μάτια του. Δεν μπορούσα να το βάλω στη βαλίτσα. Έπρεπε να το πάρω στο σακίδιο», ψιθύρισε ο αδερφός της, ο Νταν, που απ' όσο τον θυμόταν η Έιμι, είχε πάντα προβληματικές εγκεφαλικές λειτουργίες.

«Συγγνώμη, Τζάκι Τσαν, αλλά τις χειραποσκευές τις ελέγχουν πάντα», του απάντησε επίσης ψιθυριστά η Έιμι. «Κι έχουν ειδικούς κανονισμούς για τα σπαθιά σαμουράι, που μεταφέρονται μέσα σε σακίδια πλάτης.

Ακόμα κι αν ο ιδιοκτήτης τους είναι ένα φαντασιόπληκτο εντεκάχρονο, μισή μερίδα, που νομίζει πως είναι νίντζα».

«Γιατί δεν θέλεις να τους πούμε ότι το 'χουμε για να κόβουμε την παρμεζάνα;» γκρίνιαξε ο Νταν. «Εγώ σου λέω πως θα πιάσει. Οι Ιταλοί καταλαβαίνουν από φαγητό».

«Εσύ τι δεν καταλαβαίνεις από τη φράση "πέντε ως είκοσι χρόνια, χωρίς δικαίωμα έφεσης";»

Ο Νταν ανασήκωσε τους ώμους. Και σήκωσε μια τσάντα μεταφοράς μικρού ζώου, από το εσωτερικό της οποίας τον κοίταζε καχύποπτα ένας μάλλον ταλαιπωρημένος αιγυπτιακός Μάου. «Γεια σου, Σαλαντίν», μουρμούρισε το αγόρι κοντά στο διχτάκι, που έφραζε το παράθυρο της τσάντας. «Και μην ξεχνάς... όταν φτάσουμε στο Τόκιο... κόκκινο μπαρμπουνάκι σούσι κάθε βράδυ!»

«*Μρρρπ*», κλαψούρισε ο Σαλαντίν, καθώς ο Νταν ακουμπούσε μαλακά την τσάντα πάνω στον κυλιόμενο ιμάντα των αποσκευών.

«Μμμμ, χμμμ, ώωω... *άααααάιιι!*» ακούστηκε μια πνιχτή φωνή πίσω τους. Όλοι γύρω τους στράφηκαν ανήσυχοι – μα η Έιμι και ο Νταν ήξεραν πως δεν έτρεχε τίποτα. Η φωνή ανήκε στη Νέλι Γκομέζ, τη συνοδό τους, που χόρευε και σιγοτραγουδούσε στον ρυθμό του τραγουδιού από το iPod της. Δεν την ένοιαζε καθόλου που ακουγόταν σαν ετοιμοθάνατη φώκια – κι αυτό ήταν ένα από τα πολλά ωραία που είχε η Νέλι Γκομέζ. Η Έιμι παρακολούθησε την τσάντα του Σαλαντίν να χάνεται στη θυρίδα των αποσκευών. Αν την έψαχναν οι υπεύθυνοι, θα χτυπούσε συναγερμός. Ο τόπος θα γέμιζε Ιταλούς αστυνομικούς. Η Έιμι, ο Νταν και η Νέλι θα 'πρεπε να το βάλουν στα πόδια.

Όχι, βέβαια, πως αυτό θα 'ταν κάτι καινούριο. Τον τελευταίο καιρό αναγκάζονταν συχνά να τρέξουν για να σωθούν. Όλα άρχισαν την ημέρα που δέχτηκαν την πρόκληση της Γκρέις Κέιχιλ, της γιαγιάς τους. Πεθαίνοντας η Γκρέις κάλεσε με τη διαθήκη της τους κληρονόμους της να ριχτούν σ' ένα κυνήγι θησαυρού, πρωτοφανές στην Ιστορία. Η ανάγνωση της διαθήκης έγινε στην έπαυλη της Γκρέις, στη Μασαχουσέτη – η οποία αμέσως μετά τυλίχτηκε στις φλόγες. Από τότε τα δυο αδέρφια είχαν κοντέψει να σκοτωθούν πολλές φορές: ένα κτίριο στη Φιλαδέλφεια είχε καταρρεύσει θάβοντάς τους σχεδόν κάτω από τα ερείπιά του, καλόγεροι τους είχαν επιτεθεί στην Αυστρία, με το ζόρι είχαν γλιτώσει από ένα ανθρωποκυνηγητό στα κανάλια της Βενετίας – όλα αυτά, βρόμικα κόλπα, οργανωμένα από τους άλλους κλάδους της οικογένειας.

Πού και πού –για την ακρίβεια, κάθε τρία δευτερόλεπτα– η Έιμι αναρωτιόταν γιατί στην ευχή είχαν μπλέξει μ' αυτή την ιστορία. Η ίδια και ο Νταν θα μπορούσαν να είχαν διαλέξει ωραία και καλά το ένα εκατομμύριο δολάρια ο καθένας, όπως είχαν κάνει πολλά άλλα μέλη της οικογένειας Κέιχιλ. Αλλά η Γκρέις είχε προσφέρει και μια δεύτερη επιλογή: ένα κυνήγι θησαυρού, ένα κυνήγι 39 στοιχείων που οδηγούσαν στην αποκάλυψη ενός μυστικού κρυμμένου εδώ και αιώνες.

Ενός μυστικού που θα χάριζε στον νικητή τη δύναμη να εξουσιάσει τον κόσμο όλο και ν' αλλάξει την πορεία της Ιστορίας.

Ως εκείνη την ημέρα, η Έιμι και ο Νταν ζούσαν μια ζωή συνηθισμένη. Από τότε που είχαν πεθάνει οι γονείς τους, πριν από εφτά χρόνια, τους είχε αναλάβει η στριμμένη θεία Μπέατρις – και το μόνο καλό που είχε κάνει στη ζωή της η θεία Μπέατρις, ήταν που προσέλαβε τη Νέλι να προσέχει τους δυο μικρούς Κέιχιλ. Αλλά τώρα τα δυο αδέρφια ήξεραν πως συμμετείχαν σε κάτι πολύ μεγάλο. Ήταν μέλη μιας τεράστιας και σπουδαίας οικογένειας. Ανάμεσα στους προγόνους τους υπήρχαν άνθρωποι σαν τον Μπέντζαμιν Φράνκλιν και τον Βόλφγκανγκ Αμαντέους Μότσαρτ. Όλες οι μεγαλοφυΐες της Ιστορίας ήταν Κέιχιλ. Εκπληκτικό.

«Ε, Έιμι, δεν μου λες... σου πέρασε ποτέ από το μυαλό να καθίσεις κι εσύ στην κυλιόμενη λωρίδα των αποσκευών; Να δεις, ας πούμε, πού τις φορτώνουν;»

Από τη μία οι μεγαλοφυΐες της παγκόσμιας Ιστορίας. Κι από την άλλη ο Νταν.

«Κόφ' το!» Η Έιμι άρπαξε τον αδερφό της από τον αγκώνα και προχώρησε προς τις θύρες επιβίβασης. Η Νέλι τούς ακολούθησε, κρατώντας στο ένα χέρι της το iPod και πασπατεύοντας με το άλλο το φιδάκι σκουλαρίκι, που στόλιζε το ρουθούνι της.

Η Έιμι κοίταξε το μεγάλο ψηφιακό ρολόι στον τοίχο, πάνω από τα γκισέ: 2:13. Σύμφωνα με το πρόγραμμα, η πτήση τους θα αναχωρούσε στις 2:37. Ήταν διεθνής πτήση. Οι επιβάτες των διεθνών πτήσεων έπρεπε να βρίσκονται στο αεροδρόμιο *δύο ώρες* πριν από την αναχώρηση, κι όχι είκοσι τέσσερα λεπτά. «Δεν θα προλάβουμε!» είπε η Έιμι.

Έτρεχαν πια προς τη θύρα 4, σπρώχνοντας τους άλλους επιβάτες. «Μάλλον δεν βρήκαν τον Ρούφο και τον Ρώμο, ε;» ρώτησε με κομμένη την ανάσα ο Νταν.

«Ποιοι είναι πάλι ο Ρούφος και ο Ρώμος;» ρώτησε η Έιμι.

«Τα σπαθιά!» είπε ο Νταν. «Τους έδωσα τα ονόματα των δύο αδερφών, που ίδρυσαν την Ιταλία».

«*Ρωμύλος* και Ρώμος!» σφύριξε η Έιμι. «Έτσι τους έλεγαν. Και δεν ίδρυσαν την Ιταλία. Ίδρυσαν τη Ρώμη. Και μη σε ξανακούσω να την λες αυτή τη λέξη!»

«Τη Ρώμη;»

«Όχι. Τα *σίγμα πι άλφα θήτα γιώτα άλφα!*» Η Έιμι χαμήλωσε τη φωνή της, καθώς στάθηκαν στο τέλος της ουράς, που περίμενε στον έλεγχο ασφαλείας. «Μήπως θέλεις να πάμε στη *φι ύψιλον λάμδα άλφα κάπα ήτα;*»

«Ωχ!»

«Ωωωωω...», βόγκηξε η Νέλι στον ρυθμό κάποιου πανκ τραγουδιού, που τα παιδιά δεν θα μπορούσαν να αναγνωρίσουν, ακόμα κι αν το ήθελαν.

Η αναμονή στον έλεγχο ασφαλείας φάνηκε να κράτησε κάπου τριάντα δύο ώρες. Το χειρότερο για την Έιμι ήταν, όπως πάντα, που αναγκάστηκε να βγάλει το περιδέραιο από ίασπη για να περάσει από το μηχάνημα των ακτίνων Χ. Δεν άντεχε να το αποχωριστεί ούτε στιγμή. Όταν ξεμπέρδεψαν από 'κεί, το ρολόι έδειχνε 2:31. Τρέχοντας πήραν τον διάδρομο προς τη θύρα 4.

«Παρακαλούνται οι επιβάτες της πτήσης 807 των Ιαπωνικών Αερογραμμών για Τόκιο να συγκεντρωθούν στη θύρα 4», ακούστηκε από τα μεγάφωνα μια φωνή στα αγγλικά, με έντονη ιταλική προφορά. «Άμεση επιβίβαση! Και *arrrrrivederci!*»

Στάθηκαν πίσω από ένα κλαψιάρικο πιτσιρίκι, που γύρισε και φταρνίστηκε μέσα στα μούτρα τους. «Έεεε! Δεν έχεις καθόλου τρόπους;» το μάλωσε η Νέλι σκουπίζοντας το χέρι της στο μανίκι της.

«Δεν βρίσκω την κάρτα επιβίβασης. Μήπως την είδατε;» ρώτησε ο Νταν ψαχουλεύοντας στις τσέπες του.

«Εγώ τη δική μου την έχω», είπε η Νέλι. «Είναι γεμάτη μίξες».

«Για ψάξε στο βιβλίο σου», είπε η Έιμι δείχνοντας το βιβλιαράκι που είχε χωμένο στην πίσω τσέπη του παντελονιού του ο Νταν.

Το αγόρι έβγαλε από την τσέπη του το πολυδιαβασμένο βιβλίο, που είχε βρει στο πίσω κάθισμα του ταξί, καθώς έρχονταν στο αεροδρόμιο. Ήταν *Οι καλύτερες κωμωδίες στην ιστορία του σινεμά*. Και η κάρτα επιβίβασης σημάδευε τη σελίδα 93. *«It's a Mad, Mad, Mad, Mad World»*[1], διάβασε.

«Απ' όσα είπες σήμερα, αυτό είναι μάλλον το μόνο έξυπνο», είπε η Έιμι.

«Είναι τίτλος ταινίας», της απάντησε ο αδερφός της. «Φοβερή κωμωδία. Διαβάζω την υπόθεση και...»

«Προχωρήστε, παρακαλώ... Καλωσορίσατε! Περάστε!» κελάηδησε μια κατάξανθη υπάλληλος των Ια-

1 Ένας τρελός, τρελός, τρελός κόσμος! (Σ.τ.Μετ.)

πωνικών Αερογραμμών με τα ακουστικά της να χοροπηδούν στο κεφάλι της, κάθε φορά που χαιρετούσε. Η ταμπελίτσα με το όνομα στο στήθος της έγραφε Ι. ΡΙΝΑΛΝΤΙ.

Η Νέλι τής έδωσε την κάρτα επιβίβασης και προχώρησε στη φυσούνα, που οδηγούσε στο αεροπλάνο. «Ελάτε, παιδιά, δεν είναι και τόσο δύσκολο», φώναξε πάνω από τον ώμο της.

Ο Νταν έδωσε την κάρτα του στην ξανθιά. «Μεγάλη πλάκα, αλήθεια. Μ' ένα σωρό παλιούς κωμικούς να ψάχνουν για τον θησαυρό...»

«Να μας συγχωρείτε», είπε η Έιμι στη Ι. Ρινάλντι, δίνοντάς της και τη δική της κάρτα επιβίβασης. «Ο αδερφός μου είναι λιγάκι...», πρόσθεσε και τράβηξε τον Νταν προς τη φυσούνα.

Αλλά η Ι. Ρινάλντι στάθηκε μπροστά τους, μπλοκάροντας τον διάδρομο. *«Un momento?»* είπε πασχίζοντας να κρατήσει το επαγγελματικό της χαμόγελο, ακούγοντας ταυτοχρόνως κάτι που της έλεγαν από τ' ακουστικά της. *«Si... ah, si si si... buono»*, απάντησε στο μικρόφωνο.

Και ανασηκώνοντας τους ώμους της είπε στην Έιμι και στον Νταν: «Ελάτε μαζί μου, παρακαλώ».

Την ακολούθησαν. Και η Έιμι έβαλε τα δυνατά της να κρατηθεί και να μην τρέμει. Τα σπαδιά. Είχαν βρει τα σπαδιά.

Ο Νταν την κοίταξε με μάτια διάπλατα, φοβισμένα. Ώρες ώρες δεν είχε παρά να τον κοιτάξει, για να καταλάβει τι ακριβώς σκεφτόταν.

Μήπως να το βάλουμε στα πόδια; έλεγαν τώρα τα μάτια του.

Και να πάμε πού; του απάντησαν τα δικά της.

Μπορώ να γίνω αόρατος. Είναι κάτι που καταφέρνουν με τον έλεγχο του μυαλού τους οι νίντζα, σκέφτηκε ο Νταν.

Για να το κατορθώσεις αυτό πρέπει να έχεις ΜΥΑΛΟ, του απάντησε με τη σκέψη της η Έιμι.

Η Νέλι φάνηκε στην είσοδο της φυσούνας. «Τι τρέχει, παιδιά;» ρώτησε.

«Έλεγχος ρουτίνας», της απάντησε με δυνατή φωνή η Ι. Ρινάλντι. Και γυρνώντας στην Έιμι και στον Νταν, πρόσθεσε: «Θα περιμένετε εδώ, σας παρακαλώ;»

Κι έφυγε κρατώντας τις δυο κάρτες επιβίβασης στο χέρι της.

Από την είσοδο του αεροσκάφους μια άλλη αεροσυνοδός φώναξε τη Νέλι: «Καθίστε στη θέση σας και μην ανησυχείτε, δεσποινίς. Δεν θα φύγουμε, αν δεν επιβιβαστούν όλοι».

«Σιχαίνομαι τ' αεροδρόμια», είπε η Νέλι και αποφάσισε να μπει στο αεροπλάνο. «Θα σας περιμένω μέσα. Θα σας κρατήσω καραμέλες και φιστίκια».

Όταν η Νέλι χάθηκε στη φυσούνα, η Έιμι έσκυψε και σφύριξε στο αυτί του αδερφού της: «Το ήξερα – έψαξαν το σακίδιό σου. Θα μας πιάσουν και θα ειδοποιήσουν τη θεία Μπέατρις και δεν θα ξαναδούμε ούτε τη Νέλι ούτε...»

«Θα πάψεις να φέρνεις την καταστροφή;» την έκοψε ο Νταν. «Θα τους πούμε ότι κάποιος άλλος έβαλε τα σπα – τα ξέρεις ποια, μέσα στο σακίδιο. Ότι δεν τα 'χουμε ξαναδεί στη ζωή μας. Είμαστε παιδιά. Πάντα τα πιστεύουν τα παιδιά. Κι έπειτα, πού ξέρεις; Μπορεί και να μην έψαξαν τα πράγματά μας. Μπορεί απλώς να διπλοτσεκάρουν το διαβατήριό σου. Για να σιγουρευτούν πως υπάρχει στ' αλήθεια κάποιος τόσο άσχημος όσο εσύ…»

Η Έιμι του 'χωσε μια με τον αγκώνα στο πλευρό του.

«Τελευταία ειδοποίηση για τους επιβάτες της πτήσης 807 για Τόκιο, θύρα 4!» ανακοίνωσε μια φωνή από τα μεγάφωνα.

Μια τρίτη συνοδός εδάφους έκλεινε την μπάρα της φυσούνας.

Η Έιμι ένιωσε να την ζώνουν τα φίδια. Το αεροπλάνο δεν θα τους περίμενε. «Το αεροπλάνο μας φεύγει, κυρία… Ρινάλντι», είπε. «Έλα, Νταν!»

Κι αρπάζοντας τον αδερφό της από το χέρι βάλθηκε να τρέχει προς τη φυσούνα.

Γουόόόμπ! Έπεσαν πάνω σε δυο άλλους επιβάτες, που έτρεχαν κι αυτοί να προλάβουν την επιβίβαση. Η σύγκρουση ήταν τόσο δυνατή, που για μια στιγμή η Έιμι ένιωσε να της κόβεται η ανάσα. Η φόρα των άλλων την έριξε με δύναμη πάνω στον Νταν, που σχεδόν σωριάστηκε στο δάπεδο. «Τι στο…;» τραύλισε το αγόρι.

Οι δυο άγνωστοι φορούσαν μακριές μαύρες καμπαρντίνες και οι ανασηκωμένοι γιακάδες τους έκρυβαν τα πρόσωπά τους. Ο ένας φορούσε πανάκριβα λουστρινένια γοβάκια, ο άλλος δερμάτινα μοκασίνια με χρυσές αγκράφες. Προσπέρασαν την Έιμι και τον Νταν ανεμίζοντας τις κάρτες επιβίβασης στα χέρια τους. Ο ένας φώναξε: «Στην άκρη, παρακαλώ!»

Και η Έιμι αναγνώρισε τη φωνή του. Άρπαξε τον Νταν και τον τράβηξε με δύναμη. Οι δυο άγνωστοι σήκωσαν την μπάρα που τους έκλεινε τον δρόμο για να περάσουν. «Περιμένετε!» φώναξε η Έιμι.

Ένας υπάλληλος του αεροδρομίου τούς είδε και έτρεξε κι αυτός φωνάζοντας προς το μέρος τους. Οι δυο άγνωστοι σταμάτησαν και του 'δωσαν όλο ευγένεια τις κάρτες τους. Εκείνος κοίταξε τα ονόματα, έλεγξε τα διαβατήρια στα γρήγορα, κούνησε το κεφάλι του και παραμέρισε με τα χέρια του την μπάρα για να τους αφήσει να περάσουν. «Καλό ταξίδι, Έιμι και Νταν», είπε.

Μόλις οι δυο επιβάτες μπήκαν στη φυσούνα, στάθηκαν και στράφηκαν προς τα δυο αδέρφια. Κατέβασαν τους γιακάδες τους χαμογελώντας θριαμβευτικά.

Η Έιμι έμεινε με το στόμα ανοιχτό βλέποντας τα ξαδέρφια τους, τους πιο επικίνδυνους ανταγωνιστές τους στο κυνήγι των 39 στοιχείων, που την κακία τους ξεπερνούσαν μόνο τα πλούτη και η πανουργία τους.

«*Σαγιονάρα, ανόητοι!*» φώναξαν τραγουδιστά ο Ίαν και η Ναταλί Κάμπρα.

ΚΕΦΑΛΑΙΟ 2

«*Σταματήστε τους!*» Ο Νταν και η Έιμι έτρεξαν πίσω από τους Κάμπρα, φωνάζοντας όσο πιο δυνατά μπορούσαν.

Ο υπάλληλος του αεροδρομίου μπήκε μπροστά τους και τους έκοψε τον δρόμο. «*Κάρτες επιβίβασης, per favore...*», είπε με ύφος βαριεστημένο κι ενοχλημένο συνάμα.

Η Έιμι παρακολούθησε τον Ίαν και τη Ναταλί να χάνονται στη στροφή του διαδρόμου, ανήμπορη να κάνει το παραμικρό.

Τα δυο αδέρφια άκουσαν την πόρτα του αεροπλάνου να κλείνει μ' έναν μαλακό γδούπο.

«Είναι... είναι οι Κάμπρα!» είπε ο Νταν. «Οι διάσημοι, κακοί Κάμπρα! *Μόλτο διάσημοι, μόλτο κακοί, μόλτο Κάμπρα!* Έχουν όμηρο τη Νέλι!»

Καθώς ένα πλήθος περιέργων μαζεύτηκε γύρω τους, ο υπάλληλος ξαναρώτησε: «Κάρτες επιβίβασης;»

Κοίταξε την Έιμι στα μάτια. Κι ο Νταν το ίδιο. Τα μάτια του φώναζαν, *Είσαι η μεγαλύτερη – κάνε κάτι!*

Οι σκέψεις χόρευαν σαν τρελοί προβολείς μέσα στο μυαλό της Έιμι. Πώς βρέθηκαν εδώ οι Κάμπρα; Η ίδια και ο Νταν τούς είχαν αφήσει αναίσθητους σ' ένα φλεγόμενο δωμάτιο στη Βενετία. Ποιος τους είχε σώσει; Πώς είχαν συνέλθει τόσο γρήγορα; Πώς τους είχαν κλέψει μέσα από τα χέρια τα εισιτήριά τους;

Όλοι κοίταζαν τώρα την Έιμι. Όλο το αεροδρόμιο. Κι αυτό η Έιμι δεν το άντεχε – ιδίως όταν την είχαν μόλις κάνει ρεζίλι οι Κάμπρα. Οι δυο ανταγωνιστές τους βρίσκονταν πάντα ένα βήμα μπροστά, πάντα ένα στοιχείο πιο κοντά στο μυστικό των Κέιχιλ. Όσο σκληρά κι αν προσπαθούσαν η Έιμι και ο Νταν, οι Κάμπρα ήταν πιο έξυπνοι, πιο γρήγοροι, πιο ικανοί – και δεν σταματούσαν πουθενά. Δεν είχαν διστάσει να χρησιμοποιήσουν τα εισιτήρια του Νταν και της Έιμι. Θα παγίδευαν την ανυπεράσπιστη κι αβοήθητη Νέλι. Πώς μπορούσε η Έιμι να τα εξηγήσει όλα αυτά; Άνοιξε το στόμα της, να προσπαθήσει. Αλλά μπροστά σε τόσα ζευγάρια μάτια, στάθηκε αδύνατον. Ένιωσε λες και κάποιο αόρατο χέρι είχε χωθεί στο λαρύγγι της και είχε δέσει κόμπο τις φωνητικές χορδές της. Άχνα δεν βγήκε από τα χείλη της.

«Όοοο-*κέι*, εντάξει, ευχαριστώ πολύ, Έιμι», είπε ο Νταν. «Κοιτάξτε, κύριε... σινιόρε... Αυτούς τους δυο, τους είδατε; Τον νεαρό και το κορίτσι; Ε, μας έκλεψαν, καταλαβαίνετε; *Κομπρέντε;* Τα εισιτήρια γράφουν Κέιχιλ κι αυτοί δεν είναι Κέιχιλ – δηλαδή, είναι μέλη της οικογένειας, αλλά ανήκουν σε άλλον κλάδο, στους Τζάνους, ή στους Λούσιαν, εμείς δεν ξέρουμε τι είμαστε, θέλω να πω δεν ξέρουμε σε ποιον κλάδο ανήκουμε, αλλά είμαστε συγγενείς – και τέλος πάντων, είμαστε μπλεγμένοι στην υπόθεση μέχρι τα μπούνια, στον καβγά που ξεκίνησε με τη διαθήκη της γιαγιάς μας, αλλά είναι μεγάλη ιστορία και *ΠΡΕΠΕΙ ΝΑ ΤΟΥΣ ΣΤΑΜΑΤΗΣΕΤΕ! ΤΩΡΑ!*»

«Λυπάμαι», είπε ο υπάλληλος. «Αν δεν έχετε κάρτες επιβίβασης…»

Η Έιμι άρπαξε τον Νταν από το μπράτσο. Δεν επρόκειτο να καταφέρουν τίποτα έτσι. Έπρεπε να βρουν τη Ι. Ρινάλντι – ή τον προϊστάμενό της, που την είχε βάλει να τους σταματήσει. Αυτός θα ήταν ανώτερος απ' οποιονδήποτε υπάλληλο εδώ. Ίσως υπήρχε ακόμα ελπίδα. Ίσως μπορούσαν να σταματήσουν το αεροπλάνο, να μην απογειωθεί.

Έτρεξαν ξανά εκεί που τους είχε αφήσει η συνοδός εδάφους να περιμένουν. Πέρασαν από το σημείο όπου είχαν πέσει πάνω στους Κάμπρα. Βγήκαν στον κεντρικό διάδρομο. Στο βάθος είδαν μια σειρά καταστήματα. Στα δεξιά τους υπήρχε μια πόρτα κλειστή. Στο τζάμι της έγραφε ΑΠΑΓΟΡΕΥΕΤΑΙ Η ΕΙΣΟΔΟΣ – ΜΟΝΟ ΓΙΑ ΤΟ ΠΡΟΣΩΠΙΚΟ.

Στ' αριστερά τους μερικοί περίεργοι είχαν μαζευτεί έξω από τις γυναικείες τουαλέτες, όπου δυο, τρεις νοσοκόμοι κουβαλούσαν μια γυναίκα με το φορείο. Αστυνομικοί έτρεχαν προς το μέρος τους.

Χάος. Πανδαιμόνιο. Η Έιμι έτρεχε πασχίζοντας να ξεχωρίσει κάποιο γνώριμο πρόσωπο μέσα στο πλήθος.

Να. Εκεί.

Ένα ξανθό κεφάλι στα δεξιά, τράβηξε την προσοχή της. «Νταν, κοίτα!»

«Ω, τώρα ξαναβρήκες τη μιλιά σου…», είπε ο Νταν. «Τι να κοιτάξω;»

Μια ψηλή γυναίκα με τη στολή των Ιαπωνικών Αερογραμμών προχωρούσε σβέλτα μέσα στο πλήθος.

Βλέποντας το γνώριμο πρόσωπό της, η Έιμι κατάφερε να φωνάξει με την πιο δυνατή φωνή της, *«ΙΡΙΝΑ!»*

Δεν υπήρχε περίπτωση να μπερδέψει κανείς την Ιρίνα Σπάσκι – την αλύγιστη στρατιωτική κορμοστασιά της, την κοφτή κίνηση των ώμων της καθώς περπατούσε. Η Ιρίνα ήταν άλλο ένα μέλος της οικογένειας Κέιχιλ, εξίσου αποφασισμένη να βρει τα 39 στοιχεία. Είχε ένα χαρακτηριστικό κοινό με τον Ίαν και τη Ναταλί: ήταν αδίστακτη. Αλλά είχε και κάτι ακόμα, που δεν το μοιραζόταν με κανέναν άλλον: ήταν κατάσκοπος, εκπαιδευμένη στην KGB.

Η Ιρίνα δεν γύρισε. Δεν έδειξε με κανέναν τρόπο ότι είχε ακούσει την Έιμι να φωνάζει το όνομά της. Αλλά τάχυνε το βήμα της.

Και χάθηκε μέσα στον κόσμο, λες και άνοιξε η γη και την κατάπιε.

«Σταματήστε την!» Ο Νταν έτρεξε να την προλάβει, πέφτοντας σχεδόν πάνω σ' έναν μουτρωμένο άντρα σε αναπηρικό καροτσάκι.

«Polizia!» φώναξε ο άντρας σηκώνοντας το μπαστούνι του, έτοιμος να το φέρει κατακέφαλα στον Νταν.

Ο Νταν έσκυψε και η Έιμι τον τράβηξε να φύγουν, προσπαθώντας να μη χάσει την Ιρίνα από τα μάτια της. Προχώρησαν σπρώχνοντας τους διπλανούς τους.

Όταν έφτασαν σ' ένα σημείο με λιγότερο κόσμο, στο βάθος της αίθουσας, η Ιρίνα είχε γίνει άφαντη. «Έφυγε», είπε ο Νταν.

«Δεν... δεν το πιστεύω», είπε λαχανιασμένη η Έιμι. «Βοηθούσε τον Ίαν και τη Ναταλί. *Συνεργάστηκαν*, για να μας τη φέρουν».

«Είμαστε σίγουροι πως ήταν η Ιρίνα;» ρώτησε ο Νταν. «Θέλω να πω... πού την βρήκε τη στολή;»

Πριν καλά καλά αποσώσει τη φράση του, μια φωνή ακούστηκε στα ιταλικά από έναν τηλεβόα και οι άνθρωποι παραμέρισαν για να κάνουν τόπο σε ένα μικρό νοσοκομειακό που πέρασε δίπλα τους και κατευθύνθηκε προς την άλλη άκρη της αίθουσας.

Ένα κύμα από κουβέντες και μουρμουρητά ακολούθησε το πέρασμά του – σε διάφορες γλώσσες, τις περισσότερες από τις οποίες η Έιμι δεν καταλάβαινε. Ωστόσο, την προσοχή της τράβηξε ένα ζευγάρι με γυαλιά ηλίου, φωτογραφικές μηχανές, φρικτά χαβανέζικα πουκάμισα και ανόητα χαμόγελα. «Κοίτα, Νταν... Αμερικανοί», είπε. «Πάμε ν' ακούσουμε τι λένε...»

Πλησίασαν αρκετά – κι άκουσαν μέσες-άκρες τι κουβέντιαζαν οι δυο πατριώτες τους.

Έκπληξη ζωγραφίστηκε στο πρόσωπο του Νταν. «Της κρύφτηκαν στις τουαλέτες των γυναικών;» γύρισε και ρώτησε απορημένος την αδερφή του.

«Της ρίχτηκαν», του είπε η Έιμι. «Πρέπει να 'ταν η υπάλληλος των Ιαπωνικών Αερογραμμών, Νταν! Και η Ιρίνα την χτύπησε και την άφησε αναίσθητη, για να της πάρει τη στολή της!»

«Ουάου», σχολίασε ο Νταν, με μια δόση θαυμασμού.

Η Έιμι κοίταξε από την τζαμαρία τις πίστες προσγείωσης και απογείωσης. Ένα τζετ είχε μόλις ξεκολλήσει από τη θύρα 4 και προχωρούσε αργά προς τους ασφαλτοστρωμένους αεροδιαδρόμους.

Έφευγε. Άφηνε πίσω του τη θύρα επιβίβασης και κατευθυνόταν προς το σημείο απογείωσης.

Η Έιμι πανικοβλήθηκε. «Μη γυρίσεις, φεύγουν τώρα!»

«Πού είναι η πόρτα; Μπορούμε ακόμα να τους προλάβουμε!»

«Εντάξει. Εσύ τρέχα, Νταν, να τους προλάβεις. Εγώ, στο μεταξύ, θα προσπαθήσω να βρω θέση στην επόμενη πτήση – μία θέση. Γιατί εσένα θα σε κάνει κιμά το τζετ, καθώς θα προσπαθείς να τρυπώσεις μέσα». Η Έιμι βάλθηκε ξανά να τρέχει προς τα πίσω – προς τα εκδοτήρια των εισιτηρίων. «Αλλά μπορείς και να 'ρθεις μαζί μου, αν το προτιμάς!»

Έξω, τα παραθυράκια της πτήσης 807 έμοιαζαν από μακριά με θαμπές, μαύρες τρύπες. Η Έιμι ήξερε ότι δίπλα σ' ένα απ' αυτά καθόταν η Νέλι, παγιδευμένη σε μια κατάσταση που κανένα ανθρώπινο πλάσμα δεν θα 'πρεπε ν' αντιμετωπίζει ποτέ.

Ολομόναχη με τους Κάμπρα.

Ο Νταν ακολούθησε την Έιμι. Άφησαν πίσω τους τον κόσμο, που περίμενε στον έλεγχο ασφαλείας και έφτασαν στα εκδοτήρια. Η ουρά για τα εισιτήρια ήταν ατελείωτη. Στάθηκαν τελευταίοι.

Κοιτάχτηκαν χωρίς να μιλήσουν. Η Έιμι ήξερε πως ο Νταν σκεφτόταν ακριβώς το ίδιο πράγμα που σκεφτόταν κι εκείνη. Το αγόρι αναστέναξε και τα λυπημένα μάτια του στράφηκαν αργά προς τον κυλιόμενο ιμάντα των αποσκευών. «Είναι κι ο Σαλαντίν στο αεροπλάνο», είπε ο Νταν. «Και τα σπαθιά μας».

Η Έιμι κατάπιε τον λυγμό που της έσφιξε τον λαιμό. Έπνιξε την ανάγκη που ένιωθε να καθίσει κάτω και να βάλει τα κλάματα, εκεί μέσα στο αεροδρόμιο. Όλα πήγαιναν στραβά. Εφτά χρόνια κακοτυχία, από τότε που οι γονείς τους είχαν χάσει τη ζωή τους σ' εκείνη την πυρκαγιά. Πώς θα κατάφερναν η Έιμι και ο Νταν να τα βγάλουν πέρα ολομόναχοι; Οι Κάμπρα είχαν χρήματα. Οι γονείς τους ήταν πάμπλουτοι, τους στήριζαν. Και σαν να μην έφταναν αυτά, τους βοηθούσε και η Ιρίνα. Οι Χολτ ήταν ολόκληρη οικογένεια. Ο Τζόνα Γουίζαρντ είχε τον μπαμπά του, να του οργανώνει τα πάντα. Ενώ η Έιμι και ο Νταν ήταν ολομόναχοι... αναγκασμένοι να τα βάλουν με οικογένειες. Ομάδες. Γενιές. Δεν είχαν καμιά ελπίδα.

Μακάρι να τους το είχε πει η Γκρέις νωρίτερα, όταν ζούσαν ακόμα οι γονείς τους... Μακάρι να ζούσαν ακόμα οι γονείς τους! Στη σκέψη τους και μόνο, η Έιμι ένιωσε χειρότερα. Τους έβλεπε στον ύπνο της κάθε βράδυ. Με τα μάτια της φαντασίας της έβλεπε τα πρόσωπά τους στις πιο άσχετες στιγμές – να της χαμογελούν, να την κοιτάζουν με αγάπη, με καμάρι.

Έβλεπε την επιδοκιμασία τους ή την αποδοκιμασία τους, την υπερηφάνεια τους, όποτε έβρισκε τρόπο κι έλυνε προβλήματα, ή ξεπερνούσε τις δυσκολίες. Τους είχε μέσα στο μυαλό της, ώσπου ξαφνικά – φσσσστ! Χάνονταν και η Έιμι βούλιαζε ξανά στην απελπισία και στην απόγνωση του θανάτου τους.

«Έιμι;» άκουσε τη φωνή του Νταν. Και να τοι, μπροστά της... *πάλι*. Μέσα στα μάτια του Βλαμμένου. Όχι ακριβώς τα πρόσωπά τους, αλλά *αυτοί*. Που την κοίταζαν μέσα από τα μάτια του. Σαν να 'χαν δανειστεί για λίγο τα χαρακτηριστικά του Νταν. Πράγμα που κανένας λογικός άνθρωπος δεν θα έκανε – για κανέναν λόγο.

Εκείνη τη στιγμή κατάλαβε τι ακριβώς έπρεπε να κάνουν.

«Υπάρχει μια πτήση στις πέντε και δέκα», είπε διαβάζοντας την οθόνη των αναχωρήσεων πάνω από τα κεφάλια τους. «Η Νέλι κινδυνεύει. Πρέπει να την ακολουθήσουμε το γρηγορότερο».

«Μμμ, γουστάρω! Δεν το βάζουμε κάτω, δεν υποχωρούμε, *δεν παραδίνουμε τα όπλα μας!*» πανηγύρισε ο Νταν. «Ωραία. Αλλά μήπως μπορείς να μου πεις με τι λεφτά θα βγάλουμε αυτά τα εισιτήρια;»

ΟΥΑΑΑΑΜΜΜ! ΟΥΑΑΑΑΜΜΜ! ΟΥΑΑΑΑΜΜΜ! ΓΟΥΑΑΑΑΜΜΜ!

Ο συναγερμός ακούστηκε απ' άκρη σ' άκρη σ' όλο το αεροδρόμιο, κόβοντας με το μαχαίρι όλες τις συζητήσεις. Κι ενώ η επείγουσα ανακοίνωση ακουγόταν, πρώτα στα ιταλικά, ύστερα στα γαλλικά, μετά στα γερμανικά, πολλοί άνθρωποι άρχισαν να κατευθύνονται προς την έξοδο. Ώσπου, τελικά, η φωνή από τα μεγάφωνα άρχισε να μιλάει αγγλικά:

«Κυρίες και κύριοι, κατευθυνθείτε προς την πλησιέστερη έξοδο. Ο αερολιμένας πρέπει να εκκενωθεί για λόγους ασφαλείας...»

Ουρλιαχτά έσκισαν τον αέρα και ο κόσμος άρχισε να σπρώχνεται προσπαθώντας να φύγει. Η Έιμι έτρεξε προς την πόρτα, τραβώντας πίσω της τον αδερφό της, ακούγοντας σκόρπια λόγια γύρω της, κάποια στ' αγγλικά:

«Ειδοποίησαν για βόμβα...»

«Τρομοκρατική επίθεση...»

«Ανώνυμο τηλεφώνημα...»

Έφτασαν στην πόρτα και βγήκαν έξω. Η μέρα ήταν συννεφιασμένη και στον δρόμο έξω από το κτίριο των αναχωρήσεων τα αυτοκίνητα είχαν αναμμένα φώτα. Επιβάτες στριμώχνονταν στο πεζοδρόμιο, άλλοι μιλώντας στα κινητά τους, άλλοι προσπαθώντας να βρουν μέσο να φύγουν. Η Έιμι και ο Νταν παρασύρθηκαν από το πλήθος ως την αφετηρία του λεωφορείου, αλλά δεν μπόρεσαν να μπουν μέσα. Η πόρτα έκλεισε μπροστά στα μούτρα τους και το λεωφορείο ξεκίνησε μουγκρίζοντας. Ο Νταν το ακολούθησε τρέχοντας δίπλα του και κοπανώντας το χέρι του στο τζάμι. «Στοπ! *Pasta!*»

«*Pasta;*» επανέλαβε η Έιμι σαστισμένη.

«Το λεξιλόγιό μου στα ιταλικά είναι πολύ περιορισμένο!» της απάντησε ο Νταν. *«Linguini! Mangia! Buon giorno! Gucci!»*

Μια μαύρη λιμουζίνα φρενάρισε στριγκλίζοντας λίγους μόλις πόντους από το κορίτσι, πέφτοντας σχεδόν πάνω του.

«Gucci. Το 'ξερα πως αυτό ήταν το σωστό», είπε ο Νταν.

Το φιμέ τζάμι του οδηγού κατέβηκε κι ένας άντρας με μαύρα γυαλιά και χοντρό μουστάκι τούς έγνεψε ήρεμα να μπουν μέσα.

Η Έιμι άνοιξε την πόρτα του συνοδηγού και μπήκε, τραβώντας τον Νταν πίσω της.

«Ε!» τσίριξε ένας άλλος επιβάτης ανεμίζοντας μια χούφτα χαρτονομίσματα στον οδηγό. «*Soldi, soldi!*»

Μόλις ο Νταν έκλεισε την πόρτα του, τρεις άνθρωποι έπεσαν πάνω της γρονθοκοπώντας την. Ο οδηγός πάτησε ένα κουμπί κι ανέβασε το τζάμι του, κόβοντας σχεδόν το χέρι του ανθρώπου με τα λεφτά.

«Μεγάλε, ευχαριστούμε», είπε ο Νταν στον οδηγό. «Ή *gracias*, ή όπως αλλιώς το λέτε εσείς εδώ».

«Πάμε άλλο αεροδρόμιο;» απάντησε ο άντρας με περίεργη προφορά, που δεν είχε τίποτα το ιταλικό.

«Υπάρχει κι άλλο αεροδρόμιο;» ρώτησε απορημένος ο Νταν.

«Μικρό αεροδρόμιο», απάντησε ο οδηγός.

«Μα...», τραύλισε η Έιμι. «Δεν έχουμε λε...»

Ο Νταν την σκούντησε άγρια στο πλευρό.

«Πρέπει να του πούμε την αλήθεια», ψιθύρισε η Έιμι.

Ο Νταν τής έχωσε ξανά μια γερή αγκωνιά.

Η Έιμι γύρισε αγριεμένη προς το μέρος του. «*Για να σου πω...*»

Τότε μόνο είδε πως κάποιος καθόταν στο πίσω κάθισμα. Ένας Ασιάτης με γαλήνιο χαμόγελο, μεταξωτό κοστούμι, άσπρα γάντια και σκληρό καπέλο.

«Γεια σας, αγαπητοί, βιαστικοί συγγενείς», γουργούρισε ευχαριστημένος ο Άλιστερ Ω.

ΚΕΦΑΛΑΙΟ 3

Ο πατέρας του Άλιστερ έλεγε πάντα πως κάθε Ω έκρυβε μέσα του μια μικρή έκπληξη.

Ο Άλιστερ, βέβαια, δεν τον θυμόταν να λέει αυτά τα λόγια. Πώς θα μπορούσε, άλλωστε; Ήταν πολύ μικρός, όταν ο πατέρας του πέθανε. Έτσι κι αλλιώς, όμως, ήταν χαρακτηριστικό της οικογένειας Ω να ανακατεύει την αλήθεια με λίγη φαντασία.

Δυστυχώς, η εχθρική σιωπή των δυο μικρών Κέιχιλ μπέρδεψε τον Άλιστερ. Περίμενε πως θα έβρισκαν μάλλον ευχάριστη αυτή την απροσδόκητη συνάντηση μαζί του.

Σκρίιι... Σκρίιι...

Καθώς ο Σεργκέι έστριβε το τιμόνι δεξιά και αριστερά, οδηγώντας το αυτοκίνητο σε στενά περάσματα και σε απότομες στροφές, που κανένας φυσιολογικός άνθρωπος δεν θα τολμούσε να πλησιάσει, τα δυο παιδιά έγερναν πότε από τη μία και πότε από την άλλη. Έδειχναν αποφασισμένα να μην ακουμπήσουν καν τον Άλιστερ, λες και δεν ήταν άνθρωπος... λες κι ήταν κάτι σιχαμερό κι αποκρουστικό, σαν βραστό σπαράγγι, ας πούμε... λες και δεν τα είχε μόλις σώσει από τα σαγόνια του χάους, βοηθώντας να ξαναμπούνε στον δρόμο τους. Δοκίμασε να τους χαμογελάσει καθησυχαστικά. Τα συμπονούσε αυτά τα δυο παιδιά. Ήταν τόσο μικρά, τόσο φοβισμένα, τόσο μόνα τους.

Την ήξερε από πρώτο χέρι αυτή την κατάσταση. Την ήξερε καλά. Καλύτερα απ' όσο φαντάζονταν οι νεαροί συγγενείς του.

«Ακούτε εμένα», είπε με δυνατή φωνή ο Σεργκέι προσπαθώντας ν' ακουστεί πάνω από το πανδαιμόνιο της κόρνας του. «*Έχει* κι εγκώ πεντιά – κορίτσι ντεκατέσερα, αγκόρι έιντεκα! Ναι! Αλήτεια! Στη Μόσχα!»

Ο Άλιστερ είχε τον νου του στον Νταν, που έδειχνε άρρωστος. Το αγόρι δοκίμασε το πόμολο της πόρτας για εικοστή φορά μέσα στα τελευταία δυο λεπτά. Ευτυχώς που ο Άλιστερ είχε ενεργοποιήσει το κεντρικό κλείδωμα για όλες τις πόρτες. «Μην προσπαθείς άδικα, σε παρακαλώ», είπε. «Στο τέλος θα στραμπουλήξεις το χέρι σου και θα σου μείνει και κανένα πρόβλημα με τον καρπιαίο σωλήνα, να σε βασανίζει για όλη σου τη ζωή. Άσε που ανησυχώ και για την ασφάλειά σας».

«Ώστε εσύ ήσουν πίσω απ' όλα αυτά;» είπε ο Νταν. «Με τους Κάμπρα και την Ιρίνα. Και το ανώνυμο τηλεφώνημα της βόμβας. Συνεργάζεσαι μαζί τους, ε;»

Το πρόσωπο του Άλιστερ σκοτείνιασε. Το ήξερε πως θα δυσκολευόταν να κερδίσει ξανά την εμπιστοσύνη τους. Το περίμενε ότι θα τον κατηγορούσαν για πολλά. Τα δυο παιδιά ήταν θυμωμένα μαζί του – και με το δίκιο τους. Την ημέρα που ο δικηγόρος της Γκρέις τούς διάβασε τη διαθήκη, τα είχε αφήσει μέσα σ' ένα σπίτι τυλιγμένο στις φλόγες... αλλά είχε αναγκαστεί να το κάνει. Δεν το ήθελε. Ήταν προσωπικό και στρατηγικό σφάλμα. Ένα σφάλμα για το οποίο είχε μετανιώσει πικρά. «Πίστεψέ με, αγαπητέ ανιψιέ, δεν έχω την παραμικρή ιδέα...»

«Να σε πιστέψω;» τον έκοψε ο Νταν γυρίζοντας απότομα και κοιτάζοντάς τον κατάματα. «Για να δούμε. Μας παράτησες αβοήθητους, την ώρα που το σπίτι της Γκρέις γκρεμιζόταν πάνω στο κεφάλι μας. Έβαλες κοριό στον Σαλαντίν για να μας παρακολουθείς...»

«*Κοριό;* Αυτό εδώ εννοείς;» Ο Άλιστερ έβαλε το χέρι στην τσέπη και τράβηξε έξω μια μικροσκοπική ηλεκτρονική συσκευή στο μέγεθος κουμπιού. «Νομίζω ότι εσείς το βάλατε σε μένα. Στο μουσείο, στο Σάλτσμπουργκ, την ώρα που κοιμόμουν».

«Σ-σ-σου άξιζε, θ-θ-θείε Άλιστερ», είπε αμήχανα η Έιμι. «Εσύ το είχες βάλει π-π-πρώτος στο κολάρο του Σαλαντίν».

«Όχι, όχι, όχι, αγαπητή μου», της απάντησε ο Άλιστερ με το καλύτερό του χαμόγελο, ελπίζοντας να καλμάρει κάπως τον εκνευρισμό του κοριτσιού. «Κάποιος άλλος σάς παρακολουθούσε. Όχι εγώ. Για θυμήσου: δεν είμαστε οι μόνοι από την οικογένεια που κυνηγούν τα 39 στοιχεία. Εγώ είμαι με το μέρος σας. Διότι, όπως ξέρετε, πιστεύω στη συνεργασία».

«Ω, τρομερό αστείο», απάντησε ο Νταν. «Γιατί δεν πας στον Διαγωνισμό Ανεκδότων να τους το πεις;»

Υπομονή. Υπομονήήήή. Ο Άλιστερ σταύρωσε τα γαντοφορεμένα χέρια του στα γόνατά του. «Σκεφτείτε ποιος σας έσωσε σήμερα», είπε. «Και ποιος κατάφερε σε πολύ σύντομο χρονικό διάστημα, όχι μόνο να σας εντοπίσει, αλλά και να καταστρώσει σχέδιο διαφυγής. Σκεφτείτε, επίσης, ότι είμαι διατεθειμένος να σας πάω όπου πρέπει να πάτε. Με ιδιωτικό αεροπλάνο. Όλα αυτά σάς τα προσφέρω και δεν ζητώ παρά μόνο ένα πράγμα σε αντάλλαγμα – να μου αποκαλύψετε τον προορισμό σας. Πληροφορία, που κάτω από τις συγκεκριμένες συνθήκες, είναι μάλλον απαραίτητη».

«Έχεις δ-δ-δικό σου αεροπ-π-πλάνο;» ρώτησε η Έιμι.

Ο Άλιστερ χαμογέλασε με μετριοφροσύνη. «Δεν είναι δικό μου. Αλλά έχω ακόμα τις διασυνδέσεις και τις φιλίες μου. Ανθρώπους που μου χρωστούν χάρες και είναι έτοιμοι να μου τις ανταποδώσουν σε ώρα ανάγκης. Ο εφευρέτης των μπουρίτος για φούρνους μικροκυμάτων έχει ορισμένα οικονομικά πλεονεκτήματα».

«Νόστιμα μπουρίτος. Τα τρώνε οι επιβάτες!» είπε ο Σεργκέι. «Ζαμπόν, γκαλοπούλα, τυρί...»

Ο καημένος ο Σεργκέι. Η εμπειρία είχε διδάξει και στους δύο την αξία της συμβουλής του πατέρα Ω: ο δρόμος για την καρδιά ενός νεαρού πλάσματος περνάει από έτοιμα γεύματα, που τα ζεσταίνει κανείς σε φούρνους μικροκυμάτων.

Η Έιμι αναστέναξε. «Εντάξει. Όταν επιβιβαστούμε σ' αυτό το αεροπλάνο –αν συμφωνήσουμε να επιβιβαστούμε– τι εγγύηση έχουμε πως...»

«*Είμι!*» την έκοψε ο Νταν θυμωμένος. «Άκου, Χρυσοδάχτυλε, αποκλείεται. Ξέχασέ το. Αν είναι να το κάνουμε, θα το κάνουμε μόνοι μας».

Η Έιμι τον αγριοκοίταξε. «Αν κατάλαβα καλά, θέλεις να πάμε *κολυμπώντας* στην Ιαπωνία; Άφησέ μας σ' ένα εμπορικό κέντρο, θείε Άλιστερ. Χρειάζομαι βατραχοπέδιλα. Απ' τα μεγάλα! Αυτά που έχουν και αντικαρχαρικό...»

Ο Νταν βόγκηξε. «Είπες τη λέξη, Έιμι! Του είπες πού πάμε!»

«Έχουμε άλλη επιλογή, Νταν;» ρώτησε η Έιμι. «Έχουν τη Νέλι και τον Σαλαντίν και τα σ...»

Η Έιμι δάγκωσε τη γλώσσα της. Ο Άλιστερ την κοίταξε ενθαρρυντικά. Η καημενούλα είχε σημειώσει μεγάλες προόδους, είχε νικήσει τη δειλία της. «Τα ποια;» ρώτησε.

«Τα σ-σ-σακίδιά μας», είπε η Έιμι.

Ο Άλιστερ κούνησε το κεφάλι του. *Ιαπωνία.* Θαυμάσια. Ώστε εκεί βρισκόταν το επόμενο στοιχείο. Ενδιαφέρουσα τροπή. Έγειρε μπροστά να μιλήσει στον οδηγό του. «Μπορούμε να φτάσουμε στην Ιαπωνία, Σεργκέι;»

Ο οδηγός ανασήκωσε τους ώμους. «Μεγκάλο ταξίντι. Σταματάμε γκια πετρέλαιο. Στη Μόσχα. Παίρνω τηλέφωνο. Θα γκνωρίσετε και τα πεντιά μου – Κόλια και Τινάτσκα!»

«Σεργκέι! Σε παρακαλώ!» είπε ο Άλιστερ. «Δεν θα κάνουμε επισκέψεις!»

Ο Σεργκέι γέλασε. «Κόλια και Τινάτσκα κάνουν!» είπε.

Ο Νταν κοίταξε την αδερφή του με μάτια που πετούσαν φωτιές. Τα σπαδιά μας, θα έλεγε. *Έχουν τη Νέλι και τον Σαλαντίν και τα σπαδιά μας*. Πάλι καλά, που πρόλαβε και έκλεισε το στόμα της πριν το ξεράσει κι αυτό. Άλλο να φανερώσει τον προορισμό τους στον «εξυπηρετικό» θείο τους, κι άλλο να του αποκαλύψει και το στοιχείο τους. Μερικά πράγματα πρέπει να κρατιούνται μυστικά. Ακόμα και οι πιο ηλίθιες μεγάλες αδερφές το καταλαβαίνουν αυτό.

Διάβασε τα μάτια της αδερφής του. Δεν ήταν μόνο η συνηθισμένη της αντιπάθεια, οι γνωστές παραλλαγές *Βλάκα*, *Όχι δεν είναι ώρα για φαγητό*, και τέτοια. Αυτή τη φορά το βλέμμα της έλεγε: *Θα σε σκοτώσω, αν μου τα χαλάσεις αυτή τη φορά*.

Κι ακριβώς το ίδιο ένιωθε κι αυτός.

Ο θείος Άλιστερ έβαλε το χέρι στην τσέπη του και τράβηξε από μέσα δυο μικρές ηλεκτρονικές συσκευές, τις οποίες έδωσε στην Έιμι και στον Νταν με προσποιητό κέφι – σαν τρελός μπάτλερ, που παριστάνει τον Άγιο Βασίλη. «Είναι πομποί GPS. Βάλτε τους στα κινητά σας, όπως έχω κάνει κι εγώ στο δικό μου. Δεν έχω καταλάβει ακόμα πώς λειτουργούν και πώς καμουφλάρουν το σήμα τους. Αλλά με διαβεβαίωσαν ότι παρέχουν ασφαλείς πληροφορίες εντοπισμού, χωρίς να γίνονται αντιληπτά. Το θέμα είναι πως φτάνοντας στην Ιαπωνία δεν θα χαθούμε!»

Ο Σεργκέι έδειξε στον φρουρό της πύλης τα χαρτιά του, η λιμουζίνα μπήκε στον περιφραγμένο χώρο του αεροδρομίου και ακολούθησε το στενό ασφαλτοστρωμένο δρομάκι, που οδηγούσε στο μικρό κτίριο. Προσπέρασε μερικά μικρά αεροσκάφη με προπέλες και σταμάτησε δίπλα σ' ένα μακρόστενο ανοιχτό υπόστεγο.

Ο Σεργκέι βγήκε σβέλτα και άνοιξε τις πόρτες για τους επιβάτες του. Λάμποντας ολόκληρος τους έδειξε με χαρά το υπόστεγο. «Αυτή είναι η Λουντμίλα μου!»

«Κι άλλο πεντί;» ρώτησε ο Νταν. «Πολύτεκνος είσαι;» Κοίταξε δεξιά κι αριστερά. Το υπόστεγο έμοιαζε έρημο, μόνο μερικά μικρά αεροσκάφη και δυο-τρεις γεροδεμένοι και αξύριστοι άντρες με στολές μηχανικών. Κανένας τους δεν θα μπορούσε να λέγεται Λουντμίλα.

«Έεεε.... ούτε εγώ την βλέπω», είπε αμήχανα η Έιμι.

Αλλά την προσοχή του Νταν τράβηξε μια ασημένια λάμψη. Ένα αστείο μικρό αεροπλάνο είχε μόλις στρίψει από τη γωνία. Είχε στενά παραθυράκια, σαν φινιστρίνια, το σχήμα του θύμιζε λεπίδα μαχαιριού και το πιλοτήριο ήταν ανοιχτό, σαν να έγνεφε: *«Περάστε μέσα για το πιο συναρπαστικό ταξίδι της ζωής σας»*.

«Αυτή», είπε ο Σεργκέι, καθώς το αεροσκάφος ήρθε τσουλώντας αργά και σταμάτησε μπροστά τους, «είναι η Λουντμίλα μου».

ΚΕΦΑΛΑΙΟ 4

Οι λέξεις ΟΙΚΟΝΟΜΙΚΗ ΘΕΣΗ τυπωμένες πάνω στο εισιτήριο είχαν φέρει στο μυαλό της Ναταλί εικόνες απλής και λιτής ατμόσφαιρας· είχε φανταστεί αεροσυνοδούς με ντεμοντέ αλλά περιποιημένες στολές, φτώχεια και αξιοπρέπεια.

Αλλά δεν είχε φανταστεί στενά και σκληρά καθίσματα. Δεν είχε φανταστεί το γουρούνι, που καθόταν τώρα δίπλα της.

Δεν την είχε ενοχλήσει τόσο η συμπεριφορά της κοπέλας. Που ήταν φρικτή. Ούτε τα τατουάζ και τα σκουλαρίκια σ' όλο της το κορμί, που κάποια μέρα θα της δημιουργούσαν ασφαλώς προβλήματα στη δουλειά της – αν υποθέσουμε ότι η Νέλι θα έβρισκε ποτέ της κανονική δουλειά. Δεν την είχε ενοχλήσει καν το ξέσπασμά της, όταν είδε τη Ναταλί και τον Ίαν. Στο κάτω κάτω δεν περίμεναν και να τους καλωσορίσει με χαμόγελα και αγκαλιές. Αλλά τα παλιόλογα με τα οποία τους βομβάρδισε, ήταν λιγάκι... λιγάκι αγενή. Ναι. Τουλάχιστον αγενή.

Μα όλα αυτά τα περίμεναν από ένα πρόσωπο σαν τη Νέλι. Άνθρωποι της δικής της κοινωνικής τάξης...

δεν ήξεραν να φερθούν, αυτό ήταν σίγουρο. Και η Ναταλί με τον Ίαν ήταν αποφασισμένοι ν' αντέξουν στις χοντροκοπιές. Απαιτούνταν ορισμένες θυσίες, αν ήθελαν να αποκτήσουν τις πληροφορίες που τους χρειάζονταν.

Όχι. Όλα αυτά δεν ενοχλούσαν και τόσο τη Ναταλί. Το χειρότερο ήταν η *βρομιά*. Τα περιτυλίγματα από τις σοκολάτες και τα τσιπς πάνω στα καθίσματα, δεξιά και αριστερά της, το σακίδιο πεταμένο στο δάπεδο ανάμεσα στα πόδια της και όχι τακτοποιημένο κάτω από το μπροστινό κάθισμα. Η νευρική και εκνευριστική συνήθειά της να μπουκώνεται με φιστίκια και να μασάει μιλώντας. Φρίκη. Σκέτη φρίκη. *Το βρόμικο κορμί δείχνει βρόμικο μυαλό*, έλεγαν οι γονείς της. Ή μήπως το είχε διαβάσει στα *Σοφά Ρητά του Μπάρτλετ;* Η Ναταλί δεν ήταν σίγουρη.

Βόγκηξε, καθώς η απαίσια γκουβερνάντα γύρισε και της είπε κάτι με το στόμα γεμάτο.

«Ο ι ε να έντε, ντεν α ντάα ααέετε!» είπε η Νέλι φτύνοντας κομματάκια φιστίκια από τις γωνιές των χειλιών της.

Ο αδερφός της Ναταλί, ο Ίαν, τίναξε αηδιασμένος ένα ψίχουλο γκοφρέτας από τα άψογα χτενισμένα κατάμαυρα μαλλιά του. «Μπορείς, σε παρακαλώ, να καταπιείς και να επαναλάβεις;»

Η Νέλι κατάπιε. «Ό,τι και να λέτε, δεν θα τα καταφέρετε!»

«Αλήθεια;» Ο Ίαν έριξε μια ματιά πάνω από τον ώμο του, στο γεμάτο αεροσκάφος. «Για να δούμε...

υπάρχει κανείς πρόθυμος να πάρει το μέρος σου; Όχι; Τι λες εσύ, Ναταλί; Θα τα καταφέρουμε;»

«Μπορείς να διαλέξεις τον εύκολο τρόπο», πίεσε η Ναταλί τη Νέλι. «Δεν έχεις παρά να μας απαντήσεις σε μια απλή ερώτηση...» Την είχαν ήδη ρωτήσει πολλές φορές, και κάθε φορά η απάντησή της ήταν χειρότερη από την προηγούμενη. Αλλά θα έβαζε μυαλό. Αν ήθελε το καλό της. Αν πάλι όχι... ε, οι Κάμπρα είχαν κι άλλους τρόπους να την κάνουν να κελαηδήσει. «Για τελευταία φορά, λοιπόν: Γιατί πηγαίνετε στην Ιαπωνία;»

Η Νέλι τράβηξε ένα περιοδικό από τη δικτυωτή θήκη στην πλάτη της μπροστινής θέσης, εκτοξεύοντας τα ακουστικά της και μερικά χρησιμοποιημένα χαρτομάντιλα προς το μέρος του Ίαν. Ο νεαρός τραβήχτηκε πνίγοντας μια φωνή *αηδίας*. «Επειδή μ' αρέσει πολύ το σουντόκου», είπε η Νέλι. «Τα καλύτερα σουντόκου τα βρίσκεις στις πτήσεις των Ιαπωνικών Αερογραμμών. Καλά! Πού ζείτε εσείς και δεν το ξέρετε αυτό;»

«Καφέ; Τσάι; Ξηρούς καρπούς; Τι θα μπορούσα να σας προσφέρω για να ευχαριστηθείτε ακόμα περισσότερο το ταξίδι σας;» ρώτησε με τραγουδιστή φωνή μια αεροσυνοδός περπατώντας αργά στον διάδρομο.

«Μια κόκα διαίτης και ένα ένταλμα σύλληψης», απάντησε η Νέλι. «Ή μάλλον, δύο. Επειδή αυτά τα δυο παιδιά *δεν θα 'πρεπε* να κάθονται εδώ. Κι επειδή μ' ενοχλούν».

Ο Ίαν γέλασε δυνατά. «Χα, χα, χα! Τι αστεία που τα λες, ξαδέρφη. Ε, Έιμι; Δεν έχει μεγάλη πλάκα η Νελ;»

«Ναι, Ντάνιελ», απάντησε η Ναταλί. «Όπως πάντα. Τα ίδια λέει κι όταν είμαστε στο σπίτι... στο Χόμντέιλ».

«Ναι, σας πιστέψαμε», είπε η Νέλι. «Δεν μου λέτε, δεσποινίς; Υπάρχει αστυνομικός μέσα στο αεροπλάνο; Γιατί αν δεν υπάρχει, θα ήθελα να γίνει η σύλληψη χωρίς την παρουσία αστυνομικού. Με απλή παρουσία πολιτών. Γίνεται αυτό εδώ στην Ιταλία; Ή όπου αλλού είμαστε αυτή τη στιγμή;»

Χαμογελώντας αμήχανα η αεροσυνοδός άφησε μια κόκα διαίτης στο πτυσσόμενο τραπεζάκι, μπροστά στη Νέλι. Τη στιγμή που όρθωνε ξανά το κορμί της, η Ναταλί γύρισε στη σαστισμένη γυναίκα και έκανε δυο μικρούς κύκλους δίπλα στο αυτί της, για να της δείξει πως η ξαδέρφη τους ήταν λιγάκι «*τρελή*».

Έξω από το παράθυρο είδαν αστραπές. Το αεροπλάνο άρχισε ξαφνικά να τραντάζεται. «Εεεε... απ' ό,τι φαίνεται θα έχουμε λίγο κούνημα», ακούστηκε η φωνή του πιλότου από τα μεγάφωνα.

Η αεροσυνοδός βάλθηκε να σπρώχνει το καροτσάκι της προς το πίσω μέρος του διαδρόμου, λέγοντας ταυτοχρόνως με δυνατή, ήρεμη φωνή: «Παρακαλώ, γυρίστε στις θέσεις σας και βάλτε τις ζώνες σας».

Ο Ίαν βόγκηξε. «Δεν... δεν νιώθω καλά».

Έγειρε απότομα μπροστά, κατάχλωμος, σκύβοντας το κεφάλι του ανάμεσα στα γόνατά του. Η Νέλι άθελά της ανησύχησε.

Η Ναταλί χαμογέλασε. Η ίδια κι ο Ίαν το είχαν σχεδιάσει αυτό. Είχαν κανονίσει σινιάλα μεταξύ τους. Οι

Κάμπρα ήταν αριστοτέχνες στον σχεδιασμό. Η κίνηση του Ίαν σήμαινε ένα και μοναδικό πράγμα. Και η Ναταλί αμέσως κατάλαβε τι έπρεπε να κάνει.

Παρ' όλα αυτά, δεν μπόρεσε να μη νιώσει μια στάλα λύπης για την κοπέλα. Κάτω από τη χοντροκοπιά της, η Νέλι ξεχείλιζε από εξυπνάδα και θάρρος. Αν οι συνθήκες ήταν διαφορετικές, θα μπορούσε να γίνει μια θαυμάσια υπάλληλος των Κάμπρα.

«Μη μου πεις ότι θα ξεράσεις τώρα...», είπε η Νέλι. «Δεν αντέχω να βλέπω ξερατά. Τα σιχαίνομαι». Το χέρι της έψαξε βιαστικά στο δάπεδο, ανάμεσα στα περιοδικά και τα σκουπίδια, να βρει ένα από τα σακουλάκια για τον εμετό.

Να το.

Κι ενώ η Νέλι ήταν γυρισμένη στον Ίαν, η Ναταλί έχωσε το χέρι στην τσέπη της και έβγαλε ένα μικρό μπουκαλάκι με σκούρο υγρό. Με μια σβέλτη κίνηση έγειρε το μπουκαλάκι πάνω από το ποτήρι με την κόκα της κοπέλας. Δυο σταγόνες ήταν υπεραρκετές.

Το αεροπλάνο χοροπήδησε ξανά, η Ναταλί τραντάχτηκε και άθελά της άδειασε ολόκληρο το μπουκαλάκι μέσα στην κόκα.

Ουπς.

Ο ήχος του τηλεφώνου ξύπνησε τον Νταν από τον βαθύ του ύπνο.

Το πρώτο πράγμα που πρόσεξε, ήταν το χέρι της Έιμι: κάτασπρο, σφιγμένο στο χερούλι δίπλα στο κάθισμά της. «Απορώ πώς μπορείς και κοιμάσαι τέτοιες ώρες...», του είπε η αδερφή του με σφιγμένα δόντια.

Το μικρό αεροσκάφος έγειρε απότομα προς τ' αριστερά, κάνοντας την Έιμι να τσιρίξει. «Πο, πο! Ψώνιο!» είπε ο Νταν. «Μπορείς να το ξανακάνεις, Σεργκέι;»

Ο Σεργκέι γέλασε. «Μπλάκα, ε;»

«Όχι!» τραύλισε η Έιμι.

Ο Άλιστερ απάντησε στο τηλέφωνο. «Ποιος είναι;» ρώτησε για δεύτερη φορά, κάνοντας νόημα σε όλους να σωπάσουν. «Ιρίνα, εσύ;»

Η Έιμι βόγκηξε.

«Α, ναι, ξέφυγαν», είπε με δυνατή φωνή ο Άλιστερ. «Είναι μαζί μου τώρα... ναι, μια χαρά είναι... τι; Ιαπωνία, είπες;» Ο Άλιστερ γέλασε. «Ω, αγαπητή μου. Νόμισες... νόμισες στ' αλήθεια ότι οι δυο Κάμπρα ξεγέλασαν τον Νταν και την Έιμι; Ω, τι να σου πω! Δεν το κατάλαβες, πως αυτό ήταν το σχέδιο των δυο μικρών Κέιχιλ; Να βάλουν τη Νέλι στο αεροπλάνο, για να σας παραπλανήσουν;... Δεν το πιστεύω! Ιρίνα! Τι; Τι είπες;... όχι, όχι, όχι! Δεν εννοούσα τίποτα τέτοιο! Ναι, φυσικά, ΟΙ ΚΕΪΧΙΛ ΠΗΓΑΙΝΟΥΝ ΣΤΗΝ ΙΑΠΩΝΙΑ, ΣΩΣΤΑ! ΣΩΣΤΑ! Σ' αφήνω τώρα, αγαπητή μου».

«Εεε... τι ήταν αυτά που έλεγες;» ρώτησε ο Νταν.

Ο Άλιστερ χαμογέλασε. «Ξέρω καλά την Ιρίνα. Αυτή τη στιγμή είναι εκατό τοις εκατό σίγουρη πως εσείς ξεγελάσατε τους Κάμπρα, και όχι το αντίθετο. Και πίστεψέ με, μετά απ' όσα της είπα, το τελευταίο μέρος όπου θα τρέξει να σας ψάξει, είναι ακριβώς η Ιαπωνία...»

«Για μισό λεπτό. Νομίζεις πως την έπεισες;» ρώτησε ο Νταν. «Δεν θέλω να σε προσβάλω, αλλά δεν ήσουν και πολύ πειστικός».

«Μπορεί να 'χω μαζέψει ένα σωρό αποτυχίες στη ζωή μου, αλλά καταλαβαίνω τους άλλους», είπε ο Άλιστερ. «Και ξέρω πώς πρέπει να μιλήσω στην Ιρίνα για να την πείσω».

Η Έιμι γύρισε το κεφάλι της στον Άλιστερ. Το πρόσωπό της είχε χάσει τελείως το χρώμα του. Ο θείος τους ήταν έξυπνος, αλλά λιγάκι παλιομοδίτης. Και είχε παραβλέψει κάτι ολοφάνερο. Κάτι που έκανε νιάουνιάου στα κεραμίδια.

«Μην... είσαι τόσο σίγουρος...», είπε.

Η φωνή του πιλότου ζήτησε από τον πύργο ελέγχου άδεια προσγείωσης – στα ρωσικά. Και την πήρε αμέσως.

Γέρνοντας δεξιά το αεροσκάφος κατέβηκε προς ένα μικρό αεροδρόμιο στα προάστια της Μόσχας. Στο γυμνό, σκούρο έδαφος ο διάδρομος προσγείωσης φάνταζε αλλόκοτα γκρίζος.

Τα δάχτυλα της Ιρίνας σφίχτηκαν στα μπράτσα του καθίσματός της, καθώς οι ρόδες του αεροπλάνου χοροπήδησαν στο έδαφος. Αυτές οι προσγειώσεις ήταν πάντα πιο απότομες απ' όσο τις περίμενε.

Κι ενώ το σκάφος έκοβε ταχύτητα γλιστρώντας πάνω στην άσφαλτο, είδε το μικρό ασημένιο Τσέσνα, που γέμιζε το ντεπόζιτό του πετρέλαιο. Τα μάτια της καρφώθηκαν πάνω του.

«Σταμάτα εδώ», είπε η Ιρίνα.

Έβλεπε τώρα τον γέρο, να περπατάει κουτσαίνοντας με το μπαστουνάκι του. Ήταν ντυμένος κομψά και σωστά, όπως πάντα. Το σκληρό καπέλο και τα μαύρα γυαλιά ήταν οι πινελιές, που έκαναν άψογη την εμφάνισή του. Η Ιρίνα είχε αδυναμία στους άντρες που ντύνονταν με τον παραδοσιακό κλασικό τρόπο και δεν γίνονταν σκλάβοι της μόδας. Τα ρούχα του έμοιαζαν να τον στενεύουν τώρα τελευταία. Αλλά με τόσο στρες, ποιος δεν θα 'παιρνε βάρος;

Την ίδια στιγμή σχεδόν φάνηκαν πίσω του και οι δυο μικροί διάβολοι, κουκουλωμένοι με πουπουλένια μπουφάν και σκουφιά. Προστατευμένοι, όπως πάντα – πρώτα από την Γκρέις Κέιχιλ, τώρα από τον θείο τους. Γιατί είχε πουλήσει την ψυχή του σ' αυτά τα δυο παλιόπαιδια; Η Ιρίνα δεν μπορούσε να το χωνέψει. Αλλά μια μέρα θα καταλάβαινε το λάθος του.

Θα σε προδώσουν, Άλιστερ, σκέφτηκε. Εκτός κι αν τα προδώσεις εσύ πρώτος.

Χαμογέλασε άθελά της. Η σκέψη της ανθρώπινης αδυναμίας πάντα της έφτιαχνε το κέφι μετά από ένα μακρύ και κουραστικό ταξίδι. Τον παλιό καλό καιρό, που δούλευε στην KGB, η προδοσία κυκλοφορούσε σε όλα τα μεγέθη και σε όλα τα χρώματα – πολλά μαύρα χρήματα, άλλες τόσες λευκές επιταγές, κατακόκκινοι συναγερμοί και κίτρινος Τύπος

Ομάδες – βλακείες! σκέφτηκε η Ιρίνα. Οι ομάδες ήταν άχρηστες στο κυνήγι των 39 στοιχείων. Μ' ένα μυστικό τόσο πολύτιμο, οι ζήλιες ήταν φυσικό και αναπόφευκτο φαινόμενο. Καμιά συμμαχία δεν θα κρατούσε ως το τέλος.

Η Ιρίνα θα έβρισκε τα στοιχεία μόνη της. Χωρίς τεμπέλικα πλουσιόπαιδα, χωρίς γέρους με ισχυρούς φίλους, χωρίς κλαψιάρικα ορφανά. Για όλους αυτούς τους ερασιτέχνες, τούτο το κυνήγι ήταν ένα παιχνίδι μυστηριώδες, άγνωστο. Για την Ιρίνα, όμως, όχι. Το έπαθλο έπρεπε να πάει σ' αυτόν που είχε στερηθεί τα περισσότερα πράγματα. Στον μοναχικό λύκο, που διψούσε για δικαιοσύνη. Και για εκδίκηση.

Ο γέρος και τα δυο παιδιά ανέβηκαν στο αεροπλάνο. Η Ιρίνα έγειρε μπροστά και το βλέμμα της καρφώθηκε στο κινητό της, που ακόμα έδειχνε τις συντεταγμένες GPS της τελευταίας της συνομιλίας: Ω, ΑΛΙΣΤΕΡ.

«Ω, Άλιστερ, πράγματι», είπε μέσα από τα δόντια της. «Με διευκολύνεις αφάνταστα...»

«*Shto;* Τι είπες;» την ρώτησε ο πιλότος της.

«Θα τους ακολουθήσουμε, Αλεξάντερ».

Ο Αλεξάντερ τράβηξε τον μοχλό και ο κινητήρας του αεροπλάνου μούγκρισε μαλακά. Το Τσέσνα μπροστά τους ετοιμαζόταν για απογείωση.

Τώρα θα έβλεπε αν της είχε πει την αλήθεια για τον προορισμό τους.

Χαμογέλασε. Κανένας δεν μπορούσε να κοροϊδέψει την Ιρίνα Σπάσκι.

ΚΕΦΑΛΑΙΟ 5

Ο αδερφός της Έιμι άρχιζε να νιώθει άνετα σ' ένα καινούριο μέρος, μόνο όταν έκανε την πρώτη του βλακεία. Στο Τόκιο, αυτό έγινε το πρωί της άφιξής τους στο Ξενοδοχείο Ευχαριστούμε Πολύ.

«Νταν, δεν μπορείς να το πάρεις αυτό – είναι κλεψιά», είπε η Έιμι, βλέποντάς τον να χώνει ένα τασάκι του ξενοδοχείου στην πίσω τσέπη του παντελονιού του.

«Δεν θα το πάρουν είδηση ότι λείπει!» διαμαρτυρήθηκε ο Νταν. «Το θέλω για τη συλλογή μου».

Ο Νταν μάζευε τα πάντα. Ό,τι χωρούσε μέσα σ' ένα σπίτι και δεν ήταν στερεωμένο με αλυσίδες στο πάτωμα, ο Νταν το μάζευε.

«Η αδερφή σου έχει δίκιο», είπε αυστηρά ο θείος Άλιστερ και κοντοστάθηκε, γέρνοντας πάνω στο μπαστούνι του. Μύριζε άφτερσέιβ και ταλκ. Στον δρόμο από το αεροδρόμιο στο ξενοδοχείο είχε αγοράσει μερικές αλλαξιές ρούχα για την Έιμι και τον Νταν. Κι ύστερα είχε επιμείνει να φρεσκαριστούν και να κοιμηθούν λίγο.

Η Έιμι δεν είχε κλείσει μάτι. Δεν είχε κοιμηθεί ούτε δευτερόλεπτο. Πρώτον, επειδή ήταν πολύ εκνευρισμένη. Και δεύτερον, επειδή ο Νταν έκανε συνέχεια «*Μρρρπ*» στον ύπνο του. Στ' αλήθεια τού έλειπε ο Σαλαντίν.

Αλλά αυτό δεν είχε επηρεάσει καθόλου τη μανία του με τις συλλογές. Η Έιμι άπλωσε το χέρι της. Με μισή καρδιά ο Νταν τής έδωσε το τασάκι. «Εντάξει. Θα μου πάρεις τουλάχιστον τα διαφημιστικά σπίρτα του Ξενοδοχείου Ευχαριστούμε Πολύ;» ρώτησε.

Η Έιμι ακούμπησε ξανά το τασάκι σ' ένα τραπεζάκι στο λόμπι του ξενοδοχείου, ενώ ο Νταν την παρακολουθούσε μουτρωμένος. Ακόμα δεν είχαν καταφέρει να μάθουν σωστά το όνομα του ξενοδοχείου τους. Και γι' αυτό το είχαν βαφτίσει με τη φράση που όλο το προσωπικό επαναλάμβανε διαρκώς. Παίρνοντας ένα κουτάκι σπίρτα από τη ρεσεψιόν, η Έιμι χαμογέλασε στον υπάλληλο. «Ευχαριστούμε πολύ!» της είπε ο νεαρός άντρας.

Πηγαίνοντας προς την έξοδο, ο Νταν κοίταξε τον θείο Άλιστερ που τους περίμενε κοιτάζοντας τον δρόμο, έξω. «Πάμε να φύγουμε», μουρμούρισε ο Νταν. «Πρέπει να βρούμε τους φίλους μας, τη Νέλι και τον Σαλαντίν».

«Τρελάθηκες;» του ψιθύρισε η Έιμι. «Ο θείος Άλιστερ πλήρωσε το ξενοδοχείο. Ξέρει γιαπωνέζικα και θα μας βοηθήσει».

«Τον συμπαθείς!» είπε με φρίκη ο Νταν. «Σε κατάφερε και σου γύρισε τα μυαλά!»

Η Έιμι στράφηκε απότομα προς το μέρος του. «Ούτε τον συμπαθώ ούτε τον εμπιστεύομαι. Αλλά χωρίς αυτόν δεν θα μπορέσουμε να κάνουμε βήμα εδώ, Νταν. Άρα, πρέπει να πάμε με τα νερά του, τουλάχιστον μέχρι να μας βρει η Νέλι».

«Ή να την βρούμε εμείς!» μουρμούρισε ο Νταν καθώς προχωρούσαν προς τον Άλιστερ Ω και την έξοδο. Βγήκαν έξω όλοι μαζί. Η μέρα ήταν ηλιόλουστη και δροσερή. Στ' αριστερά τους, άνθρωποι ντυμένοι σαν φιγούρες από γιαπωνέζικα κόμικς χαιρετούσαν τους περαστικούς έξω από ένα αστραφτερό εμπορικό κέντρο. Στον αέρα πλανιούνταν τα αρώματα παράξενων λουλουδιών από το πάρκο στην απέναντι μεριά του δρόμου, που ήταν γεμάτος αυτοκίνητα και ποδήλατα. Το Τόκιο θύμισε στην Έιμι τη Νέα Υόρκη, μόνο που οι άνθρωποι δεν φώναζαν σαν τρελοί.

Τα μάτια του Νταν ανέβηκαν θαυμάζοντας μια ατσάλινη κατασκευή, που υψωνόταν πάνω από το πάρκο. «Ουάου! Κάποιος έφερε εδώ τον Πύργο του Άιφελ και τον έβαψε άσπρο και κόκκινο!»

Ο Άλιστερ χαμογέλασε. «Ο Πύργος του Τόκιο είναι πιο ψηλός από τον Πύργο του Άιφελ. Αλλά και πιο ελαφρύς, χάρη στις προόδους στον τομέα της μεταλλουργίας – προόδους, που θα μου επιτρέψετε να προσθέσω ότι οφείλονται σ' έναν μηχανικό του κλάδου των Εκατερίνα, της λαμπρής μου οικογένειας. Βλέπετε κι εκείνον εκεί τον ουρανοξύστη με τις καμπύλες πλευρές; Έχει το σχήμα ενός γιαπωνέζικου λουλουδιού, που αφθονεί στο Πάρκο

Σίμπα. Καρπός της έμπνευσης ενός αρχιτέκτονα των Γιάνους...»

«Για μισό λεπτό! Θέλεις να πεις ότι αυτό το πάρκο έχει λουλούδια από ατσάλι;» ρώτησε ο Νταν.

«Ξέρω κάποιον που έχει μυαλό από τσίγκο», του απάντησε η Έιμι και γυρίζοντας στον Άλιστερ ρώτησε: «Πώς και ξέρεις τόσα πολλά για την οικογένειά σου;»

«Κάποια μέρα θα σας δείξω τη συλλογή μου», είπε ο Άλιστερ. «Τώρα, ας ασχοληθούμε με τη δουλειά μας. Θα πάρουμε ταξί και σε δέκα λεπτά θα είμαστε στη Μητροπολιτική Βιβλιοθήκη».

«Βιβλιοθήκη. Ουάου. Ανυπομονώ», είπε ο Νταν παίζοντας αφηρημένα με τα σπίρτα του ξενοδοχείου. «Λοιπόν, το βρήκα. Εσείς θα πάτε στη βιβλιοθήκη. Κι εγώ θα αγοράσω ένα μπαρμπουνάκι σούσι και θα πάρω ένα ταξί να πάω στο αεροδρόμιο. Θα βρεθούμε αργότερα».

«Τι σε κάνει να πιστεύεις ότι ο Σαλαντίν είναι στο αεροδρόμιο;» ρώτησε ο Άλιστερ προχωρώντας προς την άκρη του πεζοδρομίου.

«Όπως τα βλέπω εγώ, δυο πράγματα μπορεί να έγιναν», είπε ο Νταν. «Πρώτον: οι Κάμπρα έκαναν πλύση εγκεφάλου στη Νέλι και την τρέχουν γύρω γύρω στην πόλη, ψάχνοντας να μας βρουν. Ή, δεύτερον: η Νέλι κατάφερε να τους βάλει κάτω χάρη στις τεχνικές νίντζα που δεν ήξερε πως είχε αποκτήσει με τηλεπάθεια, κάνοντας παρέα με μένα. Εγώ ψηφίζω το πρώτο. Ούτως ή άλλως, τον Σαλαντίν θα τον...» Το πρόσωπο του Νταν σκοτείνιασε. «Δεν... δεν μπορώ να τον βγάλω από το μυαλό μου. Τον θυμάμαι πάνω στον ιμάντα των αποσκευών, ολομόναχο, να γυρίζει γύρω γύρω...»

«Το ξέρω ότι αγαπάς τον γάτο σου», είπε ο Άλιστερ. «Αλλά τώρα πρέπει να σκεφτείς πρώτα τη δική σου ασφάλεια. Οι Κάμπρα σάς περιμένουν. Δεν ξέρουν πώς και πότε, αλλά είναι σίγουροι ότι θα έρθετε εδώ. Και μάλλον υποψιάζονται πως θα πάτε γραμμή στο αεροδρόμιο, να ψάξετε το αγαπημένο σας γατί και την αγαπημένη σας μπέιμπι-σίτερ...»

«Συνοδό», τον διόρθωσε ο Νταν.

«Προσπαθώ απλώς να σου εξηγήσω ότι δεν έχεις τα περιθώρια να πας να πέσεις ίσια μέσα στην παγίδα τους», συνέχισε ο Άλιστερ.

Αλλά και η Έιμι ένιωθε χάλια, μην ξέροντας τι είχαν απογίνει η Νέλι και ο Σαλαντίν. Από τη στιγμή που προσγειώθηκαν, δεν είχε πάψει να τηλεφωνεί στη Νέλι – αλλά το κινητό της ήταν κλειστό. Δεν της άρεσε που έπρεπε να σταματήσει τον Νταν. Αλλά η συμβουλή του Άλιστερ ήταν λογική. «Ξέρουμε καλά τον Ίαν και τη Ναταλί», είπε στον αδερφό της. «Μην αμφιβάλλεις: θα μας βρουν». Κι ακολούθησε τον Άλιστερ στην πιάτσα των ταξί.

«Μα...», προσπάθησε να διαμαρτυρηθεί ο Νταν.

«Πρέπει να προχωρήσουμε», είπε η Έιμι. «Η Νέλι θα τα καταφέρει. Ακόμα κι αν πέσει, θα σηκωθεί».

Ο Νταν αναστέναξε. «Το ίδιο κι ο Σαλαντίν, εδώ που τα λέμε. Που είναι και γάτος...»

Ακολουθώντας την αδερφή του, ο Νταν άναβε σπίρτα το ένα μετά το άλλο – και τα 'σβηνε φυσώντας τα.

«Σταμάτα», τον μάλωσε η Έιμι.

«Γιατί;» είπε ο Νταν ανάβοντας το επόμενο σπίρτο. «Έχει πλάκα. Με βοηθάει να ξεχνάω ότι μόλις γυρίσαμε την πλάτη μας στα δύο μοναδικά πλάσματα που πραγματικά συμπαθούμε. Συν το γεγονός ότι βρισκόμαστε στη χώρα των νίντζα και του Μόθρα και των πραγματικά φο-βε-ρών πολεμικών τεχνών και παρ' όλα αυτά πηγαίνουμε να περάσουμε άλλη μια μέρα σε βιβλιοθήκη!»

Ο Άλιστερ σταμάτησε δίπλα στο πρώτο ταξί και είπε κάτι στον οδηγό, μιλώντας γρήγορα και με άνεση τα γιαπωνέζικα. Αμέσως μετά έγνεψε στην Έιμι και στον Νταν να μπουν.

Το ταξί χώθηκε μέσα στην κίνηση, προσπερνώντας ψηλά υπερσύγχρονα κτίρια από ατσάλι, αλλά και παγόδες με στέγες φορτωμένες στολίδια και μεγάλους κήπους γύρω τους. «Γιατί να μη μείνουμε σ' ένα απ' αυτά τα ωραία σπιτάκια;» ρώτησε ο Νταν.

«Είναι αρχαίοι ναοί, δεν είναι πανσιόν», του απάντησε ο Άλιστερ. «Θα δούμε κι άλλους, όσο θα πλησιάζουμε στο κέντρο και στη βιβλιοθήκη. Ο στρατιωτικός ηγέτης –ο σογκούν– διέταξε να μεταφερθούν εδώ όλοι οι ναοί. Την εποχή εκείνη η περιοχή Ροπόνγκι ήταν ένα προάστιο της πρωτεύουσας, που τότε την έλεγαν Έντο. Το μεγαλύτερο μέρος αυτής της έκτασης ήταν δάσος, όπου κυνηγούσαν ο σογκούν και οι δικοί του».

«Ενδιαφέρον», είπε η Έιμι, που πάντα της άρεσε να μαθαίνει διάφορα για την ιστορία των πόλεων.

Ο Νταν κούνησε το κεφάλι του κοιτάζοντας βαριεστημένα έξω από το παράθυρο. «Μου φάνηκε πως είδα κάποιον διάσημο».

Το τηλέφωνο του Άλιστερ χτύπησε. «Εμπρός;... Ναι... α, μπράβο, Σεργκέι. Τι έκανε, λέει; Για φαντάσου – χα! Πολύ καλά! Και σ' ευχαριστώ πολύ. *Da. Do svidanya!*»

Έκλεισε το τηλέφωνο και γύρισε στον Νταν και στην Έιμι: «Ο Σεργκέι έφτασε στη Σιβηρία, μαζί με τα δυο παιδιά του. Όλα πήγαν καλά. Η Ιρίνα την πάτησε και τον ακολούθησε. Τους πέρασε για μας. Όταν αντιλήφθηκε το λάθος της, άρχισε να βρίζει – είπε λόγια που έκαναν ακόμα και τον Σεργκέι να κοκκινίσει!»

«Μπράβο!» ενθουσιάστηκε ο Νταν και κατευχαριστημένος χτύπησε την ανοιχτή παλάμη του με της αδερφής του και του θείου του.

«Σ' εσένα το χρωστάμε, Έιμι», είπε ο Άλιστερ λάμποντας από χαρά. «Πόσο ανόητος στάθηκα, να μη σκεφτώ πως η Ιρίνα θα έβρισκε τα ίχνη μας χάρη στα GPS των κινητών».

«Εγώ το σκέφτηκα αμέσως», είπε όλο μετριοφροσύνη ο Νταν. «Αλλά ντράπηκα να το πω».

Η Έιμι έκλεισε για δύο δευτερόλεπτα τα μάτια της. «Ναι. Κι εγώ είμαι η βασίλισσα της Αγγλίας».

«Ε, ναι, πράγματι *δείχνεις* ζαρωμένη και βαρετή», συμφώνησε ο Νταν.

Και τραβήχτηκε μακριά της, πριν η Έιμι προλάβει να τον τσιμπήσει.

Το ταξί δεν άργησε να σταματήσει μπροστά σ' ένα ογκώδες, μοντέρνο κτίριο, σαν κουτί, που βρισκόταν στην άκρη ενός καταπράσινου πάρκου.

«Αρισουγκαβανομίγια!» δήλωσε ο οδηγός.

Ο Νταν χλώμιασε. «Τι έκανα πάλι;»

«Έτσι λένε το πάρκο. Κι αυτό το κτίριο είναι η Μητροπολιτική Βιβλιοθήκη του Τόκιο», εξήγησε ο Άλιστερ πληρώνοντας τον οδηγό και βγαίνοντας από το ταξί. «Έχουμε ελάχιστο χρόνο στη διάθεσή μας, μέχρι να βρει τα ίχνη μας η Ιρίνα. Κι αφού τα κινητά μας δεν έχουν πια πομπούς GPS, καλά θα κάνουμε να μείνουμε μαζί, για να μη χαθούμε μεταξύ μας. Μην ξεχάσετε να βάλετε τα κινητά σας στο αθόρυβο και στη δόνηση, τώρα που θα μπούμε στη βιβλιοθήκη».

«Πώς θ' αντέξω τόσες συγκινήσεις;» μουρμούρισε μουτρωμένος ο Νταν.

Αμέσως μόλις μπήκαν στο κτίριο, μια άψογα ντυμένη και χτενισμένη βιβλιοθηκάριος βρέθηκε στο πλευρό του θείου Άλιστερ κι άρχισε να του μιλάει σαν πολυβόλο στα γιαπωνέζικα, κάνοντας ασταμάτητες υποκλίσεις. Τέλος, χαμογέλασε στην Έιμι και στον Νταν και τους έκανε νόημα να την ακολουθήσουν.

«Την ξέρεις;» ψιθύρισε ο Νταν στον θείο του καθώς ανέβαιναν μια μεγάλη μαρμάρινη σκάλα. «Από την εποχή που έβγαινες εδώ για κυνήγι με τον σογκούν;»

«Όχι. Απλώς είναι όλοι μαθημένοι να φέρονται με ευγένεια», απάντησε ο Άλιστερ και η αναπηρία του ποδιού του δεν φαινόταν σχεδόν καθόλου στις κινήσεις του. «Το κάνει από σεβασμό για την ηλικία μου. Αλλά μπορεί η δεσποινίς Νακαμούρα να θυμάται και τις εμφανίσεις μου στην τηλεόραση, πριν από δέκα χρόνια. Τα μπουρίτος για φούρνους μικροκυμάτων που έριξε στη γιαπωνέζικη αγορά η εταιρεία μου, Τεριγιάκι. Τα Τρομερά Τρόφιμα έκαναν θραύση εκείνη την εποχή».

Μπήκαν σε μια μικρή αίθουσα, που οι τοίχοι της ήταν γεμάτοι βιβλία. Στη μια πλευρά της δυο μικρά παράθυρα έβλεπαν στον δρόμο. Στο κέντρο της αίθουσας υπήρχε ένα μεγάλο τραπέζι με ηλεκτρονικούς υπολογιστές. «Αν χρειαστείτε βοήθεια, μη διστάσετε να μου την ζητήσετε», είπε η δεσποινίς Νακαμούρα σε τέλεια αγγλικά. Κι αφού υποκλίθηκε ξανά στον Άλιστερ, τους άφησε, κλείνοντας πίσω της την πόρτα.

«Της είπα ότι μελετάμε την κατασκευή μιας καινούριας διαδραστικής ιστοσελίδας για τα γεμιστά μου μπουρίτο», είπε ο Άλιστερ σταυρώνοντας τα δυο του χέρια στη λαβή του μπαστουνιού του, καθώς έγειρε ελαφρά μπροστά, κοιτάζοντας την Έιμι και τον Νταν. «Αλλά αυτό που θέλω να μου πείτε εσείς, είναι τι γυρεύουμε *στ' αλήθεια* εδώ πέρα;»

Τα μάτια της Έιμι καρφώθηκαν στον Νταν. Ο Άλιστερ τους είχε ξανακάνει αυτή την ερώτηση – και κάθε φορά απέφευγαν να του απαντήσουν. Ο θείος τους είχε καταλάβει πως κάτι του έκρυβαν.

Το πρόβλημα ήταν τα σπαδιά. Ο Άλιστερ αγνοούσε την ύπαρξή τους. Δεν είχε δει την επιγραφή που ήταν σκαλισμένη στη λάμα του ενός. Δεν είχε ιδέα πως το δεύτερο στοιχείο ήταν το βολφράμιο.

Είναι πιο μπερδεμένος απ' ό,τι εμείς, σκέφτηκε η Έιμι. Διάλυμα σιδήρου και βολφράμιο. Ποιος θα μπορούσε να τα ταιριάξει αυτά τα δυο; Το πρώτο ήταν συστατικό της μελάνης. Το δεύτερο ήταν το υλικό που καίγεται στους λαμπτήρες πυρακτώσεως. Πώς ήταν δυνατόν να σχετίζονται μεταξύ τους; Πολλά δεν ήξεραν η Έιμι και ο Νταν, αλλά ένα ήταν σίγουρο: με κάποιον τρόπο τα σπαθιά ήταν το κλειδί για το επόμενο στοιχείο. Ίσως ο Άλιστερ μπορούσε να τους βοηθήσει, σκέφτηκε ο Νταν. Αλλά ο κίνδυνος ήταν μεγάλος. Ο Άλιστερ μπορεί ν' άρπαζε την πληροφορία και να τους παρατούσε. Το είχε ξανακάνει. Εμπιστοσύνη σε κανέναν – αυτό ήταν το σύνθημα της Έιμι και του Νταν. Όσες φορές το ξέχασαν, το πλήρωσαν ακριβά.

Κι έπρεπε κατεπειγόντως να περικόψουν τα έξοδά τους.

«Ήταν ένας... κωδικός», είπε ο Νταν αυτοσχεδιάζοντας ένα αθώο ψέμα. «Ανάμεσα στις νότες. Στην παρτιτούρα του Μότσαρτ. Κι ο κωδικός έλεγε, έεεε, "Πηγαίνετε στην Ιαπωνία". Στο κλειδί του σολ... ναι. Αυτό ξέρουμε μόνο».

Ο Άλιστερ ανασήκωσε τους ώμους και κάθισε μπροστά σ' ένα λάπτοπ. «Δεν είναι και πολλά. Αλλά αυτά έχουμε, μ' αυτά θα πορευτούμε. Δεν θα 'ναι, άλλωστε, η πρώτη φορά, ε; Ας ψάξουμε λιγάκι ο καθένας μόνος του κι ύστερα συγκρίνουμε τις σημειώσεις μας. Εντάξει;»

Η Έιμι και ο Νταν φρόντισαν να καθίσουν απέναντί του, για να μην μπορεί ο Άλιστερ να δει τις οθόνες τους. Και η Έιμι έγραψε στην μπάρα αναζήτησης:

γιαπωνέζικα σπαθιά από βολφράμιο

και πήρε 87.722 απαντήσεις.

«Θα 'χουμε πολλή δουλειά», μουρμούρισε το κορίτσι.

Ο Νταν έγραψε:

εικόνες πολεμιστών νίντζα

και πήρε 1.694.117 απαντήσεις.

Το παιδί χαμογέλασε. Ίσως η επίσκεψη στη βιβλιοθήκη ν' αποδεικνυόταν καλύτερη απ' ό,τι την περίμενε.

Χρωματισμός δέρματος και τατουάζ ήταν ιδιοκτησίες σκλάβων και φυλακισμένων στην Αρχαία Ιαπωνία. Μερικά σχέδια κάνουν ιστορικές ρεπροντιξιόν οι σύγχρονοι καλλιτέχνες τατουάζ, όλοι των οποίων είναι απόφοιτοι κολλεγίων και πτυχιούχοι στην ιστορία.

Ο Νταν προχώρησε παρακάτω. Οι εικόνες ήταν πιο ξεκάθαρες από τις αγγλικές μεταφράσεις των κειμένων. Και κάποια σχέδια ήταν στ' αλήθεια καταπληκτικά τατουάζ που κάλυπταν ολόκληρη την πλάτη ενός ανθρώπου. Υπήρχαν πάμπολλα – δράκοι, ιστορικές σκηνές, εξοχικά τοπία, καλλιγραφικά κείμενα...

Ξάφνου, πάγωσε την οθόνη του. Κάτι σε μια από τις εικόνες τού είχε φανεί γνώριμο.

Γυρίζοντας πίσω την βρήκε και έκανε διπλό κλικ πάνω της για να την μεγεθύνει. Αργά αργά, η εικόνα γέμισε την οθόνη του.

«Νταν, τι νομίζεις πως κάνεις;» τον ρώτησε η Έιμι κοιτάζοντας πάνω από τον ώμο του.

«Μη μου πεις ότι δεν σ' αρέσει», απάντησε ο Νταν.

Η Έιμι του έδειξε στη δική της οθόνη έναν χάρτη της Ιαπωνίας. «Υποτίθεται ότι ψάχνουμε για το στοιχείο μας!»

«Ω, συγγνώμη, Ντόρα, Μικρή Εξερευνήτρια! Αλλά για κοίτα λίγο πιο προσεκτικά... αυτά τα τρία σημαδάκια... δεν είναι τα ίδια μ' εκείνα που είδαμε στο σπαθί;»

Ουπς.

Το χέρι του Νταν σηκώθηκε αυτομάτως κι ήρθε στα χείλη του. Πώς το 'παθε και του ξέφυγε η απαγορευμένη λέξη;

Τα μάτια της Έιμι κόντεψαν να πεταχτούν από τις κόγχες τους. *Νταν, ηλίθιε!* φώναζαν βουβά.

Τα δυο αδέρφια κοίταξαν κλεφτά προς το μέρος του Άλιστερ, που αντέγραφε βιαστικά στο μπλοκ του κάτι από την οθόνη του. Ο θείος τους σήκωσε αργά το κεφάλι του. Έδειχνε χλωμός, σχεδόν άρρωστος.

«Θείε Άλιστερ;...» είπε ο Νταν. «Είσαι καλά;»

Ο Άλιστερ δεν απάντησε αμέσως. Έβγαλε τα γυαλιά του και τα σκούπισε μ' ένα χαρτομάντιλο. «Μια χαρά», είπε τέλος. «Η δουλειά μπροστά στην οθόνη ενός υπολογιστή... γίνεται όλο και πιο δύσκολη, όσο σε παίρνουν τα χρόνια. Συγγνώμη. Εσείς, έεεε... βρήκατε τίποτα;»

«Ναι», είπε ο Νταν.

«Όχι», είπε η Έιμι.

«Και ναι και όχι», συνέχισε ο Νταν. «Εσύ βρήκες;»

Ο Άλιστερ έγνεψε αόριστα. «Ελάτε να δείτε».

Η Έιμι και ο Νταν έκαναν τον γύρο του τραπεζιού, για να δουν την οθόνη του θείου τους. Ο Άλιστερ άνοιξε ένα μέιλ, μίκρυνε ένα παράθυρο και τους έδειξε μια ιστοσελίδα με την εικόνα ενός τρομακτικού Γιαπωνέζου πολεμιστή, που κρατούσε στα χέρια του ένα κομμένο κεφάλι.

«Μπλιαχ...», μουρμούρισε η Έιμι.

«Έιμι, δεν είναι παρά πίξελ στην οθόνη», είπε ο Νταν. «Αλλά... μπλιαχ!»

«Είναι ο... Φαλακρός Ποντικός», συνέχισε ο Άλιστερ, με φωνή που ακούστηκε αφηρημένη κι απόμακρη. «Γνωστός και με το όνομα Τογιοτόμι Χιντεγιόσι».

«Χιντε... τι;» ρώτησε ο Νταν.

«Ήταν... ήταν ο πιο μεγάλος πολεμιστής στην ιστορία της Ιαπωνίας», εξήγησε ο Άλιστερ. «Αλλά σύμφωνα με τα χρονικά της εποχής, ήταν τρομερά άσχημος. Έζησε γύρω στο 1500. Γεννήθηκε αγρότης και κατάφερε ν' αποκτήσει απίστευτη δύναμη. Κατέκτησε διάφορες φυλές και φατρίες. Η χώρα ενώθηκε για πρώτη φορά κι έγινε ισχυρή». Ο Άλιστερ χαμήλωσε τη φωνή του. «Και ήταν, επίσης, ένας Κέιχιλ...»

«Το σκέφτηκα μόλις τον είδα... ότι μοιάζει με την Έιμι», είπε ο Νταν.

«... από τον κλάδο των Τόμας, φυσικά. Απόγονος του Τόμας Κέιχιλ. Ο Τόμας ταξίδεψε στην Άπω Ανατολή τον δέκατο έκτο αιώνα – άλλοι λένε για εμπόριο, άλλοι για να κρύψει την ντροπή του, όταν δεν μπόρεσε να ξαναβρεί τη χαμένη του αδερφή. Όπως κι αν είχε, εγκαταστάθηκε εδώ και από την οικογένειά του ξεπήδησε ο κλάδος των Τόμας, που φημίζονται για τη σωματική δύναμη και την αγριάδα τους».

Ο Νταν κοίταξε προσεκτικά την εικόνα. «Οι Χολτ – ανήκουν στον κλάδο των Τόμας. Μοιάζουν με κορμούς δέντρων κι έχουν εγκέφαλο δεινόσαυρου. Αυτός ο τύπος μοιάζει με κουνάβι».

«Αν το σκεφτεί κανείς λογικά», είπε η Έιμι, «ο Χιντεγιόσι μόνο στους Τόμας θα μπορούσε ν' ανήκει. Κοίτα τη δύναμή του. Κοίτα την αγριάδα του. Για όνομα του Θεού: ο τύπος κρατάει ένα κομμένο κεφάλι στα χέρια του, σαν να μην τρέχει τίποτα».

«Μυστήριο πράγμα η εξέλιξη. Δεν στάθηκε ευνοϊκή με τους Τόμας». Το πρόσωπο του Άλιστερ φωτίστηκε ελαφρά, κάτι σαν χαμόγελο έπαιξε φευγαλέα στα χείλη του. «Από την άλλη, βέβαια, ίσως δεν είμαι και τόσο αμερόληπτος, μιας κι εγώ ο ίδιος ανήκω στους Εκατερίνα. Πιστεύω, πάντως, πως η έρευνά μας θα έπρεπε ν' αρχίσει με τον Χιντεγιόσι. Ο άνθρωπος είχε αμέτρητα μυστικά. Πολλοί λένε ότι τα μυστικά τον σκότωσαν».

«Κάτι ξέρουμε κι εμείς από μυστικά, θείε», είπε ο Νταν.

Ο Άλιστερ κοίταξε τον Νταν κι ύστερα την Έιμι. Το πρόσωπό του είχε αρχίσει να ξαναβρίσκει το χρώμα του. «Είχα αποφασίσει να κρατήσω αυτή την πληροφορία για μένα. Μετά απ' όσα έγιναν στο Σάλτσμπουργκ, δεν ήμουν σίγουρος αν έπρεπε να σας εμπιστευτώ. Για να είμαι ειλικρινής, σήμερα μπήκα στον πειρασμό να κάνω την έρευνά μου, χωρίς να σας πω τίποτα».

«Ε, το ίδιο σκέφτηκα κι εγώ», ομολόγησε ο Νταν.

«Κι εγώ», παραδέχτηκε η Έιμι.

Και μ' ένα γρήγορο, ερωτηματικό βλέμμα προς τη μεριά του Νταν, πρόσθεσε: «Ούτε εμείς ήμασταν σίγουροι αν έπρεπε να σε εμπιστευτούμε, θείε Άλιστερ».

Ο Άλιστερ κούνησε το κεφάλι του. «Έχω αφιερώσει τον εαυτό μου στην προσπάθεια να κερδίσω ξανά την εμπιστοσύνη σας. Η εμπιστοσύνη είναι κάτι εύθραυστο – δύσκολα το χτίζεις, εύκολα το γκρεμίζεις. Δεν αγοράζεται. Μόνο όταν το δίνεις χάρισμα, μπορείς να περιμένεις ανταπόδοση». Κοίταξε την Έιμι και ύστερα τον Νταν: «Για να σπάσει ο φαύλος κύκλος της καχυποψίας, κάποιος πρέπει να κάνει το πρώτο βήμα. Χαίρομαι που έκανα αυτή την κίνηση. Σας αξίζει και με το παραπάνω».

Με ύφος επίσημο γύρισε ξανά το βλέμμα στο λάπτοπ μπροστά του. «Ο Χιντεγιόσι ήταν λιγάκι παρανοϊκός: του άρεσε να μαζεύει και δεν πετούσε ποτέ τίποτα», συνέχισε ο Άλιστερ φέρνοντας στην οθόνη το βιογραφικό του προγόνου τους. «Στο Μεγάλο Κυνήγι των Σπαδιών, για παράδειγμα, το 1588, ανάγκασε όλους τους αγρότες και τους χωρικούς να παραδώσουν τα σπαδιά τους. Ισχυρίστηκε πως θα τα έλιωνε για να φτιάξει ένα πελώριο άγαλμα του Βούδα. Αλλά αυτό ήταν ψέμα».

«Και η αλήθεια ήταν...;» ρώτησε η Έιμι.

Ο Άλιστερ ανασήκωσε τους ώμους: «Παρέμεινε μυστήριο, ένα από τα πολλά στη ζωή του Χιντεγιόσι. Έκανε, επίσης, ό,τι περνούσε από το χέρι του για να εμποδίσει τους αγρότες και τους χωρικούς να αναρριχηθούν στην τάξη των πολεμιστών. Έδειχνε να το φοβάται πολύ αυτό».

«Ο ίδιος, όμως, αυτό ακριβώς έκανε», είπε η Έιμι.

«Δεν σκέφτεσαι σαν νίντζα, μεγάλη αδερφή», είπε ο Νταν. «Ο Χιντεγιόσι φοβόταν, επειδή ακριβώς είχε γεννηθεί φτωχός κι είχε αναρριχηθεί στην τάξη των πολεμιστών. Φοβόταν μήπως βρεθεί κανένας ακόμα που θα έκανε το ίδιο και θα του άρπαζε την εξουσία μέσα από τα χέρια του».

Ο Άλιστερ έγνεψε συμφωνώντας. «Ίσως υποψιαζόταν πως υπήρχαν κι άλλοι απόγονοι των Τόμας –κι ακόμα χειρότερα, των Εκατερίνα– στις επαρχίες της χώρας. Οι Τόμας και οι Εκατερίνα πολεμούσαν ήδη από τότε μεταξύ τους. Προσπαθούσε άραγε ν' απομακρύνει τα όπλα από τα χέρια των Εκατερίνα, για να μην μπορέσουν ποτέ να ξεσηκωθούν εναντίον του; Δεν το ξέρουμε. Δεν ξέρουμε καν πού έκρυψε όλα εκείνα τα σπαθιά. Το πού, θα μπορούσε να μας οδηγήσει στο γιατί». Ο Άλιστερ στράφηκε ξανά στα δυο παιδιά: «Εντάξει. Σας είπα όλα όσα ήξερα».

Ο Νταν κοίταξε την αδερφή του.

Μας είπε τα μυστικά του, έλεγαν τα μάτια της. *Η σειρά μας τώρα.*

Είχε κάποιο μέιλ, της απάντησε ο Νταν με τον ίδιο τρόπο. *Αυτό δεν μας το έδειξε.*

Άλλο το μέιλ, είπε η Έιμι. *Και μην ξεχνάς: τον έχουμε ανάγκη.*

Αν αφήσουμε κατά μέρος τα λεφτά του και το ότι ξέρει γιαπωνέζικα... τι ανάγκη τον έχουμε;

Κι αν αφήσουμε κατά μέρος το όμορφο αριστερό σου αυτάκι... εσένα, τι ανάγκη σ' έχουμε;

Ο Νταν την αγριοκοίταξε. *Είσαι η μεγαλύτερη. ΕΣΥ θα του το πεις.*

Η Έιμι γύρισε στον Άλιστερ. «Νομίζουμε... νομίζουμε πως βρήκαμε κάποια απ' αυτά τα σπαθιά», είπε. «Στη Βενετία».

«Τα σπαθιά του Χιντεγιόσι... στην Ιταλία;» Ο Άλιστερ είχε μείνει άναυδος.

Μ' έναν στεναγμό ο Νταν μουρμούρισε: «Ήταν στο σπίτι ενός Ιταλού τύπου, του Φιντέλιο Ράκο».

«Ράκο... Ράκο...», μουρμούρισε ο Άλιστερ. «Ανήκει στον κλάδο των Τζάνους. Αλλά τα σπαθιά δείχνουν προς το μέρος των Τόμας. Εδώ στην Ιαπωνία κυκλοφορούν διάφορες φήμες για κρυψώνες του Χιντεγιόσι. Όλες, όμως, τις φρουρούν οι απόγονοί του, πολλοί από τους οποίους είναι γιακούζα».

Ο Νταν χαμογέλασε. Τώρα μάλιστα. Η υπόθεση άρχιζε ν' αποκτά ενδιαφέρον. «Ουάου!» είπε. «Τους ξέρω αυτούς, γιατί τους συνάντησα στο τέταρτο επίπεδο του... *Νίντζα Γκάιντεν*, νομίζω... είναι για δέσιμο! Σου κόβουν χέρια και πόδια και σ' τα δίνουν να τα φας, μιλάμε!»

«Ανυπομονώ να τους γνωρίσω», είπε η Έιμι.

«Προσπαθήσαμε να τα φέρουμε εδώ», συνέχισε απτόητος ο Νταν. «Είναι μέσα στο σακίδιό μου. Το ένα είχε και κάτι σκαλισμένο στη λάμα του. Και σκεφτήκαμε πως αυτά τα σκαλίσματα μπορεί να είναι σημαντικά... ίσως μας δώσουν πληροφορίες για το επόμενο στοιχείο».

Τα μάτια του Άλιστερ άνοιξαν διάπλατα. «Υπάρχει τρόπος να ξαναπάρουμε αυτά τα σπαθιά στα χέρια μας;»

«Ίσως δεν χρειάζεται». Ο Νταν έδειξε τη δική του οθόνη. «Σ' αυτό το τατουάζ βρήκα μερικά από τα σημάδια του σπαθιού».

Ο Νταν δεν είχε ξαναδεί τον Άλιστερ να κινείται τόσο γρήγορα. Ο θείος τους έσκυψε πάνω από τον ώμο του Νταν και κάρφωσε τα μάτια του στην οθόνη. «Είσαι σίγουρος ότι αυτά ακριβώς τα σημάδια ήταν σκαλισμένα στη λάμα του σπαθιού;» ρώτησε.

«Ναι», απάντησε ο Νταν. «Αλλά όχι μόνο αυτά. Υπήρχαν και μερικά που δεν τα βλέπω εδώ».

Η Έιμι κούνησε αρνητικά το κεφάλι. «Πώς μπορείς να είσαι σίγουρος; Δεν ξέρεις γρι γιαπωνέζικα».

«Σωστά», είπε ο Νταν. «Μα ούτε νότες ξέρω να διαβάζω. Για να δούμε, όμως... ποιος *χάραξε στη μνήμη του μια ολόκληρη παρτιτούρα του Μότσαρτ και βρήκε το τελευταίο μας στοιχείο;* Ω, μια στιγμούλα, μια στιγμούλα... για να θυμηθώ... μάλιστα. Εγώ!»

«Νταν, είσαι σίγουρος ότι κάποια σημάδια λείπουν από 'δώ;» ξαναρώτησε ο Άλιστερ. «Γιατί έτσι όπως τα βλέπω εδώ, βγάζουν νόημα – ένας ύμνος είναι μόνο, στην καλοτυχία, στη νίκη, στον θρίαμβο, τέτοια πράγματα».

«Απολύτως σίγουρος. Στην αρχή κάθε αράδας υπήρχε και κάποιο ακόμα περίεργο σχέδιο. Σαν να ήταν από άλλη γλώσσα. Σανσκρυπτικά, ίσως».

«Σανσκριτικά τα λένε, αμόρφωτε», είπε η Έιμι και κάθισε στο δικό της λάπτοπ. «Απ' ό,τι βλέπω, δεν τα θυμάσαι όλα τέλεια».

Γύρισε στον θείο της, που έγραφε σαν τρελός στο πληκτρολόγιό του. «Τι ξέρεις γι' αυτούς τους γιακούζα, θείε;»

Της φάνηκε ότι τον είδε ν' ανατριχιάζει. «Είναι πολύ κακοί. Και πολύ θανάσιμοι», απάντησε με σιγανή φωνή ο Άλιστερ Ω. «Πίστεψέ με, δεν θέλουμε να τους συναντήσουμε».

«Ξέρεις κανέναν απ' αυτούς;» ρώτησε ο Νταν.

«Με ξέρουν αυτοί. Και με περιφρονούν», απάντησε ο Άλιστερ. «Επειδή ανήκω στον κλάδο των Εκατερίνα. Οι Τόμας και οι Εκατερίνα είναι άσπονδοι εχθροί εδώ και αιώνες. Κυκλοφορούν φήμες πως οι γιακούζα έχουν τον χάρτη μιας μυστικής υπόγειας κρύπτης. Κι αν κατάλαβα καλά το τελευταίο αυτό μήνυμα, τότε ίσως έχουμε ένα αντίγραφο του χάρτη τους», είπε και πάτησε ΕΚΤΥΠΩΣΗ.

Ο εκτυπωτής της βιβλιοθήκης άρχισε να δουλεύει κι ένα χαρτί εμφανίστηκε αργά στον δίσκο του – ένας αρχαίος χάρτης που έδειχνε ένα κουβάρι από τούνελ και στοές.

«Πο, πο!» Ο Νταν δεν έκρυψε τον θαυμασμό του.

«Το ήξερες αυτό από την αρχή;» ρώτησε η Έιμι τον θείο της.

Ο Άλιστερ κούνησε αρνητικά το κεφάλι. Για άλλη μια φορά το πρόσωπό του χλώμιασε, τα μάτια του σαν να χώθηκαν πιο βαθιά μέσα στις κόγχες τους. «Από καιρό έψαχνα μερικά... κλεμμένα έγγραφα των Εκατερίνα. Κάποιος από τους συνεταίρους μου κατάφερε να βρει μια κρυφή θυρίδα. Μου έστειλε ό,τι βρήκε με μέιλ, που το πήρα όταν ήμασταν στο Σάλτσμπουργκ. Είχε επισυνάψει πολλά έγγραφα – ανάμεσά τους κι αυτό τον χάρτη».

Τους έδειξε την εκτύπωση, που είχε την επικεφαλίδα ΑΓΝΩΣΤΗΣ ΣΗΜΑΣΙΑΣ.

«Για μισό λεπτό – έγγραφα των Εκατερίνα; Συνέταιροι; Τι άλλο μάς κρύβεις; Πώς μπορείς και...»

Η Έιμι σώπασε στα μισά της φράσης της. Ο δρομέας στην οθόνη του Νταν προχωρούσε από το κέντρο προς την επάνω αριστερά γωνία.

«Νταν;» είπε η Έιμι. «Σταμάτα. Εντάξει;»

«Τι να σταματήσω;» ρώτησε ο Νταν.

«Το ξέρουμε ότι στις βιβλιοθήκες βαριέσαι μέχρι θανάτου. Αλλά δεν μπορείς *να σοβαρευτείς για λίγο;»* του απάντησε η Έιμι. «Κάποιο κόλπο κάνεις, κάποιο παιχνίδι παίζεις, έτσι; Κάτι έχεις μέσα στην τσέπη σου και ελέγχεις από μακριά τον δρομέα στην οθόνη σου. Αλλιώς... *πώς γίνεται και ο δρομέας σου κινείται από μόνος του;»*

Τώρα ο δρομέας είχε φτάσει στην επάνω αριστερή γωνία και πίεζε το τετραγωνάκι της ΕΠΙΣΤΡΟΦΗΣ, μεγεθύνοντας όλες τις σελίδες, απ' όπου είχε περάσει ο Νταν: τα τατουάζ, τις πληροφορίες για τον Χιντεγιόσι και το Κυνήγι των Σπαθιών, τις σελίδες τριών κοριτσιών που ήταν στην ηλικία του...

«Ε!» φώναξε ο Νταν.

«Είναι πρόγραμμα που καταγράφει ό,τι πληκτρολογείς, το κλέβει και το στέλνει σ' αυτόν που σου το έχει στείλει», είπε ο Άλιστερ σκύβοντας πάνω από το λάπτοπ. «Κάποιος κατάφερε να μπει στο κομπιούτερ σου από μακριά και βλέπει τώρα όλες τις διευθύνσεις που επισκέφτηκες σήμερα».

Με μια απότομη κίνηση βρήκε το καλώδιο στο πίσω μέρος του υπολογιστή και το τράβηξε. Η οθόνη μαύρισε. Ένα επίμονο και σταθερό κουδούνισμα ακούστηκε και στην οθόνη LCD δίπλα στον διακόπτη για το φως άρχισαν ν' αναβοσβήνουν κάτι κόκκινα γιαπωνέζικα συλλαβογράμματα, που θύμιζαν επικίνδυνα τη λέξη ΚΙΝΔΥΝΟΣ.

«Πώς το έκαναν;» ρώτησε η Έιμι.

Ο Νταν πήρε το λάπτοπ στα χέρια του, έψαξε την κάρτα δικτύου του και την εξέτασε. «Είναι ασύρματη κάρτα, 802.11g», είπε. «Άρα θα πρέπει να βρίσκονται πολύ κοντά. Δεν ξέρω, τριάντα, τριάντα πέντε μέτρα το πολύ – ίσως πενήντα, αν έχουν ενισχυτή σήματος ή κάτι τέτοιο».

Ο Άλιστερ πήγε στο παράθυρο. «Που σημαίνει πως είναι μέσα στο κτίριο, ή σ' ένα αυτοκίνητο ακριβώς απέξω».

Σ' ένα από τα εκατοντάδες αυτοκίνητα, θα έπρεπε να πει – γιατί τόσα ήταν τα αυτοκίνητα στο διπλανό πάρκινγκ και στον δρόμο.

Ταπ-ταπ-ταπ-ταπ!

Ο χτύπος στην πόρτα τούς έκανε όλους να τιναχτούν. «Όλα εντάξει;» ακούστηκε μια λεπτή, ντροπαλή φωνή.

Σαν τη φωνή της δεσποινίδας Νακαμούρα. Αλλά κάτι στον τόνο της...

Ο Άλιστερ πήγε στην πόρτα. «Ίσως ξέρει πώς θα τους εντοπίσουμε».

«Όχι!» φώναξε η Έιμι.

«Δεσποινίς Νακαμούρα», είπε ο Άλιστερ γυρίζοντας το πόμολο της πόρτας, «κάποιοι χάκερ έχουν μπει στους υπολογιστές της βιβλιοθήκης σας...»

Η πόρτα άνοιξε απότομα – και ο Άλιστερ βρέθηκε να κοιτάζει το πελώριο στέρνο ενός γκρίζου μακό σε μέγεθος XXXL.

«Σοβαρά, Σέργουντ;» είπε ο Άιζενχάουερ Χολτ μ' ένα χαμόγελο που έφτανε ως τις ρίζες των κοντοκουρεμένων μαλλιών του. «Μη μας το λες! Και τώρα μπείτε στη γραμμή, όλοι σας – κι εμπρός *μαρς!*»

ΚΕΦΑΛΑΙΟ 6

Ντζζζζ…

Το τηλέφωνο της Έιμι χτυπούσε στη δόνηση.

Έριξε μια ματιά γύρω της, μέσα στο βαν. Ο Άιζενχάουερ Χολτ, στη θέση του συνοδηγού, τσακωνόταν με τη γυναίκα του, τη Μαίρη Τοντ, που οδηγούσε. Πίσω τους οι εντεκάχρονες Μάντισον και Ρέγκαν Χολτ έκαναν διαγωνισμό, να δουν ποια θα μπορούσε να πετάξει και να κολλήσει μίξες και κακκάδια στα μαλλιά του μεγάλου τους αδερφού, του Χάμιλτον. Το σκυλί της οικογένειας, ο Άρνολντ, γάβγιζε ξέφρενα προσπαθώντας να αρπάξει με τα εντυπωσιακά σαγόνια του τα μικρά βλήματα – στον αέρα.

«Σταματήστε, θα με σκοτώσει!» φώναξε ο Χαμ.

«Αυτό θέλουμε», απάντησε η Μάντισον χτυπώντας ενθουσιασμένη τα χέρια της.

«Σέργουντ είναι το *δάσος*, αγάπη μου», επέμενε η Μαίρη Τοντ. «Το δάσος του Ρομπέν των Δασών. Τον ντετέκτιβ τον έλεγαν Σέρλοκ».

«Αυτό θα το δούμε!» δήλωσε ο Άιζενχάουερ. «Σου θυμίζω, Μαίρη Τοντ, ότι στο Γουέστ Πόιντ μού έκαναν τεστ ευφυΐας κι έπιασα στρογγυλό κατοστάρι. Καλά, εντάξει, ογδόντα εννιά. Αλλά σκέψου ότι δεν είχα διαβάσει καθόλου, πριν πάω!»

«Το εκατό θεωρείται κανονικό, γλυκούλη μου», απάντησε η Μαίρη Τοντ.

«Το κανονικό σκοτώνει τη δημιουργικότητα», έκρωξε ο Άιζενχάουερ. «Ένας Χολτ δεν είναι ποτέ κανονικός – όπως αποδείξαμε ήδη με τη μεγαλοφυή σύλληψη των δυο Κέιχιλ!»

Ντζζζζ…

Η Έιμι έχωσε το χέρι στην αριστερή τσέπη του τζιν της και τράβηξε έξω το τηλέφωνο, φροντίζοντας να μην την δει κανείς. Στα δεξιά της είχε τον Άλιστερ, που έβραζε από οργή. Στ' αριστερά της τον Νταν – ο οποίος διάβαζε αφηρημένα μερικά τουριστικά φυλλάδια, που οι Χολτ είχαν ξεχάσει στο δάπεδο του βαν.

Κοίταξε βιαστικά την οθόνη του κινητού της:

ΓΚΟΜΕΖ, ΝΕΛΙ

Έπνιξε μια κραυγή και κάρφωσε τα μάτια της μ' επιμονή στον Άλιστερ και στον Νταν, δείχνοντάς τους με τρόπο το κινητό της.

Η Νέλι ήταν ζωντανή!

«ΝΑΙ! ΖΗ-ΤΩΩΩ!» ξέφυγε του Νταν.

«Τ' ακούς; Κι ο μικρός Κέιχιλ συμφωνεί μαζί μου!» είπε ο Άιζενχάουερ στη γυναίκα του και γύρισε μ' ένα χαμόγελο προς το πίσω μέρος του βαν. «Έξυπνο παιδί. Θα πας μπροστά εσύ. Θα πας στο μπουντρούμι, δηλαδή... εκεί που θα σε χώσουμε εμείς! Χα-χα-χα!»

Ολόκληρη η οικογένεια Χολτ ξέσπασε σε γέλια, εκτός από τον Άρνολντ, που τα 'χασε, καθώς τα ιπτάμενα μεζεδάκια έπαψαν ξάφνου να πετούν μπροστά του.

«Κρίμα που δεν ήσουν αρκετά έξυπνος, ώστε να καταλάβεις ότι σας παρακολουθούσαμε – σ' όλη τη διαδρομή», συνέχισε ο Άιζενχάουερ, «με τα σούπερ εργαλεία παρακολούθησης Χολτ. Πρώτα βάλαμε κοριό στον γάτο σας – ώσπου διαπιστώσαμε ότι ο γάτος σας ήταν ο θείος σας!»

Η Μάντισον και η Ρέγκαν κοίταξαν τον πατέρα τους σαστισμένες.

«Μετά ακολουθήσαμε τον θείο σας στο αεροδρόμιο, όπου κατορθώσαμε υπό τις διαταγές μου να πραγματοποιήσουμε το μεγαλύτερο τεχνολογικό κατόρθωμα απ' όλα», συνέχισε ο Άιζενχάουερ. «Μπήκαμε στον κεντρικό υπολογιστή του αεροδρομίου για να βρούμε τα εισιτήριά σας!»

«Αλλά μετά του θύμισα ότι το μόνο που χρειαζόταν να κάνουμε ήταν να ακολουθήσουμε τη λιμουζίνα σας», μπήκε στη μέση η Μαίρη Τοντ.

«Μόλις φτάσαμε στο άλλο αεροδρόμιο», είπε με χαρούμενη φωνή η Μάντισον, «σας είδαμε να μπαίνετε στο μικρό αεροπλανάκι... Και ρωτήσαμε εκείνον τον όμορφο τεχνικό, τον Φάμπιο. Για πού είχατε φύγει». Χαμογέλασε μ' ένα χαμόγελο μέχρι τ' αυτιά. «Μας είπε αμέσως».

«*Γουάφ*», είπε ο Άρνολντ.

«Κι έτσι», ξαναπήρε τον λόγο ο Άιζενχάουερ, «πήραμε κι εμείς ένα αεροπλάνο και ήρθαμε στην Ιαπωνία. Φτάσαμε πρώτοι και σας περιμέναμε. Από τη στιγμή εκείνη δεν σας χάσαμε στιγμή από τα μάτια μας και από τους σούπερ εξελιγμένους κοριούς μας – ώσπου σας καταφέραμε το τελειωτικό χτύπημα: μπήκαμε στο λάπτοπ σας στη βιβλιοθήκη και κλέψαμε όλες τις πληροφορίες σας! Και τώρα, που σας έχω στα χέρια μου και τους τρεις, συνειδητοποιώ ποιος είναι ο σκοπός της ζωής μου. Όχι μόνο να βρω πρώτος τα 39 στοιχεία, αλλά και να ξαναδώσω στο όνομα των Χολτ τη θέση που του ανήκει – την κορυφή του κλάδου των Τόμας. Η ιστορία θα πάψει να θεωρεί τους Χολτ αθεράπευτα κωθώνια. Θα πάψουμε πια να είμαστε το μαύρο πρόβατο, ο λεκές στο σώβρακο της οικογένειας, η βρόμικη υποσημείωση στον θρύλο των Τόμας. Κι εσείς οι τρεις θα με βοηθήσετε να πετύχω τον σκοπό μου, οδηγώντας μας εκεί ακριβώς που μάθατε ότι βρίσκεται το επόμενο στοιχείο – στις υπόγειες στοές κάτω από το Τόκιο!»

«Όλα αυτά μόνος σου τα σκέφτηκες;» ρώτησε η Έιμι κρύβοντας με κόπο τη χαρά της, που είχε μάθει πως η Νέλι ήταν ζωντανή.

«Το πενήντα τρία τοις εκατό, περίπου», απάντησε ο Άιζενχάουερ.

«Μάλλον το σαράντα εφτά τοις εκατό», τον διόρθωσε η Μαίρη Τοντ.

«Το 'ξερα ότι κάτι μου είχε ξεφύγει», είπε ο Άιζενχάουερ.

«Μπαμπά! Εγώ έκανα ό,τι έπρεπε να γίνει με τα κομπιούτερ», κλαψούρισε η Ρέγκαν.

«Μπαμπά; Σκέτο μπαμπά;» γάβγισε αυστηρά ο Άιζενχάουερ.

«Κύριε μπαμπά», διόρθωσε η Ρέγκαν.

«Λέτε ανοησίες και κάνετε ανοησίες», είπε ο Άλιστερ – και η φωνή του ακούστηκε βραχνή σαν τη λίμα πάνω στο σκουριασμένο σίδερο. «Δεν κερδίσατε τίποτα μπαίνοντας στο λάπτοπ μας. Απλώς κλέψατε τον χάρτη μου, χαζοβιόληδες».

«Θείε Άλιστερ;» είπε η Έιμι. Δεν είχε ξαναδεί τον θείο της έτσι.

«Κουνήθηκε κανείς εκεί πίσω;» ρώτησε ο Άιζενχάουερ. «Σαν να μου φάνηκε πως άκουσα έναν Εκατερίνα!»

«*Γουάφ;*» έκανε ο Άρνολντ με ξαφνική όρεξη.

Ο Άλιστερ γέλασε περιφρονητικά. «Τι σας κάνει να πιστεύετε, ηλίθιοι, ότι θα μπορέσετε να διαβάσετε σωστά τον χάρτη; Είναι γραμμένος στα γιαπωνέζικα!»

«Χα! Τέτοια ασήμαντα μικροπροβληματάκια δεν σταματούν έναν Χολτ!» βρόντησε η φωνή του Άιζενχάουερ. «Σε άκουσα, έξω από την πόρτα της βιβλιοθήκης, να μιλάς για κάποια αρχαία υπόγεια κρύπτη. Θ' αρχίσουμε, λοιπόν, πηγαίνοντας στην περιοχή αυτής... της αρχαίας υπόγειας κρύπτης. Χα, χα, χα!»

Το βαν έστριψε απότομα αριστερά.

Ο Νταν σήκωσε το βλέμμα από τον χάρτη που αποτύπωνε το μετρό του Τόκιο. Το πρόσωπό του έλαμπε, σαν να 'χε μόλις καταφέρει να λύσει έναν γρίφο, σαν να είχε ανακαλύψει τον κωδικό για να περάσει σε άλλο επίπεδο στο *World of Warcraft*. «Κρύπτη; Ποια κρύπτη; Καλά θα κάνουμε να ψάξουμε τις σήραγγες του μετρό».

Το βαν έστριψε απότομα δεξιά.

«Θέλω τσίσα μου», δήλωσε η Μάντισον.

Το βαν σταμάτησε στην άκρη του δρόμου. «Θα αποφασίσει κανείς πού πάμε;» ρώτησε αγανακτισμένη η Μαίρη Τοντ.

Κι ενώ οι Χολτ ξανάπιασαν τον καβγά, ο Άλιστερ ψιθύρισε στον Νταν: «Τις σήραγγες του μετρό, παιδί μου; Για λέγε, για λέγε!»

«Πρώτον, τον χάρτη σου τον έχω χαράξει στο μυαλό μου και είναι σαν να τον βλέπω μπροστά μου», άρχισε ο Νταν χωρίς να κρύβει τον ενθουσιασμό του.

«Σσσσστ!» σφύριξε η Έιμι.

«Οι μυστικές στοές και οι σήραγγες του μετρό», συνέχισε απτόητος ο Νταν, «συμπίπτουν – σχεδόν ακριβώς! Υποψιάζομαι πως οι κατασκευαστές του μετρό χρησιμοποίησαν τις στοές που υπήρχαν ήδη!»

Οι Χολτ έβγαλαν τον σκασμό και έστησαν αυτί, περιμένοντας τη συνέχεια.

«*Νταν*...», τον μάλωσε η Έιμι. «Γιατί τα λες όλα αυτά σ' αυτούς;»

Ο Νταν γύρισε ξαφνιασμένος. «Στον θείο Άλιστερ τα λέω, Έιμι».

«Εμείς, όμως, σ' ακού-σα-με!» τραγούδησε η Ρέγκαν και του 'βγαλε τη γλώσσα της. «Αλλά μη σκας: αν δεν μας το 'λεγες, θα σε κάναμε κιμά!»

«*Γουάρφ*», γάβγισε ο Άρνολντ, δείχνοντας τα κοφτερά του δόντια, που γυάλιζαν από τα σάλια.

Ο Νταν χλώμιασε. Έριξε μια ένοχη ματιά στην Έιμι και στον Άλιστερ, που τον κοίταζε με πρόσωπο σκοτεινό. «Έεεε... ναι, αλλά το θέμα είναι... πως δεν ταιριάζουν ακριβώς. Άρα, έκανα λάθος. Γιατί υπάρχει, έεεε, μια μεγάλη διαφορά. Στο κέντρο του παλιού χάρτη, υπάρχει μια διασταύρωση: οι στοές ενώνονται με μια μεγάλη υπόγεια αίθουσα. Ενώ στον χάρτη του μετρό... οι γραμμές είναι παράλληλες. Άρα... καταλάβατε; Έκανα λάθος! Δεν είναι αυτό το μέρος που ψάχνουμε!»

«Το σημείο της διαφοράς μπορεί να είναι ακριβώς το σημείο που κρύβεται το μυστικό!» γάβγισε ο Άιζενχάουερ.

«Το μυαλό σου κόβει ξυράφι, όπως πάντα!» είπε η Μαίρη Τοντ.

Η Έιμι βόγκηξε. Όσο πιο χαζός γινόταν ο Νταν, τόσο πιο έξυπνα σκεφτόταν ο Άιζενχάουερ Χολτ.

«Τέλεια», είπε ο Χάμιλτον, ρουθουνίζοντας με περιφρόνηση.

Ξαφνικά ο Άιζενχάουερ Χολτ γύρισε απότομα προς το πίσω μέρος του βαν, στενεύοντας τα μάτια του. «Δεν φαντάζομαι να προσπαθείτε να μας τη φέρετε; Δεν είμαστε τόσο βλάκες, όσο φαινόμαστε... εντάξει;»

«Μα...» Ο Νταν κοίταξε αμήχανα την Έιμι κι ύστερα τον Άλιστερ. «Υπάρχουν σταθμοί του μετρό και από τη μία μεριά και από την άλλη. Νομίζω πως αυτός που βρίσκεται στα βόρεια, Γιοτσούγια λέγεται, είναι λίγο πιο κοντά».

«Θα πάρουμε τον σταθμό που βρίσκεται στα νότια», πρόσταξε ο Άιξενχάουερ.

Και το βαν ξαναβγήκε στον δρόμο.

«Τώρα πρέπει στ' αλήθεια να κάνω τσίσα μου», είπε η Μάντισον.

Περίμεναν αμίλητοι να φύγει το τρένο από τον σταθμό Ναγκατάσο. Ήταν πια μόνοι τους στην αποβάθρα. Σύμφωνα με το φυλλάδιο με τα δρομολόγια των τρένων, που είχε βουτήξει ο Άλιστερ από το γκισέ των εισιτηρίων, ο επόμενος συρμός θα έφτανε στις 5:40. Κοίταξε το ρολόι του.

Ύστερα κοίταξε τις γραμμές – το *σκοτεινό, στενό* χαράκωμα των γραμμών, που χανόταν και προς τις δύο κατευθύνσεις σ' ένα κατάμαυρο τούνελ.

«Είναι πέντε και δεκαεπτά», είπε με φωνή που έτρεμε. «Έχουμε στη διάθεσή μας είκοσι τρία λεπτά ακριβώς».

Ο Άιξενχάουερ Χολτ προχώρησε στην άκρη της αποβάθρας. «Στοιχηθείτε!» πρόσταξε.

«Εγώ πρώτη!» τσίριξε η Μάντισον.

«Όχι! Τόση ώρα περιμέναμε τη Μάντισον να κάνει τσίσα της!» γκρίνιαξε η Ρέγκαν. «Να πάω *εγώ* πρώτη; Ε, μπαμπά;»

«Κοντεύουν τα γενέθλια της μαμάς», είπε ο Χάμιλτον.

«*Γράουβγ*», είπε ο Άρνολντ και βούτηξε στο κενό κυνηγώντας έναν αρουραίο, μαύρο από τη βρόμα και την καπνιά, που έτρεχε δίπλα στις ράγες.

«Χολτ! Εμπρός!» φώναξε ο Άιζενχάουερ – και φορώντας πράσινα γάντια κηπουρικής, πήδησε από την αποβάθρα στις ράγες. «Προσέχετε μόνο να μην αγγίξετε την τέταρτη σιδερένια βέργα!»

«*Την τρίτη*, αγάπη μου», τον διόρθωσε η Μαίρη Τοντ.

Κι ενώ η Μάντισον και η Ρέγκαν ακολουθούσαν τον πατέρα τους, ο Άλιστερ πήρε την Έιμι και τον Νταν από το χέρι και πισωπάτησε σιγά σιγά – προσπαθώντας να το σκάσει. Αλλά η Μαίρη Τοντ και ο Χάμιλτον τους έκοψαν τον δρόμο, με τα χέρια σταυρωμένα στο στήθος τους. «Α, πα, πα!» είπε κοροϊδευτικά ο Χάμιλτον.

«Καλή προσπάθεια, θείε», ψιθύρισε ο Νταν.

Το ρολόι έδειχνε 5:19. Τους έμεναν είκοσι ένα λεπτά.

Μ' έναν στεναγμό ο Νταν κατέβηκε στις ράγες, με την Έιμι, τον Άλιστερ και τους υπόλοιπους Χολτ πίσω του. Ένα αυλάκι κυλούσε τα μαύρα βρόμικα νερά του ανάμεσα στις σιδηροτροχιές. Το περιτύλιγμα μιας τσίχλας έπλεε πάνω τους. Μπροστά τους, το τούνελ βυθιζόταν στο απόλυτο σκοτάδι. Ο Νταν ένιωσε τον φόβο να γραπώνει με παγωμένα δάχτυλα την καρδιά του. Ο ίδιος και η Έιμι δεν είχαν σταθεί και πολύ τυχεροί στα υπόγεια απ' όπου είχαν περάσει μέχρι τώρα. Εικόνες άρχισαν να αναδύονται στην επιφάνεια της μνήμης του. *Είδε τον εαυτό του και την αδερφή του να τρέχουν για να ξεφύγουν... από τον Τζόνα Γουίζαρντ στο υπόγειο μουσείο της Βενετίας... από τους Κάμπρα στις κατακόμβες του Παρισιού... από κάποιο τρένο... από τις αναμνήσεις τους...* Ακόμα ένιωθε το χέρι της Έιμι να τον τραβάει μακριά από τον υπόγειο συρμό, που ερχόταν καταπάνω του στο Παρίσι, ακόμα έβλεπε το σακίδιό του να εξαφανίζεται κάτω από τόνους ατσαλιού, ακόμα άκουγε το ουρλιαχτό που ξέσκισε τα πνευμόνια του. Για όλους τους άλλους, η ξεθωριασμένη φωτογραφία που είχε κρυμμένη σ' εκείνο το σακίδιο... (ένα χαμογελαστό ζευγάρι)... δεν ήταν παρά μια θαμπή και αδιάφορη φωτογραφία. Για τον Νταν, όμως, ήταν πιο σημαντική κι από τη ζωή του. Την κοίταζε κάθε μέρα, την είχε χαραγμένη στη μνήμη του. Μόνο αυτή τη φωτογραφία είχε από τους γονείς του – από τους γονείς του, που πια δεν τους θυμόταν. Και τώρα την είχε χάσει, την είχε αφήσει στον υπόγειο λαβύρινθο ενός άλλου μετρό, σε άλλη πόλη, σε άλλη χώρα, σε άλλη ήπειρο.

«Χοπ, ένα, χοπ, δυο», ακουγόταν η φωνή του Άιζενχάουερ.

Η Έιμι τράβηξε τον Νταν μπροστά, ξαναφέρνοντάς τον στην πραγματικότητα. Σπλας, σπλας, σπλας, τουάκ, ακούγονταν τα βήματά τους. *«Τουάκ;»* ρώτησε με φρίκη.

«Μη ρωτάς», του απάντησε η αδερφή του. Ακόμα και μέσα στο πηχτό μαύρο σκοτάδι που τους τύλιγε, ο Νταν έβλεπε πως το πρόσωπό της ήταν κάτασπρο σαν κιμωλία.

Συνέχισαν να προχωρούν, στη μέση του τούνελ, προσπαθώντας να κρατιούνται μακριά από την τρίτη σιδηροτροχιά, ώσπου το ελάχιστο φως του σταθμού πίσω τους χάθηκε τελείως. «Χολτ! Προσοχήήή! Αααναφοράάά!» φώναξε ο Άιζενχάουερ Χολτ.

Τα χέρια του Νταν έτρεμαν, καθώς φώτιζε με τον φακό του τον χάρτη του μετρό. Μπροστά τους ίσα που διέκριναν την αδύναμη αναλαμπή του επόμενου σταθμού. Είχαν ήδη περάσει τη μέση. «Σύμφωνα με τον χάρτη», είπε ο Νταν, «υποτίθεται ότι φτάνουμε. Η διασταύρωση πρέπει να είναι στ' αριστερά μας».

«Ανάπαυση!» πρόσταξε ο Άιξενχάουερ Χολτ. «Αραιώστε και ψάξτε εξόδους και καταπακτές!»

Η Έιμι ψηλάφισε στ' αριστερά της τη βρόμικη τσιμεντένια επιφάνεια. «Μόνο τοίχος», είπε.

«Συνέχισε να ψάχνεις», είπε ο Άιξενχάουερ Χολτ.

Ο Νταν πίεζε κι έσπρωχνε και χτυπούσε με χέρια τρεμάμενα, αλλά ο τοίχος ήταν συμπαγής. Χοντρό τσιμέντο. Κοίταξε το ρολόι του: οι δείκτες ήδη φωσφόριζαν πιο αδύναμα.

5:30.

«Δ-δεν ήταν καλή ιδέα», είπε με τη φωνή του ν' αντιλαλεί σιγανή μέσα στο τούνελ. «Ακούστε, μένουν μόνο δέκα λεπτά. Φύγαμε από τον σταθμό πριν από έντεκα λεπτά. Προλαβαίνουμε να γυρίσουμε, πριν...»

«Εγκαταλείψτε την προσπάθεια!» γάβγισε ο Άιξενχάουερ Χολτ. «Κλίνατε επ' αριιιστερά! Και... *χοπ, ένα, χοπ, δυο!*»

Ο Νταν άρχισε να τρέχει, ρίχνοντας σχεδόν κάτω την αδερφή του.

«Ωχ!» φώναξε η Έιμι. «*Νταν!*»

«Συγγνώμη!» της απάντησε ο Νταν. «Θα σε δω στην αποβάθρα...»

«*Νταν! Το πόδι μου πιάστηκε στις ράγες!*»

Ο Νταν έκανε απότομα μεταβολή κι έριξε το φως του φακού του στην Έιμι. Η αδερφή του μόρφαζε από πόνο, το αριστερό της πόδι είχε σφηνώσει κάτω από μια σιδηροτροχιά.

«Θα την σώσω εγώ!» φώναξε ο Χάμιλτον.

«Όχι, εγώ!» τσίριξε η Ρέγκαν. «Δεν μ' έχετε αφήσει ποτέ πρώτη σε επιχείρηση διάσωσης!»

«Όλοι πίσω!» μούγκρισε ο Άιζενχάουερ Χολτ.

«Γουάρφ», γάβγισε ο Άρνολντ.

Ο Νταν χώθηκε σπρώχνοντας ανάμεσά τους, προσπαθώντας να φτάσει στην αδερφή του, που ούρλιαζε μ' όλη τη δύναμη των πνευμόνων της: *«Τα κάνετε χειρότερα!»*

Ο Νταν ένιωσε τις τριχούλες στο μέτωπό του ν' ανασηκώνονται· ένα απαλό αλλά σταθερό ρεύμα ερχόταν από τη νότια άκρη του τούνελ. Ο Νταν είδε το πρόσωπο της Έιμι στραμμένο πάνω του, τα μάτια της διάπλατα από τον τρόμο. «Νταν; Τηρούν με ακρίβεια αυτά τα ωράρια;»

«Δεν ξέρω!» της απάντησε το παιδί.

«Όταν ένα τρένο μπαίνει μέσα στο τ-τ-τούνελ, δεν ν-ν-νιώθεις τον αέρα να σε φ-φ-φυσάει; Κάπως;»

Χό-ό-ό-ό-ό-ό-όνκ!

Ο Νταν γύρισε απότομα προς τα εκεί που ακουγόταν το βουητό. Δυο μακρινοί προβολείς, σαν μάτια ερπετού που τρυπούσαν το σκοτάδι, έρχονταν καταπάνω τους – μεγαλώνοντας με τρομακτική ταχύτητα.

«Χολτ! *Μετάααβολή!* Και τροχάδην!» πρόσταξε ο Άιζενχάουερ Χολτ.

Σαν ένας άνθρωπος η οικογένεια το 'βαλε στα πόδια για τον επόμενο σταθμό, προσπαθώντας να ξεφύγει από το τρένο που πλησίαζε.

«Μη μας αφήνετε!» φώναξε η Έιμι.

Ο Νταν την τραβούσε απεγνωσμένα. Αλλά το πόδι της είχε σφηνώσει. Γερά.

«Ώωωωχ!»

«Θα... το... βγάλω», είπε ο Νταν μέσα από τα σφιγμένα δόντια του. Γονάτισε στο παγωμένο ρυάκι που κυλούσε ανάμεσα στις ράγες – τα σίδερα έτρεμαν πια, το τρένο πλησίαζε.

«Τρέχα, Νταν!»

«Περίμενε... Ξέρω...»

Τα κορδόνια. Ο Νταν έχωσε τα δάχτυλά του μέσα στα κορδόνια των παπουτσιών της και τα τράβηξε με δύναμη.

Ήταν δεμένα κόμπος. Βρεμένα και μπλεγμένα. Το πόδι της έμοιαζε κολλημένο στο παπούτσι. Αν μπορούσε να το τραβήξει έξω, να εκμεταλλευτεί το βρέξιμο για να το κάνει να γλιστρήσει...

Το σκούξιμο των φρένων πλημμύρισε το τούνελ. Ο αέρας μαστίγωσε τα πρόσωπά τους σαν θύελλα, σηκώνοντας σκόνη και σκουπίδια, τυφλώνοντάς τον. Ο Νταν ένιωσε τα μάτια του να θολώνουν. Το κορμί του τον πρόσταζε να το βάλει στα πόδια. Τώρα.

«ΤΡΕΧΑ, ΝΤΑΝ! ΦΥΓΕ!»

«Όχι, Έιμι, δεν σ' αφήνω...»

Η Έιμι τον είχε σώσει. Έπρεπε να την σώσει κι αυτός. Έπρεπε.

Τράβα! Με δύναμη!

Ο αέρας τον χτυπούσε μανιασμένος. Ο θόρυβος χωνόταν στ' αυτιά του σαν να 'ταν κάτι στέρεο, χειροπιαστό, σκληρό. Τράβηξε μ' όλη του τη δύναμη, ξανά, ξανά, όσο μπορούσε.

Αλλά η αδερφή του αντιστεκόταν, τον έσπρωχνε μακριά της – προσπαθώντας να τον σώσει. Η ανάσα της έπεφτε παγωμένη στον σβέρκο του, οι φλέβες στον λαιμό της ήταν πρησμένες.

Συνειδητοποίησε πως η Έιμι ούρλιαζε, αλλά ο ίδιος δεν την άκουγε.

ΧΟ-Ο-Ο-Ο-Ο-Ο-Ο-Ο-ΟΝΚ!

Το κορμί του αγοριού πάγωσε, όταν γύρισε και είδε την εκτυφλωτική λάμψη των προβολέων να τους πλησιάζει.

ΚΕΦΑΛΑΙΟ 7

«ΑΑΑΑΑΑΑΑΑ!»

Η Έιμι δεν άκουγε τίποτα. Ούτε τον αέρα. Ούτε το μεταλλικό στρίγκλισμα των φρένων. Ούτε την κόρνα, που σκέπαζε όλους τους άλλους θορύβους.

Μάλλον είχε τα μάτια της κλειστά. Δεν έβλεπε τίποτα.

Ένιωθε, όμως. Ένιωσε πρώτα το κορμί της να τραβιέται πίσω και πάνω. Σαν να πετούσε. Μετά ένιωσε τον ώμο της να χτυπάει το στέρεο, κρύο τσιμέντο. Όταν άνοιξε τα μάτια της, όλα ήταν σκοτεινά. Σιωπηλά.

«Εί-εί-είμαι π-π-πεθαμένη;» άκουσε τη φωνή της να ρωτάει, αλλόκοτα στριγκή, αλλόκοτα ψιλή κι αδύναμη.

Περίμενε. Καμιά απάντηση. Και ξαφνικά: «Γεια σου, Πεθαμένη. Είμαι ο Νταν».

Ένα σπίρτο άναψε μέσα στο σκοτάδι και στην τρεμάμενη λάμψη του φάνηκαν δυο πρόσωπα.

Η Έιμι ανακάθισε. Ο αριστερός της αστράγαλος πονούσε και το παπούτσι της ήταν άφαντο. «Θείε Άλιστερ; Νταν;»

Ο αδερφός της ήταν αναμαλλιασμένος, το πρόσωπό του κατάμαυρο από την καπνιά και τη βρόμα, τα μάτια του ορθάνοιχτα από την ταραχή. «Αυτός το 'κανε. Ο θείος Άλιστερ. Μας έσωσε τη ζωή. Βγήκε μέσα από τον τοίχο. Πώς...;» Ο Νταν την πλησίασε και έσκυψε από πάνω της ψάχνοντας το πόδι της. «Είναι ακόμα στη θέση του. Δεν σου το 'κοψε, τη στιγμή που...»

Και μ' αυτά τα λόγια τα γόνατα του Νταν λύγισαν και το παιδί σωριάστηκε λιπόθυμο κατάχαμα.

«Νταν!» φώναξε η Έιμι. Αλλά καθώς πετάχτηκε να τον πιάσει από το μπράτσο, βόγκηξε από τον πόνο στον αστράγαλό της.

«Είμαι εντάξει», είπε ο Νταν και ανακάθισε αμέσως. «Είμαι εντάξει. Μην καλέσεις τις πρώτες βοήθειες. Μήπως άσπρισαν τα μαλλιά μου; Όπως γίνεται στις ταινίες, όταν κάποιος παίρνει πραγματικά μεγάλη, δηλαδή τεράστια τρομάρα;»

«Είστε και οι δυο ασφαλείς», είπε ο Άλιστερ. Στη λάμψη του σπίρτου του είδαν πως βρίσκονταν σε μια μεγάλη υπόγεια αίθουσα. «Νταν, τα μαλλιά σου δεν άσπρισαν. Και είχες δίκιο για την κρύπτη. Βρίσκεται πάνω-κάτω εκεί που λογάριαζες ότι θα ήταν. Υπήρχε ένα μικρό σημάδι, ένα σύμβολο με αρχαϊκή όψη, πάνω σε κάτι που έμοιαζε με ηλεκτρικό διακόπτη. Μόλις το πάτησα, μια πόρτα άνοιξε. Ίσα που πρόλαβα να σας τραβήξω κι εσάς μαζί μου μέσα».

Η Έιμι προχώρησε πηδώντας στο γερό της πόδι, κρατώντας ανασηκωμένο στον αέρα το πονεμένο της, και αγκάλιασε τον θείο τους. «Σ' ευχαριστούμε», είπε.

Τον ένιωσε να τινάζεται στο άγγιγμά της. Για μια φρικτή στιγμή ένιωσε πως είχε κάνει ένα τρομερό λάθος. Του θείου Άλιστερ δεν του άρεσαν οι αγκαλιές. Μα αμέσως σχεδόν ο Άλιστερ άπλωσε αδέξια τα χέρια του και την αγκάλιασε κι αυτός. «Σας... χρωστούσα μια χάρη», είπε με σιγανή φωνή.

«Δεν λες δύο, καλύτερα;» είπε ο Νταν.

Ο θείος τους κούνησε το κεφάλι του συμφωνώντας. «Φοβάμαι ότι δεν είμαι από τους τύπους που παίρνουν παράσημα για την ανδρεία τους. Σε περιπτώσεις κινδύνου τα κάνω μάλλον μούσκεμα...»

«Μπορεί. Αυτή τη φορά, πάντως, τα κατάφερες μια χαρά», είπε η Έιμι ακουμπώντας το κεφάλι της στον ώμο του μεταξωτού σακακιού του Άλιστερ, που κρατούσε ακόμα τη μυρωδιά του άφτερσέιβ του.

Ο θείος της την έσπρωξε απαλά μακριά του και το βλέμμα του καρφώθηκε ανήσυχο στον αστράγαλό της. «Πώς νιώθεις το πόδι σου;»

«Σαν να 'ταν σφηνωμένο κάτω από μια σιδερόβεργα κι ύστερα να τραβήχτηκε απότομα από το παπούτσι του», απάντησε η Έιμι μ' ένα βογκητό. «Μπορώ να το κουνήσω. Αλλά πονάω, όταν το πατάω. Νομίζω ότι το έχω στραμπουλήξει».

«Στοίχημα ότι δεν μπορείς να χορέψεις. Αλλά θα μου πεις... τι σε νοιάζει; Εσύ έτσι κι αλλιώς δεν χορεύεις!» είπε ο Νταν – κι η φωνή του μαρτυρούσε πως ακόμα δεν είχε συνέλθει τελείως από την τρομάρα του.

Η Έιμι χαμογέλασε στον αδερφό της. Δεν το περίμενε πως θα ερχόταν ποτέ η στιγμή που θα ευχαριστιόταν ακούγοντας τα ηλίθια αστεία του. Αισθάνθηκε ένα κύμα ζεστασιάς μέσα της – αγάπης για κείνον.

«Ω, όχι, το ξέρω αυτό το ύφος – δεν θέλω αγκαλιές!» είπε ο Νταν κι έκανε ένα βήμα πίσω.

Άναψε τον φακό του και βάλθηκε να φωτίζει τον χώρο γύρω τους, ώσπου η φωτεινή δέσμη έπεσε πάνω σ' έναν σωρό παλιά πράγματα σωριασμένα ανάκατα στο δάπεδο, σκεπασμένα με παχιά γκρίζα και μαύρη σκόνη – ρούχα, αλλόκοτα μεταλλικά αντικείμενα, ένα σιδερένιο κουτί, μια υδρόγειος σφαίρα, ένας ογκώδης κύλινδρος. Πλησίασαν και ο Άλιστερ είπε: «Μπορεί οι *γιακούζα* να έχουν υπό τον έλεγχό τους κάποιες σήραγγες και υπόγειες κρύπτες... αλλά απ' ό,τι φαίνεται, έχουν αιώνες να πατήσουν το πόδι τους εδώ πέρα».

«Ε», είπε ο Νταν. «Ένα κουίζ! Τι λέει ο Τζαρ Τζαρ Μπινκς, όταν συναντάει κάποιον από τη γιαπωνέζικη μαφία τύφλα στο μεθύσι;»

Η Έιμι βόγκηξε. «Πολύ γρήγορα ξαναβρήκες τον παλιό, κακό εαυτό σου».

«Εγώ παίζω», απάντησε ο Άλιστερ. «Για περίμενε...» Ο θείος τους σταμάτησε για μια στιγμή να μιλάει κι ύστερα χαμογέλασε. «Γιακ! Ούζα;»

Το χαμόγελο του Νταν έσβησε. «Πού το ξέρεις; Αφού τώρα μόλις το έβγαλα από το μυαλό μου...»

«Τα λογοπαίγνια είναι απόδειξη ευφυΐας, που δεν φαίνεται με την πρώτη ματιά», απάντησε ο Άλιστερ φορώντας τα άσπρα γάντια του. Και σκύβοντας πάνω από τον σωρό σήκωσε ένα μικρό τριμμένο κομματάκι πανί. «Δύσκολο να μαντέψει κανείς την ηλικία του, όταν έχει περάσει τόσες δεκαετίες κάτω από τη σκόνη και τα παλιοσίδερα».

«Ε! Κοιτάξτε!» είπε ο Νταν ξετυλίγοντας ένα ρολό χαρτί, που είχε βγάλει πίσω από κάτι στοιβαγμένα συρτάρια.

«Πρόσεχε!» είπε η Έιμι.

Το χαρτί είχε ξετυλιχτεί: ήταν μαυρισμένο στις άκρες του, αλλά διαβαζόταν ακόμα – τρεις στήλες στιλιζαρισμένα γιαπωνέζικα συλλαβογράμματα. «Τι λέει;» ρώτησε ο Νταν.

Ο Άλιστερ το κοίταξε με προσοχή. «Νομίζω πως είναι ένα χάικου. Μισό λεπτό, να το καταλάβω σωστά... "Το καινούριο σπίτι / του θησαυρού του Χιντεγιόσι / θα το βρει η Γεωμετρία"».

«Τι εννοεί, "θησαυρού";» ρώτησε η Έιμι. «Στον θησαυρό του Χιντεγιόσι δεν συμπεριλαμβάνονται και τα σπαθιά;»

«Είμαστε πλούσιοι!» πανηγύρισε ο Νταν. «Γιούχου! Το ήξερα! Εντάξει. Γεωμετρία. Το 'χω! Το 'χω σίγουρα! Δώστε μου μισό λεπτάκι...»

«Θα μπορούσε να είναι οτιδήποτε...», είπε η Έιμι κοιτάζοντας ολόγυρα.

«Είμαστε σ' ένα μεγάλο δωμάτιο», δήλωσε ο Νταν. «Για να δούμε... αν υπολογίσουμε τον όγκο του παραλληλεπιπέδου...»

«Τι πράγμα;» ρώτησε ο Άλιστερ.

«Το παραλληλεπίπεδο είναι ένα τρισδιάστατο παραλληλόγραμμο, σαν αυτήν εδώ την υπόγεια κρύπτη», εξήγησε ο Νταν.

«Και πώς ακριβώς θα λύσει το πρόβλημά μας αυτός ο υπολογισμός;» ρώτησε η Έιμι. «Είναι σαν να ψάχνεις την υποτείνουσα μέσα στ' άχυρα».

«Αστείο ήταν αυτό;» απάντησε ο Νταν. «Γιατί αν ήταν, δεν το 'πιασα. Το καλύτερο είναι, Έιμι, να μου κάνεις ένα σινιάλο όποτε νομίζεις πως θα πεις κάτι αστείο. Να χτυπάς, ας πούμε, το κεφάλι σου δυο φορές, για να το βλέπω και να ξέρω ότι πρέπει να γελάσω».

Το ένα του χέρι άφησε την άκρη του χαρτιού, που ξανατυλίχτηκε απότομα μ' έναν κοφτό ήχο, σαν ανθρώπινη πνιχτή φωνή – μια φωνή που οι τοίχοι πολλαπλασίασαν μέσα στη σιωπή.

Τη νεκρική σιωπή.

Η Έιμι κοίταξε γύρω της ανήσυχη. «Έεε... δεν θα έπρεπε να 'χει περάσει κι άλλο τρένο τόση ώρα;»

Ο Νταν έψαξε τις τσέπες του. «Δεν μπορώ να το ελέγξω. Νομίζω πως το φυλλάδιο με τα δρομολόγια μου έπεσε στις ράγες».

«Λογικά, όμως... δεν θα έπρεπε να 'χει περάσει κάποιο τρένο;» ρώτησε ξανά η Έιμι. «Αν όχι προς την ίδια κατεύθυνση, προς την αντίθετη; Έχει συχνά τρένα, έτσι δεν είναι; Γιατί τόση ησυχία;»

Ο Άλιστερ ίσιωσε απότομα τους ώμους του. «Κατάλαβα. Μάλλον έχουν κλείσει το ρεύμα. Που θα πει ότι...»

Απόμακρες ανθρώπινες ομιλίες έφτασαν τώρα στ' αυτιά τους, φιλτραρισμένες από τους χοντρούς τοίχους. Έρχονταν από τα βόρεια, από τις ράγες – από την αντίθετη μεριά κι όχι απ' αυτήν που είχαν έρθει οι ίδιοι.

«Ποιοι να 'ναι;» ρώτησε ο Νταν. «Η αστυνομία;»

Το πρόσωπο του Άλιστερ φάνηκε ξαφνικά κουρασμένο, γερασμένο. «Όχι», απάντησε με φωνή τρεμάμενη. «Οι *γιακούζα* είναι».

«Τι κάνουμε;» ρώτησε ο Νταν.

«Δεν μπορούν να μας βρουν, σωστά;» είπε η Έιμι. «Να μείνουμε εδώ που είμαστε...»

Ο Άλιστερ, όμως, πήρε τον Νταν και την Έιμι και τους έσπρωξε μαλακά προς την πόρτα. «Θα προχωρήσουν στο τούνελ. Αργά ή γρήγορα θα βρουν το παπούτσι και το φυλλάδιο με τα δρομολόγια. Θα δουν τις δαχτυλιές στον διακόπτη. Πρέπει να φύγουμε».

«Ένας κύβος!» είπε ξαφνικά η Έιμι – και ξεφεύγοντας από τον θείο της έτρεξε ξανά στον σωρό με τα πεταμένα άχρηστα πράγματα. «Κοιτάξτε! Και μια σφαίρα! Κι ένας κύλινδρος! Κι ένα παραλλη– παραλληλοτέτοιο! Γεωμετρικά σώματα δεν είναι όλα αυτά, Νταν; Ε, να τα! *Εδώ είναι!*»

Ο Νταν είχε ήδη αρπάξει τη σφαίρα και την έχωνε στο σακίδιό του.

«Μάζεψέ τα όλα!»

«Γρήγορα!» είπε ο Άλιστερ και πήρε έναν μικρό κύβο στο ένα του χέρι, έναν κώνο στο άλλο. Η Έιμι σήκωσε τον μακρύ κύλινδρο και στράφηκε ξανά στην πόρτα.

Μια στιγμή αργότερα είχαν ξαναβγεί στο τούνελ με τις ράγες. Ο Άλιστερ έκλεισε τη μυστική πόρτα πίσω τους. Κι εκεί που πριν από λίγο δεν έβλεπαν παρά την γκρίζα βρομιά ενός συμπαγούς τοίχου, τώρα διέκριναν το αχνό περίγραμμα μιας προσφάτως χρησιμοποιημένης πόρτας.

Το τρένο που παραλίγο να τους χτυπήσει, έστεκε τώρα σταματημένο λίγο πιο πέρα, λίγο πριν μπει στον επόμενο σταθμό.

Η Έιμι τράβηξε το παπούτσι της, που είχε μείνει κάτω από τη σιδερόβεργα, και το φόρεσε. Μόλις πάτησε το πόδι της, τινάχτηκε από τον πόνο. Αλλά στη σκέψη και μόνο ότι θα 'μενε εκεί, πάγωσε από φόβο και σφίγγοντας τα δόντια συνέχισε να τρέχει. Ακολούθησαν τις ράγες, γυρίζοντας πίσω από 'κεί που είχαν έρθει. Ο σταθμός δεν άργησε να φανεί, αλλά το τούνελ ήταν γεμάτο φωτεινές κουκκίδες, φακούς που χόρευαν σαν πυγολαμπίδες στο σκοτάδι.

Στάθηκαν και οι τρεις· οι γρήγορες, κοφτές ανάσες τους, ακούγονταν δυνατά μέσα στο τούνελ.

«Αστυνομία», ψιθύρισε η Έιμι. «Δεν πρέπει να μας δουν. Θα μας συλλάβουν».

Τα φώτα πλησίαζαν, οι φωνές δυνάμωναν. Πίσω τους οι *γιακούζα* είχαν ήδη προσπεράσει το σταματημένο τρένο και κατευθύνονταν κι αυτοί προς το μέρος τους.

«Και οι *γιακούζα;*» ρώτησε ο Νταν.

«Θα μας σκοτώσουν», απάντησε ο Άλιστερ.

«Ε, τότε, ας μην το παιδεύουμε», είπε ο Νταν και ξεκίνησε αμέσως προς τους αστυνομικούς.

«Όχι!» τον άρπαξε η Έιμι από το μπράτσο.

«Εσύ δηλαδή τι προτείνεις;» σφύριξε ο Νταν.

Η Έιμι σήκωσε τα μάτια της. Το κάτω σκαλί μιας μεταλλικής σκάλας κρεμόταν ακριβώς πάνω από τα κεφάλια τους.

«Πρέπει να πάρουμε μαζί μας και τα πράγματα», είπε ο Άλιστερ. Και βγάζοντας το μεταξωτό σακάκι του το άπλωσε κατάχαμα, σώριασε πάνω του τα γεωμετρικά σώματα και μάζεψε τις άκρες. Ο Νταν έβγαλε ένα σκοινί από το σακίδιό του και τα έσφιξε μ' έναν κόμπο, για να σιγουρευτεί πως δεν θα πέσουν.

Η Έιμι είχε ήδη ανέβει στη σκάλα, μορφάζοντας από πόνο. Ο Νταν δάγκωσε το σκοινί και κρατώντας το έτσι ανάμεσα στα δόντια του, αρπάχτηκε από τη σιδερένια σκάλα και σκαρφάλωσε πίσω της.

Τελευταίος ο θείος Άλιστερ κοίταζε δεξιά κι αριστερά, με το ένα χέρι απλωμένο προς τη σκάλα, με το άλλο κρατώντας το μπαστουνάκι του. «Έλα, θείε!» του φώναξε μέσα από τα δόντια του ο Νταν.

«Πηγαίνετε! Προχωρήστε εσείς!» του σφύριξε ο Άλιστερ.

Βήματα ακούστηκαν να ζυγώνουν. Ένας άντρας πρόβαλε μέσα από το σκοτάδι. Το πρόσωπό του ήταν μαυρισμένο από την καπνιά και στο λιγοστό φως του φακού, μόνο τα δόντια και τα μάτια του γυάλιζαν – ώσπου ο Νταν είδε και τη λάμψη ενός μαχαιριού στο δεξί του χέρι.

Ο Άλιστερ βιάστηκε. Βρισκόταν ήδη στο δεύτερο σκαλί, όταν μια δυνατή κραυγή έσκισε το σκοτάδι:

«ΙΙΙΙΧΧΑΑΑΑΑΙΙΙΙ!»

Ο Νταν κοίταξε και είδε τη λάμα του *γιακούζα* να καρφώνει... τα πόδια του θείου Άλιστερ!

ΚΕΦΑΛΑΙΟ 8

«*Πρόσεχε!*» τσίριξε η Έιμι.

«*Ωωωωχ!*» βόγκηξε ο Άλιστερ και σύρθηκε ένα σκαλί παραπάνω.

Κλανγκκκ!

Ο Νταν ένιωσε τη σκάλα να τραντάζεται. Κρατήθηκε γερά, με τα μάτια καρφωμένα στο απίστευτο θέαμα κάτω από τα πόδια του.

Με μια κοφτή, καλοζυγισμένη κίνηση, ο Άλιστερ είχε κατεβάσει απότομα το μπαστούνι του πάνω στο χέρι του γιακούζα, αναγκάζοντάς τον να πετάξει το μαχαίρι του. Και ανεβάζοντας ξανά το μπαστούνι του, είχε πετύχει τον γιακούζα στο πλάι του κεφαλιού του, ρίχνοντάς τον αναίσθητο κάτω, στις ράγες.

«*Προχώρα*, Νταν!» πρόσταξε ο Άλιστερ σηκώνοντας το κεφάλι του προς τα πάνω.

«Πού το 'μαθες αυτό το κόλπο;» ρώτησε ο Νταν.

«Είμαι γεμάτος εκπλήξεις – τώρα κουνήσου!» είπε ο Άλιστερ.

Η Έιμι είχε καταφέρει να παραμερίσει τη σχάρα στην κορυφή της σκάλας. Ο Νταν σύρθηκε έξω στον δρόμο, τραβώντας πίσω του και το δισάκι με τα πράγματά τους. Μια στιγμή αργότερα βγήκε κι ο Άλιστερ, ξεφυσώντας δυνατά από την προσπάθεια. Μια μητέρα, που περπατούσε στο πεζοδρόμιο σπρώχνοντας το καροτσάκι με το μωρό της, έκανε στο πλάι για να μην πέσει πάνω τους. Ο Νταν προσπάθησε να ξαναβάλει τη σχάρα στη θέση της, την έσυρε σχεδόν ως τα μισά, αλλά ο Άλιστερ δεν τον άφησε.

«Δεν προλαβαίνουμε!» είπε τραβώντας τον Νταν πίσω του. «Πρέπει να τρέξουμε!»

«Περίμενε!» διαμαρτυρήθηκε ο Νταν. «Τι θα γίνει με την Έιμι;»

Η Έιμι πάσχιζε να τους ακολουθήσει κουτσαίνοντας.

Σίιιινκ... ΣΙΙΙΙΝΚ!

Βρόμικα δάχτυλα πρόβαλαν μέσα από τον υπόνομο, σπρώχνοντας τη βαριά σχάρα.

«Να με συγχωρείτε», είπε ο Άλιστερ τρέχοντας ξανά πίσω στο άνοιγμα. Και σαν επαγγελματίας παίκτης του γκολφ ανέμισε το μπαστούνι του και το κατέβασε με φόρα πάνω στα χέρια του ανθρώπου, που τους κυνηγούσε. Με φόρα και με δύναμη.

«*ΑΑΑΑΑΑΑΑΧ!*» ακούστηκε ένα ουρλιαχτό πόνου.

Χωρίς να χάσει λεπτό ο Άλιστερ γονάτισε γυρίζοντας την πλάτη του στην Έιμι. «Ανέβα», της είπε.

Το κορίτσι τον αγκάλιασε από τον λαιμό, εκείνος πέρασε τα χέρια του κάτω από τα γόνατά της και ακολούθησε τον Νταν όσο πιο γρήγορα του επέτρεπε το κουτσό του πόδι. Ο ήλιος, που ετοιμαζόταν να δύσει, έριχνε παραμορφωμένες τις σκιές τους στο πεζοδρόμιο – κάνοντάς τους να μοιάζουν με τέρας αλλόκοτο.

ΧΟΝΝΝΝΚ!

Ένα αυτοκίνητο έστριψε απότομα για να τους αποφύγει, καθώς περνούσαν τον δρόμο απέναντι.

«Τα πράγματα», φώναξε με σφιγμένα δόντια ο Άλιστερ στον Νταν. «Πέταξέ τα σ' αυτό το στενάκι. Θα έρθουμε αργότερα να τα πάρουμε».

Ο Νταν είδε ένα στενό σκοτεινό χώρισμα ανάμεσα σε δυο κτίρια και πέταξε μέσα το φορτίο του: το μεταξωτό σακάκι του θείου του, που είχε μέσα δεμένα τα γεωμετρικά σώματα από την υπόγεια κρύπτη.

Προχώρησαν τρέχοντας ως τη γωνία, έστριψαν κι ανηφόρισαν έναν δρόμο με χαμηλά τούβλινα κτίρια δεξιά κι αριστερά του· τ' ανοιχτά παράθυρά τους έστελναν μυρωδιές από σάλτσα σόγιας και τηγανητές γαρίδες. Στην κορυφή του λόφου ο Άλιστερ έστριψε δεξιά και μπήκε μέσα σε μια μεγάλη, έρημη παιδική χαρά.

«Πού πάμε;» φώναξε ο Νταν.

«Έχω φίλους!» απάντησε ο Άλιστερ. «Φτάνει να βρούμε ένα ταξί!»

Τη στιγμή εκείνη ένα αυτοκίνητο πρόβαλε με τρόπο μαγικό από το βάθος του δρόμου. Ο Άλιστερ σήκωσε το ένα του χέρι κι άρχισε να του γνέφει σαν τρελός, φωνάζοντας κάτι στα γιαπωνέζικα.

Μα όταν το ταξί πλησίασε, άνοιξε ξαφνικά ταχύτητα – κι ο κινητήρας του μούγκρισε.

«*Προσέξτε!*» τσίριξε ο Νταν.

Ο Άλιστερ έκανε ένα πήδημα προς τα πίσω. Η Έιμι έπεσε δίπλα του. Και το αυτοκίνητο πέρασε λίγους μόνο πόντους μακριά τους. Τα φρένα του τσίριξαν και σχεδόν αμέσως έμεινε ακίνητο.

Αμέσως μετά άνοιξαν διάπλατα και οι τέσσερις πόρτες του.

«*Γιακούζα!*» φώναξε ο Άλιστερ.

Τώρα ακόμα και η Έιμι έτρεχε λες κι είχε φτερά στα πόδια της. Ο Νταν, τρέχοντας πίσω της, άκουσε ένα λεπτό δυνατό σφύριγμα. *«ΣΚΥΨΕ, ΕΪΜΙ!»*

Ένας οδοντωτός μεταλλικός δίσκος έσκισε τον αέρα. Πέρασε ξυστά πάνω από το κεφάλι του Νταν, που πέφτοντας πάνω στην αδερφή του την είχε αρπάξει από τη μέση.

Το κορίτσι ούρλιαξε καθώς έπεφταν και οι δυο στο έδαφος.

«Τι ήταν αυτό;» βόγκηξε η Έιμι.

«Ένα σούρικεν», φώναξε ο Νταν. «Ένα σιδερένιο αστέρι, απ' αυτά που πετούν οι νίντζα!»

«Από 'δώ!» φώναξε ο Άλιστερ. Ο Νταν ένιωσε το χέρι του μεσόκοπου άντρα να σφίγγεται γύρω από τον καρπό του και να τον τραβάει. Ένα κλάσμα του δευτερολέπτου αργότερα είχαν χωθεί σ' έναν φαρδύ ατσάλινο σωλήνα, σε μια από τις κλειστές τσουλήθρες της παιδικής χαράς.

Πανκ! Πανκ! Πανκ-πανκ-πανκ-πανκ-πανκ!

Κάθε που ένα σιδερένιο αστέρι χτυπούσε την έξω πλευρά του σωλήνα, λίγους πόντους μόνο μακριά από τα κεφάλια τους, ο Νταν ένιωθε την καρδιά του να ζαρώνει.

Βγήκαν στην άλλη άκρη, πάνω σε μια κατασκευή από ψηλά και χοντρά δοκάρια, όλο γέφυρες και κιγκλιδώματα και σκαλωσιές. Ο Άλιστερ έτρεχε σκυφτός, με το κεφάλι χαμηλά και το μπαστούνι του παραμάσχαλα. Τα σιδερένια άστρα συνέχισαν να πέφτουν βροχή γύρω τους, κομματιάζοντας τα ξύλα. Σκλήθρες πετούσαν πάνω από τα κεφάλια τους.

Πίσω τους, θυμωμένες φωνές γάβγιζαν διαταγές στα γιαπωνέζικα. Πόρτες αυτοκινήτων ακούστηκαν ν' ανοίγουν και να κλείνουν με κρότο. Λάστιχα τσίριξαν στην άσφαλτο. Ο Νταν, η Έιμι και ο Άλιστερ βγήκαν τρέχοντας στα τυφλά από την παιδική χαρά, διέσχισαν μια πελούζα με γκαζόν, μπήκαν στην πίσω αυλή ενός σπιτιού, πήδηξαν έναν χαμηλό φράχτη. «*Ωωωωωχ!*» βόγκηξε η Έιμι, καθώς χτύπησε ξανά το πονεμένο πόδι της.

«Μη σταματάς!» της απάντησε ο Άλιστερ.

Τα σιδερένια άστρα είχαν σταματήσει, συνειδητοποίησε ξαφνικά ο Νταν. Ε, βέβαια... οι γιακούζα δεν θα τολμούσαν να τα χρησιμοποιήσουν μέσα σε κατοικημένη περιοχή...

Βγήκαν από την άλλη μεριά σ' έναν δρόμο γεμάτο μαγαζιά. Στα δεξιά τους ο Νταν άκουσε τη μηχανή ενός αυτοκινήτου. «Αριστερά πάμε!»

Ο δρόμος κατηφόριζε προς μια μεγάλη πλατεία, γεμάτη υπαίθρια μαγαζάκια και πάγκους. Η περιοχή ήταν γεμάτη κόσμο. Και το αγόρι κατάλαβε πως χωμένοι στο πλήθος, θα ήταν ασφαλείς. Αν οι γιακούζα τούς ακολουθούσαν, θα γινόταν χαμός.

«ΒΡΟΥΟΥΟΥΟΥΜ!»

Ο Νταν στάθηκε απότομα. Μια κόκκινη Πόρσε είχε μόλις φανεί στη στροφή μπροστά τους, κλείνοντάς τους τον δρόμο προς το υπαίθριο παζάρι. Στρίβοντας από τη γωνία η Πόρσε άναψε τους προβολείς της. Ο Νταν δίστασε, θαμπωμένος ξαφνικά από τη δυνατή λάμψη.

Ύστερα άρπαξε την αδερφή του και την έσυρε έξω από τον δρόμο.

«Πήδα – *πήδα!*»

Βρέθηκαν στο πεζοδρόμιο, κατρακυλώντας πίσω σ' ένα σιδερένιο γραμματοκιβώτιο, όταν αλλόκοτα σφυρίγματα έσκισαν τον αέρα δίπλα τους. Τουίπ! Τουίπ-τουίπ!

Οι πυροβολισμοί έπεσαν από την Πόρσε προς την κορυφή της ανηφόρας, όπου είχε μόλις εμφανιστεί το ταξί των γιακούζα, έτοιμο να ορμήσει καταπάνω τους.

Σμας!

Ένας από τους προβολείς του ταξί έγινε θρύψαλα.

Τουίπ-τουίπ!

Το παρμπρίζ έσπασε, το ταξί έγειρε προς τ' αριστερά, τα λάστιχά του χοροπήδησαν στο οδόστρωμα – και τινάχτηκε ολόκληρο ίσια πάνω στην Έιμι, τον Νταν και τον Άλιστερ.

Η Έιμι ούρλιαξε. Ίσως ούρλιαξε κι ο ίδιος ο Νταν. Δεν θα μπορούσε να πει με σιγουριά. Ένα μόνο ήξερε σίγουρα: πως βρέθηκε στον αέρα. Το κεφάλι του κοπάνησε δυνατά στον τοίχο του κτιρίου πίσω του, καθώς μια λάμψη από κίτρινο ατσάλι πέρασε από μπροστά του. Το ταξί έπεσε μ' έναν απίστευτο κρότο μέσα στην τζαμαρία του κλειστού ανθοπωλείου δίπλα τους, προσπαθώντας ν' αποφύγει την Πόρσε, που ερχόταν ίσια καταπάνω του σαν σφαίρα.

Προσγειώθηκε πάνω σ' ένα στρώμα τσακισμένα μπουκέτα και σπασμένα τζάμια, ανάποδα, με τις ρόδες του στον αέρα. Δυο άντρες βγήκαν με κόπο από τα συντρίμμια, παραζαλισμένοι. Ο Νταν, η Έιμι και ο Άλιστερ ζάρωσαν ο ένας δίπλα στον άλλον, μέσα στις σκιές. Αλλά οι δυο γιακούζα ανηφόρισαν τρεχάτοι τον δρόμο, αμέσως μόλις μπόρεσαν να σταθούν στα πόδια τους, κοιτάζοντας πού και πού φοβισμένοι πίσω τους.

«Τι έγινε;» τραύλισε η Έιμι.

«Βρεθήκαμε μέσα σε μια μάχη νίντζα», της απάντησε μαγεμένος ο Νταν. «Στην πρώτη αληθινή της ζωής μου. Και δεν μου άρεσε καθόλου».

Φωνές πλησίασαν από την άλλη μεριά του δρόμου, καθώς ο κόσμος από το υπαίθριο παζάρι ερχόταν σιγά σιγά προς το μέρος τους τραβηγμένος από την περιέργεια και τον θόρυβο.

Ο Νταν σηκώθηκε αργά αργά. Το γραμματοκιβώτιο του έκρυβε το μεγαλύτερο μέρος της Πόρσε, αλλά το παιδί έβλεπε τους χοντρούς πίσω τροχούς της και τα σκούρα τζάμια της. «Αν δεν μας είχαν σώσει αυτοί...»

«Πρόσεχε», τον προειδοποίησε η Έιμι.

Ο Νταν είδε ξαφνικά τις πόρτες ν' ανοίγουν και μαρμάρωσε.

«Μρρρρπ;»

Το αδύναμο νιαούρισμα έφτασε στ' αυτιά του σβήνοντας κάθε άλλον ήχο. Η καρδιά του Νταν χοροπήδησε, καθώς ένα γκρίζο γατί τρίφτηκε στον αστράγαλό του. Χαμηλώνοντας το βλέμμα βρέθηκε να κοιτάζει έναν αιγυπτιακό Μάου, που θα 'ταν ολόιδιος ο Σαλαντίν, αν δεν ήταν τόσο βρόμικο το τρίχωμά του.

«Ω...», είπε η Έιμι με θλιμμένο χαμόγελο.

«Μοιάζει πολύ με... ξέρεις ποιον», είπε ο Νταν.

Ο Μάου πλησίασε την Έιμι, που άπλωσε τα χέρια της προς το μέρος του.

«Η ράτσα αυτή είναι πολύ αγαπητή στην Ιαπωνία», είπε ο Άλιστερ αφηρημένος, με το βλέμμα του καρφωμένο ακόμα στην Πόρσε.

«Έχει μείνει κανένας ζωντανός... εκεί μέσα;»

Την απάντηση τους την έδωσε μια φιγούρα, που πρόβαλε παραπατώντας πίσω από το γραμματοκιβώτιο. Ο Νταν ένιωσε την ανάσα να παγώνει μέσα στο λαρύγγι του.

«Άλλη φορά να προσέχετε τα εισιτήριά σας, νιάνιαρα», είπε η Νέλι Γκομέζ.

ΚΕΦΑΛΑΙΟ 9

Ο Νταν είχε μείνει άναυδος, ενώ η αδερφή του δίπλα του άνοιγε κι έκλεινε το στόμα της σαν ψαράκι έξω από το νερό.

«*Μρρρρπ;*» είπε ο Σαλαντίν.

«*Φοοοο-βεεεεε-ρόόόόό!*» Ο Νταν δεν νοιάστηκε καθόλου ποιος θ' άκουγε την κραυγή του. Με μια κίνηση σήκωσε τον Σαλαντίν στην αγκαλιά του και τύλιξε τα χέρια του γύρω από τη Νέλι.

Η Έιμι στεκόταν σαν να 'χε δει φάντασμα. Αλλά για τον Νταν η Νέλι ήταν πραγματική, εντελώς πραγματική. Λίγο… αγκαθωτή, λίγο... σκληρόπετση. Αλλά ήταν η Νέλι τους. Κι ένα δέκατο του δευτερολέπτου αργότερα, η Έιμι είχε πέσει κι αυτή πάνω τους. Κλαίγοντας, φυσικά. Κάνοντας και τη Νέλι να κλάψει – καταστρέφοντας σχεδόν τη στιγμή. Ακόμα κι ο θείος Άλιστερ βούρκωσε.

Ο Σαλαντίν θρονιάστηκε στην αγκαλιά της Έιμι και το κορίτσι χαμογέλασε, μην μπορώντας ακόμα να πιστέψει στα μάτια του. «Μα… πώς μπόρεσες και…»

«Πώς μπόρεσα και σας βρήκα;» γέλασε η Νέλι. «Το είπαν στις ειδήσεις – έκλεισε ο υπόγειος, κάποιοι βρίσκονταν μέσα στα τούνελ... ε, δεν είμαι και βλάκας! Αμέσως χτύπησε *συναγερμός* μέσα στο μυαλό μου: ποιος άλλος θα μπορούσε να είναι, εκτός από τον Νταν και την Έιμι;»

«Και πού την βρήκες αυτή την αυτοκινητάρα;» ρώτησε ο Νταν.

«Ποιος πυροβόλησε;» ρώτησε η Έιμι.

«Πού είναι ο σάκος μου;» ρώτησε ο Νταν.

«Πώς ξέφυγες από τους Κάμπρα;» ρώτησε ο Άλιστερ.

«Ω, ώωω, ώωωωω!» γέλασε η Νέλι. «Σιγά σιγά! Ένας ένας!»

Πίσω της δυο ακόμα φιγούρες βγήκαν από το αυτοκίνητο. «Δεν μας ξέφυγε», είπε ο Ίαν Κάμπρα.

Ο Νταν ένιωσε το αίμα του να στέκεται ακίνητο στις φλέβες του. Η Έιμι τον άρπαξε από τον αγκώνα.

«Μόλις βγήκαμε ζωντανοί από μια μάχη με αληθινούς νίντζα», της θύμισε ο αδερφός της. «Και μην ξεχνάς: αυτοί είναι δύο κι εμείς τέσσερις».

«*Μρρρρρπ*», είπε ο Σαλαντίν.

«Σόρι, πέντε», ψιθύρισε ο Νταν.

«Άααα-*τσου*», φτερνίστηκε η Ναταλί. «Σιχαίνομαι τις γάτες!»

«*ΕΠΙΘΕΣΗΗΗ!*» ούρλιαξε ο Νταν.

Ο Ίαν τού χαμογέλασε υπομονετικά – και προτείνοντας το μικρό περίστροφό του, τον σημάδεψε.

«Νταν – *ΣΚΥΨΕ!*» τσίριξε η Έιμι.

«Εσύ δεν ρώτησες για τους πυροβολισμούς;» είπε ο Ίαν. «Να η απάντηση. Γλιτώσατε από τους γιακούζα χάρη σε μένα και στο όπλο μου. Κι επειδή επέμενα να νοικιάσουμε ένα πραγματικά καλό αυτοκίνητο κι *όχι* την μπεζ Σεβρολέτ Κόμπαλτ, που ήθελε η μπέιμπισίτερ σας».

«Κι αν ντεν ντο κανταλάμπαντε ακόμα, μπλαμένα, εμείς σας σώσαμε», είπε η Ναταλί. «Άααα-*τσου!*»

«Μα... γιατί;» είπε ο Νταν. «Αφού μας μισείτε».

«Πράγμαντι», ρουθούνισε δυνατά η Ναταλί.

«Ξέρεις κάτι, Νατ; Πάρε αμέσως το φάρμακο για την αλλεργία σου. Αλλιώς δεν μπαίνω στο αμάξι», είπε η Νέλι χαμογελώντας στον Νταν και στην Έιμι και ανοίγοντας την πόρτα του οδηγού. «Εμπρός, μπείτε όλοι μέσα».

«Μα...» Η Έιμι εξακολουθούσε να κοιτάζει διστακτικά προς το μέρος των Κάμπρα.

«Πρέπει να φύγουμε, πριν γυρίσουν οι γιακούζα», είπε η Νέλι. «Θα σας τα εξηγήσω όλα. Α, ξέχασα. Οι αποσκευές σας είναι στο πορτ-μπαγκάζ».

Ναι! πανηγύρισε μέσα του ο Νταν. Αυτό σήμαινε πως είχαν τα σπαδιά. Το αγόρι μπήκε στο πίσω κάθισμα μαζί με την Έιμι και τον Ίαν, ενώ οι άλλοι δυο στριμώχτηκαν μπροστά. «Ουάου! *Αυτό* θα πει αυτοκίνητο! Μπορούμε να το κρατήσουμε;» ρώτησε ο Νταν.

«Έχουμε αφήσει... έεε, κάτι ρούχα σ' ένα στενάκι κοντά στον σταθμό του μετρό», είπε ο Άλιστερ διαλέγοντας με προσοχή τις λέξεις του. «Θα σου δείξω τον δρόμο, Νέλι».

«Ζώνες!» διέταξε η Νέλι. Και βάζοντας μπροστά το αυτοκίνητο, προχώρησε ως τη γωνία και σανίδωσε το γκάζι για να προλάβει ένα πορτοκαλί φανάρι. Ο Άλιστερ της είπε να στρίψει δεξιά και η Νέλι άρχισε να διηγείται: «Λοιπόν: ακούστε. Μόλις είδα τον κύριο Απαίσιο και τη Μορτίσια στο αεροπλάνο, φρίκαρα. Τι γίνανε τα παιδιά μου; είπα από μέσα μου. Φοβήθηκα μήπως σας έφαγαν, δηλαδή. Μετά μου τα είπαν όλα. *Όλο καμάρι.* Τι να πω; Είναι δεκατεσσάρων κι έντεκα χρονών, αλλά αν τους ακούσεις να μιλάνε, νομίζεις πως έχουν καταπιεί τίποτα μπαστούνια! Τα άτομα νομίζουν ότι παίζουν σε θρίλερ! Τους ρόλους των κακών! Ακούς εκεί "Πλαστογραφήσαμε τα εισιτήρια"! Χα, χα!... τέλος πάντων. Προσπάθησαν να με φοβίσουν, μπλα, μπλα, μπλα, κι εγώ φυσικά τους φέρνω του κόσμου τις αντιρρήσεις και από μέσα μου λέω "Χα, χα, να δεις που θα δοκιμάσουν να μου ρίξουν κάτι στο ποτήρι μου", αλλά από την άλλη λέω "μπα, αποκλείεται, δεν είναι τόσο χαζά". Και ξαφνικά τι βλέπω; Τη μικρή από 'δώ να ρίχνει πράγματι κάτι στο ποτήρι μου, *ούτε είκοσι πόντους μακριά μου* – δηλαδή, έλεος! Τα παίρνω κι εγώ και ξέρετε, κάνω τάχα ότι θα το πιω, και ξαφνικά, ζάααμ, τους το ρίχνω στα μούτρα. Και βάζω τα γέλια, χαχαχαχα, και τέτοια, τι πλάκα, αλλά αυτοί τρελαίνονται, τους έφυγε το μυαλό σάς λέω! Και χιμάνε στις τσάντες τους να βρουν χαρτομάντιλα να σκουπιστούν "*Λερωθήκαμε και καλά και πρέπει να σενιαριστούμε!*" κι εγώ τους λέω, "*Ωχ, πια, σαν νιάνιαρα κάνετε!*" και παίρνω τις τσάντες τους και κάθομαι απάνω. ΠΟΛΥ κακή ιδέα».

«Το δηλητήριο ήταν συμπυκνωμένο», εξήγησε ο Ίαν. «Η ποσότητα που χρησιμοποίησε η Ναταλί, θα ήταν αρκετή για να μας αφήσει σημάδια στο πρόσωπο. Ακόμα και να μας τυφλώσει».

Η Έιμι ανατρίχιασε από φρίκη και απομακρύνθηκε όσο μπορούσε από τον Ίαν, στριμώχνοντας τον Νταν στην άλλη άκρη του καθίσματος. «Κι εσείς θα το δίνατε στη Νέλι *να το πιει;*» είπε.

«Θέλαμε να την εξουδετερώσουμε προσωρινά», είπε ο Ίαν. «Κανονικά θα της δίναμε μια σταγόνα μόνο. Αλλά η Ναταλί γλίστρησε από τα τραντάγματα. Κι άθελά της έβαλε περισσότερο μέσα στην κόκα της γκουβερνάντας σας. Μα πριν προλάβουμε να της το πούμε, εκείνη μας έκανε μούσκεμα. Ευτυχώς που μας άφησε τελικά να πάρουμε το αντίδοτο από τις τσάντες μας».

«Αυτό λέγεται καλοσύνη», είπε η Έιμι.

«Τους ανάγκασα, όμως, πρώτα να μου δώσουν όλα τους τα μετρητά», εξήγησε η Νέλι.

«Αυτό λέγεται εκβιασμός», γρύλισε η Ναταλί.

Η Νέλι έστριψε απότομα το αυτοκίνητο προς τα δεξιά κι ο Νταν ένιωσε ότι θα του έμενε για όλη του τη ζωή το αποτύπωμα της αδερφής του πάνω του. Με την άκρη του ματιού του είδε το χέρι της Έιμι ν' αγγίζει φευγαλέα το χέρι του Ίαν. Μια πνιχτή κραυγή ξέφυγε από τα χείλη του κοριτσιού, που αμέσως τραβήχτηκε.

«*Μρρρρπ!*» είπε ο Σαλαντίν καμπουριάζοντας τη ράχη του και ρουθουνίζοντας αγριεμένος προς το μέρος του Ίαν.

«Έεεε, ναι», είπε ο Ίαν γέρνοντας πίσω για ν' αποφύγει τον γάτο. «Βρισκόμαστε ακόμα εδώ επειδή θέλουμε να σας προτείνουμε μια προσωρινή συμμαχία. Όπως εξήγησα και στην απερίγραπτη γκουβερνάντα σας, έχουμε κάτι που σας χρειάζεται».

«Δύο αεροπορικά εισιτήρια, ε;» είπε ο Νταν. «Πολύ αργά. Καλύτερα να συμμαχήσουμε μ' έναν κουβά σάλια και μίξες, παρά μ' έναν Κάμπρα – που βέβαια είναι ολόιδιος μ' έναν κουβά σάλια και μίξες, οπότε άντε να τους ξεχωρίσεις!»

«Πολύ καλά», είπε ο Ίαν. «Σ' αυτή την περίπτωση θα χρησιμοποιήσουμε το οικογενειακό μας κειμήλιο για να βρούμε μόνοι μας το στοιχείο...»

Ο Άλιστερ γύρισε αμέσως προς το μέρος του Ίαν. «Οικογενειακό κειμήλιο...;»

«Τι ευχάριστη έκπληξη! Ένα ανοιχτό μυαλό!» είπε ο Ίαν μ' ένα γλοιώδες χαμόγελο. «Όπως ξέρετε, κύριε Ω, οι Λούσιαν συγκεντρώνουν πληροφορίες εδώ και πολλά χρόνια. Το ίδιο κάνουν και οι Εκατερίνα. Υποθέτω ότι το ίδιο κάνουν και οι... έεεε, σε ποιον κλάδο είπαμε ότι ανήκετε εσείς, Ντάνιελ;»

«Στους Κέιχιλ», του απάντησε ο Νταν. Τον τσάτιζε που μόνο ο ίδιος και η Έιμι δεν ήξεραν σε ποιον κλάδο της οικογένειας ανήκαν. «Και μάλλον έχεις χάσει το μυαλό σου, αν νομίζεις πως θα συνεργαστούμε μαζί σας».

«Νταν, μας έσωσαν τη ζωή», είπε η Έιμι.

«Προσπάθησαν, επίσης, να μας σκοτώσουν!» της απάντησε ο Νταν. «Στο Σάλτσμπουργκ, στα κανάλια της Βενετίας...»

«Ορίστε – το βλέπεις; Το είπες και μόνος σου! Τα πράγματα αλλάζουν. Το ίδιο και οι καταστάσεις!» είπε η Ναταλί με φωτεινό χαμόγελο.

«Το... δικό μας αντικείμενο ανήκε κάποτε σ' έναν Ιάπωνα πολεμιστή», είπε ο Ίαν. «Και είναι πολύ σημαντικό. Χωρίς αυτό δεν θα μπορέσουμε να βρούμε το επόμενο στοιχείο. Αλίμονο, όμως... ούτε εγώ ούτε η Ναταλί καταλαβαίνουμε γιαπωνέζικα. Κι εδώ μπαίνετε εσείς στο παιχνίδι, κύριε Ω». Ο Ίαν έσκυψε μπροστά. «Θα μας δώσετε τις γνώσεις σας. Εμείς θα σας δώσουμε αυτό που έχουμε. Θα συνεργαστούμε».

«Μόνο γι' αυτό το ένα στοιχείο», βιάστηκε να προσθέσει η Ναταλί. «Στη συνέχεια, θα χωρίσουμε και πάλι. Θα σας αφήσουμε και θα φύγουμε. Πρέπει να σκεφτούμε και την υπόληψή μας».

«Σταμάτα εδώ», είπε ο Άλιστερ στη Νέλι.

Σκρίιιιι! Η Πόρσε σταμάτησε μ' ένα σκούξιμο των φρένων σε μια έρημη γωνία.

«Είναι δύσκολο να σας εμπιστευτούμε», είπε ο Άλιστερ στους δυο Κάμπρα.

«Είναι α-α-αδύνατον να σας ε-ε-εμπιστευτούμε», είπε η Έιμι.

Ο Ίαν χαμογέλασε κι έβαλε το χέρι στην τσέπη. Έβγαλε από μέσα ένα μικρό βελούδινο πουγκί σφραγισμένο με τον θυρεό των Κάμπρα και το ακούμπησε στην παλάμη της Έιμι. «Πάρε αυτό, Έιμι Κέιχιλ. Και για μας είναι δύσκολο να εμπιστευτούμε... εσάς».

Ένα νόμισμα.

Ένα ηλίδιο χρυσό νόμισμα μ' ένα σύμβολο χαραγμένο πάνω του – μ' αυτό ήθελαν οι Κάμπρα ν' αγοράσουν την εμπιστοσύνη τους. Ο Άλιστερ είχε διαβάσει τα γιαπωνέζικα που ήταν χαραγμένα στην πίσω μεριά του και είχε πει ότι ίσως ανήκε στον Χιντεγιόσι – ίσως. Ο Νταν το φυσούσε και δεν κρύωνε. Η συνεργασία με τους Κάμπρα ήταν χειρότερη κι από το να φιλάς την αδερφή σου. Καλά. Εντάξει. Τόσο χάλια δεν ήταν.

«Είναι πολύ όμορφο», ψιθύρισε η Έιμι, καθώς έστριβαν τη γωνία δίπλα στο στενό όπου ο Νταν είχε κρύψει το μπογαλάκι τους. Μπροστά τους ο θείος Άλιστερ εξηγούσε στον Ίαν και στη Ναταλί τι είχε συμβεί στο τούνελ του μετρό.

«Είναι κέρμα από επιτραπέζιο!» σφύριξε ο Νταν.

«Ο θείος Άλιστερ λέει πως είναι γνήσιο», μουρμούρισε η Έιμι. «Κι ο θείος Άλιστερ είναι νομισματολόγος».

«Τι θα πει πάλι αυτό;» ρώτησε ο Νταν.

«Θα πει ότι είναι συλλέκτης και ξέρει από νομίσματα! Εξάλλου... το νιώθω πως ο Ίαν λέει την αλήθεια».

«Το νιώθεις επειδή ακούμπησε το χέρι σου και σου έκανε το μυαλό νιανιά».

«Σσσσστ!» είπε η Έιμι, βλέποντας τον Ίαν να κοιτάζει προς το μέρος τους.

Σουρούπωνε κι όταν έφτασαν στο στενάκι κοντά στον σταθμό του μετρό, ο ουρανός είχε πάρει μενεξεδί χρώμα. Το μεταξωτό σακάκι του θείου Άλιστερ ήταν ακόμα κουβαριασμένο εκεί που το είχαν αφήσει, σαν πεταμένο ρούχο. Παρά το λιγοστό φως ο Νταν διάβασε καθαρά το πρόσωπο της αδερφής του, σαν να 'ταν ανοιχτό βιβλίο.

Συγγνώμη, που σε ντροπιάζω μπροστά στον καλό σου, σκέφτηκε.

Ο Άλιστερ έσκυψε και πήρε στα χέρια του τον κύβο. «Γρήγορα», είπε.

Αναστενάζοντας ο Νταν προσπάθησε ν' ανοίξει το σκουριασμένο καπάκι του κυλίνδρου. Ο θείος του πέταξε αηδιασμένος τον κύβο. «Μόνο σκουλήκια έχει εδώ μέσα», είπε.

Συνέχιζε το ψάξιμο, όταν ένα μακρύ μαύρο αυτοκίνητο σταμάτησε στην άκρη του δρόμου. Ένας άντρας με μαύρη στολή βγήκε από τη θέση του οδηγού κι έτρεξε ν' ανοίξει την πίσω πόρτα.

Ο Νταν κρύφτηκε στις σκιές. Ένας Ασιάτης, ηλικιωμένος κι αδύνατος, βγήκε έξω. Τ' ασημένια μαλλιά του έπεφταν μακριά στους ώμους του. Φορούσε ένα κομψό σκούρο κοστούμι με μεταξωτό μαντιλάκι στο τσεπάκι του. Προχώρησε στο πεζοδρόμιο, πλησίασε στη σχάρα του μετρό και γονατίζοντας έριξε μια ματιά στο σκοτεινό άνοιγμα. Την ίδια στιγμή έφερε το κινητό του στο αυτί του.

Ο Νταν σκούντησε μαλακά την Έιμι.

Άκουσε τον θείο Άλιστερ να βογκάει σιγανά και να μουρμουρίζει κάτι ακατάληπτο, σαν «μπάι».

«Μπάι;» ρώτησε ο Νταν, καθώς ο Άλιστερ τον τραβούσε απότομα πιο βαθιά μέσα στις σκιές.

Ο γέρος ξαναμπήκε στο αυτοκίνητο, που απομακρύνθηκε γρήγορα από κοντά τους.

«Ποιος ήταν αυτός;» ρώτησε ο Νταν. «Ο βασιλιάς των γιακούζα;»

«Πρέπει...» Η φωνή του Άλιστερ ακούστηκε πνιχτή, λες κι ένα αόρατο χέρι του 'σφιγγε το λαρύγγι. «Πρέπει να κάνουμε γρήγορα. Ανοίξτε όλα τα δοχεία. Τώρα».

Μουρμουρίζοντας ο Νταν κατάφερε ν' ανοίξει τον κύλινδρο. Μέσα είχε βίδες, παξιμάδια, πριτσίνια, ροδέλες.

«Ενδιαφέρον....» Ο Ίαν έβγαλε διάφορα εργαλεία από το ορθογώνιο κουτί. «Μ' αρέσουν τα σφυριά».

Ο Άλιστερ βόγκηξε απογοητευμένος. «Αυτή η κρύπτη που βρήκαμε μπορεί να 'ταν καμιά υπόγεια αποθηκούλα που την χρησιμοποιούσαν πριν από χρόνια, όταν έφτιαχναν τα τούνελ για το μετρό. Στη συνέχεια, μάλλον την σφράγισαν και την ξέχασαν».

«Μα υπάρχουν εργάτες που αφήνουν μαζί με τα σύνεργά τους και μυστηριώδη χάικου;» ρώτησε η Έιμι προσπαθώντας ν' ανοίξει το δοχείο, που είχε σχήμα κυλίνδρου.

«Μπορεί να 'ταν αληθινά τραγούδια», είπε ο Νταν χαμογελώντας κουρασμένα. «Οι εργάτες, ξέρεις, τραγουδούν διάφορα την ώρα που δουλεύουν...»

«Ε! Κοιτάξτε!» Η Έιμι προχώρησε στον φωτεινό κύκλο κάτω από το φανάρι του δρόμου, τραβώντας από το κουτί ένα τυλιγμένο χαρτί. Κι ενώ οι άλλοι μαζεύονταν γύρω της, ο Νταν έριξε τον φακό του στο κείμενο. Ήταν γραμμένο με μαύρα καλλιγραφικά γράμματα στη μέση μιας ξεθωριασμένης ζωγραφιάς: ενός τοπίου με βράχια και λόφους.

Ο Άλιστερ άρχισε να μεταφράζει: «Στον τόπο της ύστατης μάχης, στα τρία κέρατα, είναι κρυμμένα τα πλούτη των ανθρώπων. Και με των στοιχείων την ένωση, η πύλη ανοίγει, το ύψιστο αποκαλύπτεται».

«Τώρα μάλιστα. Βγάλαμε άκρη», είπε ο Νταν.

«Αυτά τα γράμματα ακριβώς από κάτω», είπε η Έιμι. «Μοιάζουν... *αγγλικά*».

Ο Νταν έριξε τη δέσμη του φακού του σε μια ομάδα χοντρά γράμματα, στο κάτω μέρος του χαρτιού:

«TOOTA;» είπε ο Ίαν. «Μήπως είναι η γαλλική λέξη TOUTE, γραμμένη λάθος;»

«Παίρνεις άριστα δέκα, Ίαν», είπε ο Νταν. «Τι δουλειά έχουν τα γαλλικά, γραμμένα με αγγλικό τρόπο σ' ένα γιαπωνέζικο κείμενο;»

«Ύστατη μάχη…», μουρμούρισε ο Άλιστερ. «Ξέρω τι είναι αυτό! Το κατάλαβα. Αυτό είναι το κλειδί. Ξέρω πού θα βρούμε το στοιχείο μας!»

«Πού;» ρώτησαν η Έιμι και ο Νταν μ' ένα στόμα.

Ένα χαμόγελο φώτισε το πρόσωπο του Άλιστερ – για πρώτη φορά εκείνη την ημέρα. «Εκεί όπου ο Χιντεγιόσι έδωσε την τελευταία του μάχη και υπέστη την πιο ταπεινωτική ήττα!»

«Σωστά», είπε διστακτικά ο Ίαν. «Φυσικά. Βέβαια. Και το μέρος αυτό… είναι…»

«Στην πατρίδα μου», είπε ο Άλιστερ με μάτια που πετούσαν φωτιές. «Στην Κορέα».

ΚΕΦΑΛΑΙΟ 10

Μπάε.

Το όνομα, που κάποτε έπαιζε τόσο σπουδαίο ρόλο στη ζωή του, τώρα γέμιζε τον Άλιστερ με οργή. Ο θείος Μπάε ήταν τόσο κοντά του. Στην απέναντι μεριά του δρόμου! *Δεν ήταν η κατάλληλη στιγμή*, θύμισε στον εαυτό του ο Άλιστερ. Έπρεπε να περιμένει. Να ετοιμάσει με προσοχή τα βήματά του.

Γύρισε στη θέση του ρίχνοντας μια ματιά στους συνταξιδιώτες του. Οι δυο Κάμπρα παρακολουθούσαν ένα παλιό επεισόδιο μιας τηλεοπτικής σειράς για εφήβους στις μικρές οθόνες των καθισμάτων τους. Οι δυο μικροί Κέιχιλ έλυναν το σταυρόλεξο στο περιοδικό των αερογραμμών.

Ο Άλιστερ ξεδίπλωσε αθόρυβα το χαρτί που είχε πάρει από τον εκτυπωτή της βιβλιοθήκης. Στη ζωή του είχε ξοδέψει ολόκληρη περιουσία σε ιδιωτικούς ντετέκτιβ, ψάχνοντας τον άνθρωπο που του είχε αρπάξει τα πάντα. Τώρα η ταυτότητα του άντρα αυτού είχε αποκαλυφθεί. Είχε πεθάνει από γεράματα – ένας αξιοσέβαστος ηλικιωμένος, που είχε χτίσει μυστικά την περιουσία του με συμβόλαια θανάτου, κρατώντας στο αρχείο του πληροφορίες για κάθε αποστολή χωριστά. Απ' ό,τι φαινόταν, είχε φυλάξει τα πάντα.

Ο Άλιστερ άπλωσε το χαρτί στο τραπεζάκι μπροστά του. Με τρεμάμενα δάχτυλα το διάβασε για εκατοστή φορά:

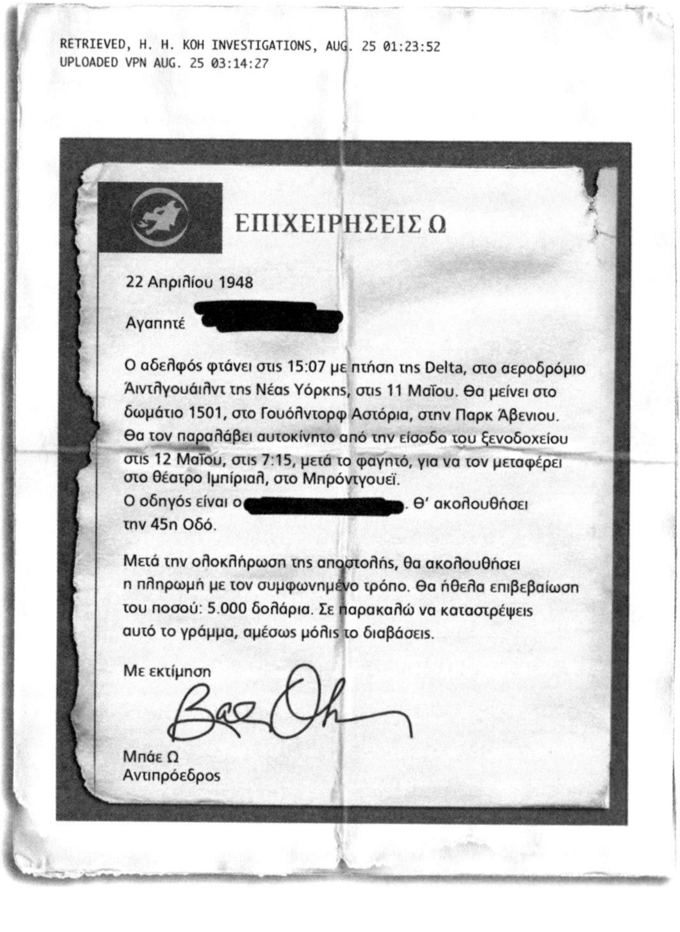

RETRIEVED, H. H. KOH INVESTIGATIONS, AUG. 25 01:23:52
UPLOADED VPN AUG. 25 03:14:27

ΕΠΙΧΕΙΡΗΣΕΙΣ Ω

22 Απριλίου 1948

Αγαπητέ

Ο αδελφός φτάνει στις 15:07 με πτήση της Delta, στο αεροδρόμιο Άιντλγουάιλντ της Νέας Υόρκης, στις 11 Μαΐου. Θα μείνει στο δωμάτιο 1501, στο Γουόλντορφ Αστόρια, στην Παρκ Άβενιου. Θα τον παραλάβει αυτοκίνητο από την είσοδο του ξενοδοχείου στις 12 Μαΐου, στις 7:15, μετά το φαγητό, για να τον μεταφέρει στο θέατρο Ιμπίριαλ, στο Μπρόντγουεϊ.
Ο οδηγός είναι ο . Θ' ακολουθήσει την 45η Οδό.

Μετά την ολοκλήρωση της αποστολής, θα ακολουθήσει η πληρωμή με τον συμφωνημένο τρόπο. Θα ήθελα επιβεβαίωση του ποσού: 5.000 δολάρια. Σε παρακαλώ να καταστρέψεις αυτό το γράμμα, αμέσως μόλις το διαβάσεις.

Με εκτίμηση

Bae Oh

Μπάε Ω
Αντιπρόεδρος

Ο Άλιστερ πίεσε τον εαυτό του να ξαναδιαβάσει το γράμμα, πνίγοντας το κύμα της ναυτίας και της οργής, που φούσκωνε μέσα του.

Πέντε χιλιάδες δολάρια.

Για τη ζωή του πατέρα του.

Αυτά που είχαν συμβεί τότε στη Νέα Υόρκη, είχαν χαραχτεί ανεξίτηλα στο μυαλό του Άλιστερ. Είχε, εξάλλου, ακόμα τα κιτρινισμένα αποκόμματα των εφημερίδων που αναφέρονταν στον φόνο: *Νέα Υόρκη, 12 Μαΐου 1948. Ο Κορεάτης επιχειρηματίας Γκόρντον Ω δολοφονήθηκε στη διασταύρωση της Μάντισον Άβενιου με την 45η Οδό, καθώς μετέβαινε στο θέατρο Ιμπίριαλ.*

Να τι είχαν γράψει οι εφημερίδες: στο πολυκατάστημα Μπρουκς Μπράδερς είχε γίνει διάρρηξη· χτύπησε ο συναγερμός και ο στριμωγμένος διαρρήκτης βγήκε τρέχοντας στη λεωφόρο, οπλισμένος. Ένα αυτοκίνητο ήταν σταματημένο στο κόκκινο φανάρι – η νοικιασμένη λιμουζίνα του πατέρα του. Ο κακοποιός τούς επιτέθηκε, για να πάρει το αυτοκίνητο και να διαφύγει. Ο πατέρας του αγωνίστηκε με θάρρος, αλλά βρήκε, δυστυχώς, τραγικό θάνατο. Ο ένοπλος διέφυγε και η αστυνομία δεν μπόρεσε να τον εντοπίσει.

Ο πατέρας του είχε βρεθεί σε λάθος τόπο, λάθος ώρα. Τραγικό δυστύχημα.

Αυτά έλεγε η επίσημη αναφορά.

Όταν ήταν μικρός, ο Άλιστερ δεν είχε υποψιαστεί ποτέ την προδοσία. Ωστόσο, μεγαλώνοντας, έμαθε ότι κάποιες φορές τα δυστυχήματα οργανώνονται, οι δολοφόνοι προσλαμβάνονται. Πάντα φοβόταν τον Μπάε Ω, τον δίδυμο αδερφό του πατέρα του. Ο Μπάε ήταν ο τεμπέλης, ο άπληστος, ο δειλός από τα δύο αδέρφια. Στα μικράτα τους ζούσε πάντα στη σκιά του γενναίου, του ικανού, του αγαπητού Γκόρντον. Μεγαλώνοντας ο Μπάε είχε γίνει ύπουλος και κακός, αδίστακτος σαν τους Κάμπρα στις σχέσεις του με την οικογένεια.

Ο Μπάε είχε βάλει στο μάτι τη δόξα και τα πλούτη – και τα 39 στοιχεία. Όποιος τολμούσε να σταθεί εμπόδιο στον δρόμο του, έπρεπε να βγει από τη μέση. Ακόμα και ο αδερφός του.

Δεν τον ένοιαξε που ο Γκόρντον είχε μια γυναίκα στην άλλη άκρη του κόσμου, που κόντεψε να πεθάνει από τη στενοχώρια της. Ή ένα αγοράκι τεσσάρων χρονών, που ένιωσε εκείνη την ημέρα να του ξεριζώνουν την καρδιά.

Ένα αγόρι ορφανό και ολομόναχο, στα χέρια ενός άντρα με πέτρινη καρδιά, που το αγνοούσε και το κακομεταχειριζόταν και το κορόιδευε σ' όλη του τη ζωή.

Στα χέρια του θείου του, Μπάε Ω. Που ήταν ο εργοδότης του δολοφόνου.

Ο Άλιστερ κοίταξε τον Νταν και την Έιμι. Τσακώνονταν στ' αστεία για μια από τις λέξεις του σταυρόλεξου κι ο καβγάς τους ήταν γεμάτος γέλια και πειράγματα. Το αγόρι έφτιαξε μια λέξη δική του, ένα σωρό λέξεις δικές του. Το κορίτσι γελούσε πια με την καρδιά του – όπως και πριν από έντεκα χρόνια, όταν ο Νταν ήταν νεογέννητος και η Έιμι τριών χρονών. Ο Άλιστερ είχε δώσει τότε τον λόγο του στη Χόουπ και στον Άρθουρ.

Έναν λόγο που είχε σταθεί σχεδόν αδύνατον να κρατήσει.

Τα παιδιά δεν θυμούνταν, φυσικά. Αυτός, όμως, θυμόταν. Και τώρα οι γονείς τους είχαν χαθεί – για τον ίδιο λόγο που είχαν χαθεί και οι δικοί του. Για τα Στοιχεία.

Αναστέναξε. Αυτά τα δυο είχαν τουλάχιστον το ένα το άλλο.

Ενώ η μόνη ελπίδα του Άλιστερ ήταν η εκδίκηση.

Τα δάχτυλά του έτρεμαν ακόμα, όταν δίπλωσε το χαρτί και το ξανάβαλε στην τσέπη του. Ήξερε ότι σ' αυτή την πτήση δεν θα κατάφερνε να κλείσει μάτι.

ΚΕΦΑΛΑΙΟ 11

Σύμφωνα με τις φήμες, ο Άλιστερ Ω είχε χρεοκοπήσει. Η εταιρεία του δεν είχε πάει καλά. Μα όταν η Έιμι είδε το σπίτι του, σ' ένα χωριό έξω από τη Σεούλ, στη Νότια Κορέα, άρχισε να σκέφτεται συνταγές για νόστιμα γεμιστά μπουρίτο.

«Ας με τσιμπήσει κάποιος, να σιγουρευτώ ότι δεν ονειρεύομαι», είπε η Νέλι, όταν η λιμουζίνα σταμάτησε μετά τη σύντομη διαδρομή από το αεροδρόμιο. «Σε ποιανού το παλάτι έχουμε έρθει;»

Ένα λευκό μέγαρο υψωνόταν μεγαλόπρεπο και λαμπρό στην κορυφή μιας μικρής, καταπράσινης πλαγιάς. Δεξιά και αριστερά στο δρομάκι που οδηγούσε ως την πόρτα του υπήρχαν κίτρινα και πορτοκαλί χρυσάνθεμα, και περνούσε ανάμεσα σε κερασιές και βυσσινιές. Οι φυλλωσιές τους θρόιζαν στο απαλό αεράκι. Και μόνο που πατούσε κανείς το πόδι του σ' αυτό το μέρος, ένιωθε την ανάγκη να χαμογελάσει.

«Πού είναι το σπίτι;» ρώτησε η Ναταλί βγαίνοντας από το αυτοκίνητο.

«Voila», έδειξε ο Άλιστερ τη μικρή του έπαυλη. Όλη αυτή την ημέρα έδειχνε κουρασμένος κι η Έιμι τον κρυφοκοίταζε ανήσυχη.

«Εννοείς πως είναι πίσω από το σπιτάκι του επιστάτη, που βλέπουμε;»

Ο Ίαν την σκούντησε με τον αγκώνα του.

«Το σπίτι αυτό είναι το μόνο που μου έχει απομείνει από την εποχή του πλούτου μου», είπε ο Άλιστερ ανηφορίζοντας το δρομάκι. Τον ακολουθούσαν οι δυο μικροί Κάμπρα κι ο οδηγός, που κρατούσε τις αποσκευές του Νταν και της Έιμι. «Το σπίτι και ο κύριος Τσανγκ, ο σοφέρ μου. Κι ο Χάρολντ, ο μπάτλερ μου. Είμαστε πια μια μικρή παρεούλα. Τον παλιό καιρό ήμασταν περισσότεροι».

«Ε, ξέρεις τι λένε... ανεμομαζώματα, διαβολοσκορπίσματα», είπε ο Ίαν. «Αν και δεν το λέω από δική μου πείρα. Το σπίτι έχει ωραία... έεεε, κουφώματα στα παράθυρα».

«Ευχαριστώ, τα έφερα από τη Νότια Αμερική», απάντησε ο Άλιστερ.

Ο Νταν έσκυψε και μουρμούρισε στην Έιμι, που περπατούσε δίπλα του, λίγο πιο πίσω από τους άλλους: «Κουφώματα; Ποιος φυσιολογικός δεκατετράχρονος μιλάει για τα κουφώματα;»

Η Έιμι ανασήκωσε τους ώμους της. «Έψαξες τον σάκο σου;» ρώτησε.

«Ναι», απάντησε ο Νταν. «Ο Ρούφος κι ο Ρώμος είναι στη θέση τους».

Η Έιμι έβγαλε τα παπούτσια της και πάτησε ξυπόλυτη στο φρεσκοκομμένο γρασίδι. Το ελαφρό αεράκι γαργάλησε τη μύτη της και ξέσπασε σε γέλια κι ανέμισε τα χέρια της, καθώς στριφογύριζε στηριγμένη στο γερό της πόδι.

«Μμμ... τέλεια. Βρίσκομαι στη Νότια Κορέα και η αδερφή μου παριστάνει την Τζούλι Άντριους».

Ουπς.

Η Έιμι κατέβασε τα χέρια της. Τώρα την κοίταζαν όλοι. Ένιωσε όπως στα μαθήματα του μπαλέτου. Άγαρμπη και άσχημη και ανήμπορη να συντονίσει τις κινήσεις της. Χαμήλωσε τα μάτια της στο έδαφος, λες και παρακαλούσε μέσα της ν' ανοίξει το γκαζόν και να την καταπιεί.

«Αυτό που κάνει η αδερφή σου», είπε ο Ίαν προχωρώντας προς το σπίτι, «λέγεται έκφραση της εσωτερικής χαράς της. Ίσως θα 'πρεπε ν' ακολουθήσεις το παράδειγμά της, Ντάνιελ. Είναι πολύ αναζωογονητικό».

«Αναζωογονητικό;» είπε ο Νταν. *«Έιμι;»*

Η Έιμι του 'βγαλε τη γλώσσα. Ο Ίαν τής χαμογελούσε – κι αυτό έκανε το στομάχι της να δεθεί κόμπος. Κατάφερε, όμως, να του ανταποδώσει αδύναμα το χαμόγελό του. Μόνο και μόνο για να τσατίσει τον Νταν.

Η Έιμι κρατήθηκε λίγα βήματα πίσω από τον Ίαν καθώς ανέβαιναν το λοφάκι, ώσπου μπόρεσε να δει την πίσω πλευρά του σπιτιού του θείου Άλιστερ. Μια τεράστια βεράντα έβλεπε στην πισίνα και σε μια ακόμα πιο τεράστια πελούζα. Στη μια πλευρά της ένα ρυάκι κυλούσε τα νερά του μέσα από έναν περιποιημένο γιαπωνέζικο βραχόκηπο. Στη λιμνούλα του κολυμπούσαν χρυσόψαρα. Από την άλλη πλευρά, πυκνοί θάμνοι σημάδευαν το όριο. Θάμνοι που συνεχίζονταν, όσο έφτανε το μάτι.

«Τα Νόστιμα Λαχταριστά Μπουρίτος Τεμπούρα για φούρνους μικροκυμάτων μου τα 'δωσαν όλα αυτά», είπε ο Άλιστερ δείχνοντας το σπίτι και τον κήπο.

«Ήσυχο μέρος», συμφώνησε η Ναταλί. «Είναι πραγματικά εκπληκτικό τι μπορεί να πετύχει το καλό γούστο ακόμα και σε περιορισμένο χώρο».

Ο Άλιστερ ανασήκωσε το ένα του φρύδι. «Φαντάζομαι πως η έπαυλη των Κάμπρα θα 'ναι πολύ πιο απλόχωρη», είπε.

«Περάσαμε δύσκολα παιδικά χρόνια εκεί», είπε ο Ίαν. «Κάθε χρόνο όλο και κάποιος θα χανόταν στο δάσος γύρω από το σπίτι μας. Κι οι δικοί μας αναγκάζονταν να στείλουν τα σκυλιά να μας βρουν».

«Τα *ποια;*» ρώτησε ο Νταν.

Η Ναταλί αναστέναξε. «Κάποιοι χαρακτηρίζουν αυτή τη ζωή σκληρή. Για μας ήταν η μόνη που ξέραμε».

Η Νέλι βγήκε από το σπίτι. Πίσω της ακολουθούσε ένας μπάτλερ με στολή και έξι αναψυκτικά, που τ' ακούμπησε στο τραπεζάκι, κοντά στις έξι ξύλινες καρέκλες. «Σ' ευχαριστώ, Χάρολντ», είπε ο Άλιστερ – κι ο μπάτλερ υποκλίθηκε και γύρισε ξανά στο σπίτι. «Αν ο Τογιοτόμι Χιντεγιόσι είχε καταφέρει να πραγματοποιήσει τα σχέδιά του, αυτός ο τόπος θ' ανήκε στην Ιαπωνία. Είχε σκοπό να κατακτήσει όλη την Ανατολική Ασία – και μέχρι εκείνη τη στιγμή, δεν είχε αποτύχει ποτέ του. Μερικοί πιστεύουν πως ήθελε να χτίσει το πιο μεγαλόπρεπο ανάκτορό του εδώ, στην Κορέα. Και να φέρει στον κόσμο έναν διάδοχο που θα αναλάμβανε να κυβερνήσει το βασίλειό του. Να χτίσει, τέλος, κρύπτες και υπόγειες αίθουσες. Ο Χιντεγιόσι ήταν από τους πιο ξακουστούς συλλέκτες της Ιστορίας...»

«Το 'ξερα! Τον συμπάθησα τον τύπο, από την πρώτη στιγμή που άκουσα τ' όνομά του!» είπε ο Νταν.

«Σύμφωνα με τις διηγήσεις και τους θρύλους της οικογένειας, είχε καταφέρει να αποκτήσει κι ένα εξαιρετικά πολύτιμο συλλεκτικό κομμάτι», είπε ο Άλιστερ. «Ένα από τα στοιχεία του μυστικού των Κέιχιλ, που πέντε αιώνες αργότερα εξακολουθούμε να το ψάχνουμε». Αναστέναξε. «Κανένας από τον κλάδο των Εκατερίνα δεν το 'χει βρει. Κανένας δεν υποψιάστηκε ποτέ ότι βρισκόταν εδώ, στην Κορέα. Αλλά η πληροφορία που έχουμε, θα μας οδηγήσει στο σωστό μέρος. Φτάνει να ξέρουμε να την διαβάσουμε».

«Εγώ είμαι μέσα», είπε ο Νταν. «Πότε ξεκινάμε;»

«Δυστυχώς», είπε ο Άλιστερ και χασμουρήθηκε, «δεν μπόρεσα να κλείσω μάτι στο αεροπλάνο. Και τώρα είμαι τόσο νυσταγμένος, που το μυαλό μου δεν δουλεύει. Θα επιτρέψετε σ' έναν ηλικιωμένο άνθρωπο να πάρει μισή ωρίτσα έναν ύπνο στο κρεβάτι του; Ο Χάρολντ θα σας φέρει ό,τι θέλετε. Σας παρακαλώ να μείνετε εδώ και να μην απομακρυνθείτε από το σπίτι».

«Εντάξει», είπε η Έιμι.

Ο Άλιστερ τους χαιρέτησε και μπήκε μέσα.

«Κάτι να φάτε; Να πιείτε; Τηλεόραση; Ίντερνετ; Βιντεοπαιχνίδια;» ρώτησε ο Χάρολντ.

«Έχετε και το *Warcraft*;» ρώτησε ο Νταν.

Ο Χάρολντ χαμογέλασε. «Δεύτερη πόρτα στ' αριστερά».

Κι ενώ ο Νταν εξαφανιζόταν στο εσωτερικό του σπιτιού, η Ναταλί βολεύτηκε σε μια ξαπλώστρα με την κορεάτικη έκδοση του περιοδικού *People* και η Νέλι βάλθηκε να παίζει με το iPod της.

Ο Ίαν κοίταξε τον κήπο. «Τι είναι αυτό εκεί;» ρώτησε.

«Π-π-π-ποιο;» τραύλισε η Έιμι.

Της έδειξε ένα στενό άνοιγμα στον μακρύ και πυκνό φράχτη από θάμνους. «Μοιάζει με πράσινο λαβύρινθο... πάμε να δούμε;»

«Δ-δεν νομίζω».

«Γιατί όχι;» ρώτησε ο Ίαν. «Έχεις τίποτ' άλλο να κάνεις;»

Έχει αυτό το περίεργο ύφος, σκέφτηκε η Έιμι. *Αυτό το περίεργο χαμόγελο. Λες και την είχε ακούσει να λέει όχι σ' ένα χωνάκι παγωτό, ή στα κέρδη από τον πρώτο αριθμό του λαχείου. Λες και δεν του είχε περάσει από το μυαλό ότι θα μπορούσε ποτέ κάποιος να του πει όχι.*

«Ο Άλιστερ μας είπε ν-ν-να μην απομακρυνθούμε από το σπίτι», του απάντησε χώνοντας τα χέρια στις τσέπες της.

Ο Ίαν έγειρε κοροϊδευτικά το κεφάλι του στο πλάι. «Κι εγώ που νόμιζα πως είσαι θαρραλέα εξερευνήτρια».

«Ω, σε π-π-π-παρακαλώ...», είπε η Έιμι πασχίζοντας να κάνει τη φωνή της σαρκαστική, αλλά νιώθοντας έντονο το ρίγος που κατέβαινε από τον σβέρκο στην πλάτη της.

«Όπως θέλεις», απάντησε ο Ίαν ανασηκώνοντας τους ώμους.

Καθώς ξεμάκραινε, η Έιμι έκανε να τον ακολουθήσει – αλλά ανάγκασε τον εαυτό της να σταματήσει.

Τι στην ευχή κάνω; αναρωτήθηκε.

Ο τύπος ήταν απαίσιος. Πιο απαίσιος κι από απαίσιος. Ήταν ο νέος ορισμός του Απαίσιου. Δεν είχε καμιά δουλειά να τρέχει πίσω του.

Τα δάχτυλά της σφίχτηκαν γύρω από το νόμισμα, που της είχε δώσει.

Το έβγαλε από την τσέπη της και το πέταξε στον αέρα. Ο Ίαν κοντοστάθηκε και την περίμενε.

«Κορόνα έρχομαι, γράμματα όχι».

Το νόμισμα προσγειώθηκε με το αλλόκοτο σύμβολο προς τα πάνω. Αλλά ποια ήταν η κορόνα και ποια τα γράμματα;

Ο Ίαν αναστέναξε απογοητευμένος. «Έχασα μάλλον...»

Κι ενώ τα μαλλιά του, που γυάλιζαν στον ήλιο, χάθηκαν πίσω από τους θάμνους του φράχτη, η Έιμι έκανε μεταβολή και με βήματα αργά μπήκε μέσα στο σπίτι.

«ΑΑΑΑΑΑΪΪΪΪ!!!»

Όταν ακούστηκε το ουρλιαχτό, ο Άλιστερ βγήκε ξυπόλυτος από την κρεβατοκάμαρά του και πέρασε τρέχοντας δίπλα από την Έιμι, που έπινε φρεσκοστυμμένη πορτοκαλάδα στην κουζίνα.

Το κορίτσι τον ακολούθησε έξω, με τον Χάρολντ και τον Νταν πίσω τους.

Από μακριά η Έιμι άκουσε ένα δυνατό μουγκρητό, τρεχαλητά κι αναστάτωση από τη μεριά των θάμνων. Ο Ίαν όρμησε έξω από το άνοιγμα του φράχτη: το ένα παπούτσι του έλειπε. «ΒΟΗΗΗΗΘΕΙΑΑΑΑΑ!» φώναξε τρέχοντας σαν τρελός.

Πίσω του «κάλπαζε» ένα γιγάντιο σκυλί, διασταύρωση ανάμεσα σε πιτ μπουλ και μολοσσό και αρκούδα.

«Τι στο...;» είπε ο Άλιστερ. «ΣΤΟΠ! ΚΑΤΣΕ!»

«Δεν μπορώ να κάτσω! Με δάγκωσε στον πισινό!» τσίριξε ο Ίαν.

«*Αλήθεια;*» ρώτησε η Νέλι χαμογελώντας.

Ο Άλιστερ είχε τώρα κατεβεί από τη βεράντα στην πρασιά, ανεμίζοντας τα χέρια του προς το σκυλί, που είχε σκύψει το κεφάλι και κλαψούριζε φοβισμένο. «Έτσι με καλωσορίζεις, άτακτο ζώο;» το μάλωσε ο Άλιστερ. «Κακό σκυλί! Κακιά, κακιά Μπάφι!»

«*Μπάφι;*» ρώτησε ο Νταν.

ΓΚΡΡΡΡΡΡ!

«Σσσστ! Πετιέται αμέσως μόλις ακούσει το όνομά της!» του εξήγησε ο Άλιστερ.

«*Θα σου κάνω μήνυση!*» δήλωσε κατακόκκινος από θυμό ο Ίαν. «*Θα κάνω μήνυση και σε σένα ΚΑΙ στο σκυλί σου. Και στην κυβέρνηση της Νότιας Κορέας. Και... και...*»

«Και στον κηπουρό;» πρότεινε η Ναταλί.

«*Και στον κηπουρό!*» φώναξε ο Ίαν.

«Η Μπάφι είναι πολύ ήμερη», είπε ο Άλιστερ κοιτάζοντας τον Ίαν καχύποπτα. «Εκτός κι αν την τρομάξεις».

«Γουάουρφ! Γουάουρφ!» γάβγισε η Μπάφι τινάζοντας σάλια δεξιά κι αριστερά.

«Τι γλυκούλα που είναι!» είπε η Νέλι.

«Το παντελόνι μου είναι περσικό μετάξι, ραμμένο στο χέρι!» Ο Ίαν έκανε μεταβολή, δείχνοντας ένα σκίσιμο στο παντελόνι του. Από μέσα φαινόταν το μποξεράκι του: άσπρο με ζωγραφιστά ροζ δολαριάκια. Συνειδητοποιώντας τη γύμνια του, το παιδί έκανε ξανά μεταβολή. «Καλά, καλά, τίποτα!»

«Σκέτη γλύκα!» σχολίασε η Νέλι με φωνή που έσταζε μέλι.

«Σκασμός», την έκοψε η Ναταλί, πνίγοντας με κόπο το δικό της γέλιο.

«Δεν βλέπω πουθενά το αστείο!» φώναξε ο Ίαν κατακόκκινος από θυμό κι από ντροπή μαζί. «Και τα δικά σας τα γέλια θα κοπούν μαχαίρι. Θα σε πετάξω στον δρόμο, Άλιστερ. Θα σε γονατίσω...»

«Νεαρέ», τον έκοψε απότομα ο Άλιστερ. «Είμαι αρκετά μεγάλος και αρκετά μυαλωμένος, ώστε να μην ιδρώνει τ' αυτί μου από τις φοβέρες ενός δεκατετράχρονου, που με τις ανοησίες του με ξύπνησε πριν την ώρα μου. Γιατί απομακρύνθηκες από το σπίτι; Γιατί τριγύριζες στον φράχτη, αφού σου είχα πει να μην το κάνεις;»

«Πού ακούστηκε να καραδοκεί σκύλος φύλακας στην καρδιά ενός πράσινου λαβύρινθου;» συνέχισε τις φωνές

απτόητος ο Ίαν. «Τι υπάρχει εκεί μέσα, Άλιστερ; Τι κρύβεις;»

Ο Άλιστερ ξερόβηξε. Βγάζοντας μια χτένα από την τσέπη του, έστρωσε τα μαλλιά του λες κι ετοιμαζόταν για κάποια επαγγελματική συνάντηση. «Μάλλον θα πρέπει να ξεμπερδεύουμε μ' αυτή την ιστορία τώρα», είπε. «Κύριε Κάμπρα, ίσως είναι προτιμότερο να φορέσεις κάτι άλλο». Και πάνω από τον ώμο του φώναξε: «Χάρολντ, φρόντισε ν' απολυμάνεις τις πληγές του νεαρού από 'δώ».

Ο Ίαν χλώμιασε. «Θα το φροντίσω μόνος μου», δήλωσε και κατευθύνθηκε προς το σπίτι.

Η Νέλι βολεύτηκε ξανά στη σεζλόνγκ της και σκέπασε το πρόσωπό της με το καπέλο της. «Ξυπνήστε με, όταν θα 'μαστε έτοιμοι».

Περπατώντας μέσα σ' έναν λαβύρινθο από καλοκλαδεμένους φράχτες, η Έιμι έβλεπε την ντροπή και την οδύνη στα μάτια του Ίαν. Φορούσε ένα παντελόνι του Χάρολντ, που πρέπει να 'ταν δυο-τρία νούμερα μεγαλύτερο.

«Δεν μπορώ να περπατήσω γρήγορα», μουρμούρισε μέσα από τα δόντια του το παιδί.

«Εμ, βέβαια. Πώς να περπατήσεις γρήγορα μ' αυτό το παντελόνι που σέρνεται; Καλά... δεν είχες δεύτερο παντελόνι μαζί σου;» ρώτησε ο Νταν. «Πώς το 'παθες εσύ τέτοιο πράγμα;»

Και γελώντας κοροϊδευτικά προχώρησε μπροστά. Ο Ίαν στράφηκε στην Έιμι, βάζοντας τα δυνατά του να χαμογελάσει. «Οι δαγκωνιές φταίνε. Όχι το παντελόνι», προσπάθησε να της εξηγήσει.

Το κορίτσι βρέθηκε να περπατάει δίπλα του. «Θα έ-έ-έπρεπε να...» Όσο πιο πολύ προσπαθούσε, τόσο χειρότερα τραύλιζε. Οι λέξεις έμοιαζαν με μπαλάκια του πινγκ-πονγκ, που δεν εννοούσαν να βγουν από τα χείλια της.

«Να μ' έχει προειδοποιήσει ο Άλιστερ;» είπε ο Ίαν. «Σ' ευχαριστώ. Ακριβώς αυτό νομίζω κι εγώ».

«Μμμμ», απάντησε η Έιμι. Μη μιλάς, ανόητη, είπε μέσα της. Και τα δάχτυλά της σφίχτηκαν γύρω από τις χάντρες του ίασπη στον λαιμό της, παίζοντας με τη χρυσή αλυσίδα.

«*Εσύ*, ωστόσο, με προειδοποίησες», συνέχισε με σιγανή φωνή ο Ίαν. «Θα έπρεπε να σ' ακούσω».

«Έεεε...», τραύλισε η Έιμι νιώθοντας ξαφνικά πως η θερμοκρασία είχε ανεβεί τουλάχιστον δέκα βαθμούς.

Ο Ίαν γέλασε. «Τέλος πάντων. Ό,τι έγινε, έγινε. Νομίζω πως θα μου περάσει. Έτσι κι αλλιώς, τώρα δεν μ' ενοχλεί. Μόνο όταν κάθομαι».

Η Έιμι συνέχισε να περπατάει δίπλα του, παρακολουθώντας τα βήματά του στο γρασίδι, μετρώντας πόσα βήματα δικά της χρειάζονταν για ένα δικό του. Ο Ίαν βάδιζε με μεγάλα βήματα.

Δεν άργησαν να φτάσουν τους άλλους. Ο Άλιστερ είχε σταματήσει μπροστά σ' ένα σημείο του φράχτη και παραμέριζε τα κλαδιά του θάμνου.

Ο Νταν αγριοκοίταξε την Έιμι.

Τι ήταν αυτό πάλι; την ρώτησαν τα μάτια του.

Αμέσως μετά αγριοκοίταξε τον Ίαν. Πριν προλάβει να γυρίσει ξανά προς το μέρος της, η Έιμι απόστρεψε το βλέμμα της.

Έτσι κι αλλιώς ήξερε τι σκεφτόταν ο αδερφός της. Και τσατιζόταν, όποτε ο μικρός είχε δίκιο.

Ο Άλιστερ παραμέρισε μερικά κλαδιά ακόμα αποκαλύπτοντας μέσα στον θάμνο μια πόρτα με στρογγυλό, σιδερένιο μάνταλο. Οι Κάμπρα και οι Κέιχιλ τον κοίταζαν άναυδοι. Η Μπάφι τον κοίταζε απλώς, με το στόμα της μισάνοιχτο και τα σάλια της να στάζουν.

Πάνω στο μάνταλο ήταν χαραγμένο το νούμερο 5005. Από κάτω υπήρχε ένας μεγάλος βαρύς σύρτης και μια στρογγυλή επιφάνεια με χαραγμένους τους αριθμούς από το 1 ως το 30. Σαν κλειδαριά συνδυασμού.

«Αυτό, αγαπητά μου παιδιά», είπε με καμάρι ο Άλιστερ, «είναι μπουρίτο με γεύση μπάρμπεκιου».

Ο Νταν άγγιξε με το δάχτυλό του το μάνταλο. «Μάλλον έμεινε πολλή ώρα στη σχάρα. Έχει γίνει πέτρα», είπε.

«Εννοώ ότι το έφτιαξα με τα κέρδη μου από τα μπουρίτο με γεύση μπάρμπεκιου», εξήγησε ο Άλιστερ. «Ο συνδυασμός είναι τετραψήφιος και όλες οι πληροφορίες που χρειάζεστε βρίσκονται εδώ. Θα 'χετε τρεις ευκαιρίες. Μπορώ να σας βοηθήσω – αλλά για κάθε βοήθεια θα χάνετε μία ευκαιρία».

Ο Ίαν ζάρωσε τα φρύδια του. Η Έιμι είδε σχεδόν τα γρανάζια του μυαλού του να γυρίζουν.

Πήρε βαθιά ανάσα. 5005. Αυτός ο αριθμός είχε κάτι το ιδιαίτερο.

«Είναι παλίνδρομος αριθμός», είπε ο Ίαν. «Μπορείς να τον διαβάσεις μπρος-πίσω και σου δίνει το ίδιο. Αυτό μπορεί κάτι να σημαίνει».

«Αν τον διαβάσεις στον καθρέφτη, γίνεται δύο-μηδέν-μηδέν-δύο», είπε η Ναταλί.

Ο Νταν ξεφύσηξε δυνατά. «Τα πολλά λεφτά δεν σημαίνουν και πολύ μυαλό. Το πράγμα είναι ολοφάνερο, παιδιά».

«Συγγνώμη;»

«Μην το παρακάνετε με τη σκέψη – ο θείος Άλιστερ είπε ότι έχουμε εδώ όλα όσα μας χρειάζονται!» Και γυρίζοντας τη στρογγυλή κλειδαριά στους αριθμούς 5, 0, 0 και 5, έκανε να τραβήξει τον σύρτη.

Που δεν κουνήθηκε από τη θέση του.

«Αυτή ήταν η πρώτη σας προσπάθεια», είπε ο Άλιστερ.

Ο Ίαν αγριοκοίταξε τον Νταν. «Μάλλον είναι προτιμότερο να το παρακάνουμε με τη σκέψη», είπε μέσα από τα δόντια του.

«Μάλλον χρειαζόμαστε τη βοήθεια», είπε η Ναταλί.

«Πολύ καλά», είπε ο Άλιστερ. «Η βοήθεια είναι ένας γρίφος: αφήνω έναν κι άλλον έναν, αλλά κι αυτοί που παίρνω είναι πάλι πρώτοι. Κι αν μοιάζουν άγουροι ή μικροί, άσ' τους να γίνουν και να μεγαλώσουν».

Τα λόγια του έμειναν μετέωρα στον αέρα. Το μυαλό της Έιμι άρχισε να γυρίζει με χίλια.

«Πάλι πρώτοι…», είπε ο Νταν και το πρόσωπό του είχε σφιχτεί σε μια μάσκα συγκέντρωσης. «Εντάξει, σίγουρα μιλάει για βαθμούς. Ποιοι βαθμοί είναι οι πρώτοι; Το δέκα; Το είκοσι;...»

Άπλωνε κιόλας το χέρι του στη στρογγυλή κλειδαριά, όταν ο Άλιστερ τον σταμάτησε: «Σας θυμίζω ότι σας έχει μείνει μία προσπάθεια μόνο. Αν αποτύχετε, δεν θα σας αφήσω να μπείτε».

Το χέρι του Νταν πάγωσε. «Εμπρός, παιδιά… βοηθήστε λίγο… δέκα και…;»

«Λέει, όμως, πως αφήνει έναν κι έναν στην αρχή», είπε ο Ίαν. «Άρα, δεν μιλάμε για το άριστα…»

«Μιλάμε για το οχτώ και για το δεκαοχτώ», πρότεινε ο Νταν. «Λοιπόν: δέκα, είκοσι, οχτώ και δεκαοχτώ;»

«Όχι!» τον έκοψε η Έιμι. Δεν ήταν σίγουρη, αλλά ο γρίφος του θείου Άλιστερ της θύμιζε πολύ τους γρίφους από τους κυριακάτικους *New York Times*, που έλυνε ο Νταν. Η απάντηση κρυβόταν μέσα στις ίδιες τις λέξεις του γρίφου – φτάνει να ήξερες πώς έπρεπε να τον διαβάσεις. «Έεεε… νομίζω πως δεν είναι τίποτα τέτοιο. Μπορώ να δοκιμάσω;»

Ο Νταν την κοίταξε θυμωμένος. «Έιμι! Εγώ είμαι αυτός που λύνει γρίφους κι αινίγματα σ' αυτή την οικογένεια».

Η Έιμι έκανε πίσω. Ίσως ο Νταν έβλεπε κάτι, που η ίδια δεν μπορούσε να διακρίνει. Ο αδερφός της πάντα έβλεπε πράγματα, που οι άλλοι δεν έβλεπαν. Ήταν τρομερός με τα αινίγματα. Είχε καταφέρει να σπάσει έναν αρχαίο κώδικα σ' ένα σωρό νεκροκεφαλές μέσα στους υπονόμους του Παρισιού. Είχε βρει το μυστικό που ήταν κρυμμένο μέσα σε μια παρτιτούρα του Μότσαρτ.

Αλλά τώρα δεν είχε το μυαλό του συγκεντρωμένο στον γρίφο. Τώρα κοίταξε τον Ίαν, σαν να 'θελε να τον σφάξει με τα μάτια του. Δεν σκεφτόταν.

«Είμαι... είμαι σχεδόν σίγουρη ότι το βρήκα», είπε η Έιμι.

Ο Άλιστερ χαμογέλασε. Και της έδειξε την κλειδαριά. «Παρακαλώ».

Η Έιμι απέφυγε το δύσπιστο και σκοτεινό βλέμμα του αδερφού της. «Για σκεφτείτε λιγάκι αυτή τη φράση, "Αφήνω έναν κι άλλον έναν, αλλά κι αυτοί που παίρνω είναι πάλι πρώτοι. Κι αν μοιάζουν άγουροι ή μικροί, άσ' τους να γίνουν και να μεγαλώσουν". Αν δεν είναι βαθμοί; Αν είναι αριθμοί;»

«Μα και οι βαθμοί... αριθμοί είναι!» είπε η Ναταλί.

«Ναι, μα άλλο είναι οι πρώτοι βαθμοί», είπε η Έιμι, «και άλλο οι πρώτοι αριθμοί...»

«Πρώτοι... αριθμοί;» ρώτησε ο Νταν.

«Άρα, θα είναι οι πρώτοι αριθμοί, που το γινόμενό τους μας δίνει 5005...», μουρμούρισε ο Ίαν. «Μήπως παραείναι τραβηγμένο;»

«Σιχαίνομαι τα μαθηματικά», είπε η Ναταλί.

Το χέρι της Έιμι έτρεμε ελαφρά, καθώς γύριζε προσεκτικά τον δίσκο με τα νούμερα...

5, 7, 11, 13.

Κλικ.

Τράβηξε τον σύρτη κι άνοιξε την πόρτα.

«Καλωσήρθατε στο άδυτο των Ω», είπε ο Άλιστερ.

ΚΕΦΑΛΑΙΟ 12

Είναι μικρό δωμάτιο, είπε μέσα του ο Ίαν. *Αλλά πολύ άσχημο.* Χαμογέλασε. Παλιό αστείο των Κάμπρα.

Ο Νταν Κέιχιλ κοίταζε γύρω του, τα ξύλινα ράφια στους τοίχους, έτοιμος να βάλει τα κλάματα. «Έχεις ένα σκυλί-δολοφόνο, ένα θηρίο ανθρωποφάγο, να φυλάει μια βιβλιοθήκη;» φώναξε αγανακτισμένος.

Η Έιμι κοίταζε, επίσης, γύρω της – με δέος. «Είναι... πολύ ωραία», είπε.

Το κορίτσι ήταν σοβαρό και μετρημένο. Τι παράξενο. Σπανίως συναντούσε ανθρώπους μ' αυτές τις αρετές ο Ίαν – ειδικά από τότε που άρχισε το κυνήγι των 39 Στοιχείων. Εννοείται ότι τον είχαν διδάξει να τις αποφεύγει πάση θυσία: να μη φέρεται ποτέ ο ίδιος με τρόπο σοβαρό και μετρημένο και να μην κάνει παρέα με κανέναν σοβαρό και μετρημένο άνθρωπο. Ήταν ιδιότητες σιχαμερές – ΚΣΑ, όπως έλεγε ο μπαμπάς. Καταδικασμένες Σε Αποτυχία. Και οι Κάμπρα δεν ήξεραν τι θα πει Αποτυχία. Δεν ήθελαν να ξέρουν.

Παρ' όλα αυτά, το κορίτσι τον μάγευε. Η χαρά της, όταν ανέβαιναν προς το σπιτάκι του Άλιστερ... το δέος της μέσα σ' αυτό το δωμάτιο, που έμοιαζε με ποντικότρυπα... πώς ήταν δυνατόν να αντλεί κάποιος τόση χαρά από τόσο μικρά κι ασήμαντα πράγματα; Ο Ίαν ένιωθε κάτι αλλόκοτο, κάτι που δεν το 'χε ξανανιώσει στη ζωή του. Κάτι σαν δυσπεψία, αλλά πολύ πιο ευχάριστο.

Καλά, μάλλον φταίει το ξένο παντελόνι που φοράω, σκέφτηκε. Ο εξευτελισμός μαλακώνει την καρδιά των ανθρώπων.

Κοίταξε τα γεμάτα βιβλία ράφια, την παλιά σαρακοφαγωμένη ξύλινη επένδυση των τοίχων, τη σαραβαλιασμένη δερμάτινη πολυθρόνα, τα φρικτά φώτα νέον, τα ποντικοκούραδα στις γωνιές, τους λεκέδες της μούχλας, τα κάδρα που έμοιαζαν αγορασμένα από τυφλούς στις εκπτώσεις. Πολύ ωραία;

«Είναι βιβλία», βόγκηξε ο Νταν. «Διακτινίστε με κάπου αλλού, σας παρακαλώ!»

Για μια φορά ο Ίαν βρέθηκε να συμφωνεί με τον μικρό Κέιχιλ.

«Σπάνια βιβλία», είπε ο Άλιστερ δείχνοντας με επισημότητα τέσσερις κλειστές βιβλιοθήκες με γυάλινα πορτάκια. «Κι ακόμα πιο σπάνια ντοκουμέντα σχετικά με την οικογένεια Κέιχιλ. Ήταν το πάθος της ζωής μου. Πάθος κοπιαστικό και δαπανηρό, καθώς τα περισσότερα απ' αυτά τα ντοκουμέντα είναι μοναδικά και δυσεύρετα. Εδώ μέσα βρίσκονται συγκεντρωμένες όσες ελπίδες έχουμε να αποκρυπτογραφήσουμε το κρυφό μήνυμα του Χιντεγιόσι!»

Ο Ίαν έκανε να καθίσει, αλλά στη σκέψη του πόνου που τον περίμενε, προτίμησε να μείνει όρθιος. Από την άλλη, ούτε η ορθοστασία τού ήταν ευχάριστη, αφού το τραχύ ύφασμα του παντελονιού έγδερνε σαν γυαλόχαρτο το δέρμα των ποδιών του. Σαν να μην έφταναν όλα αυτά, είχε και την γκρίνια του Νταν.

Αυτός ο μικρός ήταν ανυπόφορος. Η αδερφή του, τουλάχιστον, είχε ενδιαφέρον. Ο Ίαν αναρωτήθηκε αν η έλλειψη κυνισμού, που την χαρακτήριζε, ήταν μεταδοτική.

Αυτό του 'λειπε τώρα. Από την άλλη, πάλι…

«Καλύτερα να χωριστούμε σε ομάδες», πρότεινε ο Ίαν. «Μπορούμε να παραβγούμε μεταξύ μας για να τελειώνουμε πιο γρήγορα. Η Έιμι κι εγώ θα ψάξουμε το υλικό στα πάνω ράφια, η Ναταλί και ο Νταν στα κάτω».

«Θαυμάσια», είπε ο Άλιστερ. «Συμφωνείς, Έιμι;»

«Έεεε…», είπε η Έιμι αποστρέφοντας τα μάτια της από τον Ίαν. «Έεεε…»

Κρίμα, είπε μέσα του ο Ίαν. Οι περισσότερες κοπέλες έτσι αντιδρούσαν στην παρουσία του, περιορίζοντας απελπιστικά τις δυνατότητες συζήτησης.

«Δεν έχω ξαναπάρει μέρος σε ομάδα εξω-καμπρική», είπε η Ναταλί χαμογελώντας με τη λέξη, που είχε μόλις σκαρώσει. «Αλλά δεν έχω αντίρρηση να δοκιμάσω».

Ο Νταν κοίταζε έναν ακριβό αλλά μάλλον αποτυχημένο πίνακα ενός ζευγαριού, που ο Ίαν γνώριζε καλά. Τα μαλλιά του άντρα ήταν πυκνά, ατίθασα και γκρίζα, τα φρύδια του φουντωτά, τα μάτια του αγριεμένα. Το πρόσωπο της γυναίκας ακτινοβολούσε δύναμη, μια δύναμη που θύμιζε άλογο – μακρύ σαγόνι και μεγάλα αυτιά. Από πάνω τους ήταν ζωγραφισμένα ένα σωρό περίεργα κι αλλόκοτα σύμβολα. «Ποιοι είναι αυτοί οι δυο;» ρώτησε ο Νταν.

«Οι ξακουστοί, οι δοξασμένοι για πάντα Γκίντιον και Ολίβια, οι πρώτοι Κέιχιλ. Ο πίνακας ζωγραφίστηκε στις αρχές του δέκατου έκτου αιώνα», είπε ο Ίαν. «Οι πρόγονοί σας».

«Οι Κάμπρα ήταν ένα παρακλάδι, που μπόλιασε με δυναμισμό και αρχοντιά το οικογενειακό δέντρο», είπε η Ναταλί.

«Έτοιμοι;» Ο Άλιστερ άπλωσε το παλαιό έγγραφο σ' ένα τραπέζι και πήρε ένα βιβλίο από το ράφι δίπλα του. «Θα βοηθήσω την ομάδα των νεότερων, τη Ναταλί και τον Νταν. Εμπρός... μαρς!»

Ο Ίαν χάιδεψε τις ράχες των βιβλίων· μερικά είχαν χειρόγραφους τίτλους: *Κεϊχιλιανή Ιστορία: Οι Εκατερίνα, τόμ. Ι και ΙΙ... Αρχιτεκτονικά έργα των Εκατερίνα... Ανθολογία Κεϊχιλιανής Λογοτεχνίας του Δέκατου Όγδοου Αιώνα...* μερικά ήταν φυλλάδια, αποσπασμένα από περιοδικά, εφημερίδες, φακέλους. Δεν θα ήταν εύκολο να βρουν κάτι χρήσιμο μέσα στις τόσες παλιατσούρες.

Η Έιμι κατέβασε ένα χοντρό βιβλίο με τίτλο *Η καταγωγή των Κέιχιλ: σύνοψις ιστοριών.*

«Υποτίθεται ότι ψάχνουμε ένα στοιχείο εδώ πέρα. Δεν ήρθαμε να μελετήσουμε ιστορία», της πέταξε ο Νταν.

«Μα... ξέρουμε ελάχιστα για την οικογένεια των Κέιχιλ», διαμαρτυρήθηκε η Έιμι.

Η Ναταλί σήκωσε τα μάτια από το βιβλίο που φυλλομετρούσε: «Δεν μπορώ να καταλάβω γιατί οι γονείς σας δεν σας είπαν σε ποιον κλάδο της οικογένειας ανήκετε. Εμείς ξέραμε απέξω την ιστορία μας, πριν καλά καλά περπατήσουμε».

Ο Ίαν είδε το πρόσωπο της Έιμι να σκοτεινιάζει. Κι ένα αλλόκοτο φτερούγισμα αναστάτωσε το στήθος του. Συμπάθεια, σκέφτηκε. Ή μάλλον... συμπόνια. Κάτι που ένιωθε συχνά για τον τραπεζίτη των Κάμπρα τις μέρες που οι μετοχές της οικογένειας δεν τα πήγαιναν και τόσο καλά στο χρηματιστήριο. Αλλά αυτό που αισθανόταν τώρα, ήταν... πιο έντονο. Πιο ζωηρό.

Σκούντησε την αδερφή του. «Ναταλί! Πού πήγαν οι καλοί σου τρόποι;» την μάλωσε.

Και η μικρή τον αγριοκοίταξε, πριν συνεχίσει.

«Οι πρώτοι Κέιχιλ κατάγονταν από το Δουβλίνο. Ο ιδιοφυής, λαμπρός Γκίντιον Κέιχιλ και η γυναίκα του Ολίβια, έζησαν στις αρχές του δέκατου έκτου αιώνα», διάβασε με δυνατή φωνή η Έιμι.

Ο Άλιστερ έγνεψε ενθαρρυντικά. Η ανιψιά του ήταν τόσο αναστατωμένη, που με δυσκολία κατάφερνε να ξεστομίσει τις λέξεις.

«Κάποιοι λένε πως ο Κέιχιλ ανακάλυψε κάτι, ικανό ν' αλλάξει την πορεία της ανθρωπότητας», συνέχισε η Έιμι. «Αλλά η ανακάλυψη αυτή δεν έγινε ποτέ γνωστή. Το 1507, μια αιφνίδια πυρκαγιά κατέστρεψε το σπίτι των Κέιχιλ. Γλίτωσαν όλοι, εκτός από έναν. Ο Γκίντιον, πασχίζοντας απεγνωσμένα να σώσει το έργο της ζωής του, βρήκε τραγικό θάνατο στο γραφείο του».

«Τι γίνεται με τους Κέιχιλ και με τη φωτιά;» ψιθύρισε ο Νταν.

Κι ο Άλιστερ ένιωσε ένα σφίξιμο στο στήθος. Τα παιδιά είχαν ζήσει τόσες τραγωδίες – τη φωτιά, που είχε παγιδεύσει τους γονείς τους, τη φωτιά που είχε κάνει στάχτη το σπίτι της Γκρέις. Γι' αυτό δεν θέλησα ποτέ ν' αποκτήσω δικά μου παιδιά, σκέφτηκε.

Για τα δικά του παιδιά νοιάζεται κανείς. Ανησυχεί. Κι αυτού του είδους τα συναισθήματα μπορούν ν' αποδειχτούν επικίνδυνα στο κυνήγι των 39 Στοιχείων.

«Σύμφωνα με μαρτυρίες, την εποχή του θανάτου του ο Γκίντιον μελετούσε την αλχημεία και τα μυστικά της – την προσπάθεια για μεταμόρφωση ταπεινότερων μετάλλων σε χρυσάφι. Αναζητούσε κι αυτός τη λεγόμενη Φιλοσοφική Λίθο. Το πρόβλημα ήταν πως η λίθος αυτή δεν υπήρχε – ακόμη. Την θεωρούσαν το κλειδί που θα έδινε την τελική λύση. Γιατί όντας *πιο τέλεια από το χρυσάφι*, η ουσία αυτή (που ο Παράκελσος την είχε ονομάσει και alkahest, από τη λατινική φράση alkali est, πιστεύοντας πως ήταν κάποια αλκαλική χημική ένωση) θα είχε τη δύναμη να μετατρέπει άλλα υλικά σε χρυσό».

«Ευχαριστούμε, δεσποινίς Παντογνωστίδου», είπε ο Νταν, ψάχνοντας ένα σωρό φυλλάδια μπροστά του. «Μπορείτε να συνεχίσετε, *αλλά από μέσα σας*».

«*Δεν βλέπετε;*» είπε ξάφνου η Έιμι πηδώντας όρθια. «Τα καταφέραμε!»

«Τι καταφέραμε;» ρώτησε ο Νταν.

Η Έιμι άρπαξε τον αδερφό της και τον στριφογύρισε, όπως έκανε όταν ήταν μικρούλης. «Ο Γκίντιον βρήκε πράγματι αυτό το υλικό, που είχε τη δύναμη ν' αλλάξει την πορεία της ανθρωπότητας! Βρήκε το μυστικό της φιλοσοφικής λίθου. *Κι εμείς βρήκαμε το μυστικό, που θα μας οδηγήσει στα 39 στοιχεία!*»

«Τι;» ρώτησε ο Ίαν. «Έσπασες τον κώδικα του εγγράφου; Βρήκες το στοιχείο;»

«Όχι... βρήκα κάτι μεγαλύτερο από το στοιχείο», απάντησε η Έιμι.

Η Νατάλί σωριάστηκε μουτρωμένη στην καρέκλα της. «Δηλαδή, χάσαμε; *Σιχαίνομαι* να είμαι με την ομάδα που χάνει».

Ο Άλιστερ κοίταξε πάνω από τον ώμο της Έιμι, παραμερίζοντας απότομα τους Κάμπρα, που τον εμπόδιζαν να δει. Η Έιμι είχε γυρίσει σελίδα και τώρα έδειχνε σε όλους ένα διάγραμμα αλχημικών συμβόλων:

Η Έιμι έβγαλε από την τσέπη της ένα νόμισμα. «Το σχήμα –το σύμβολο που αντιστοιχεί στη φιλοσοφική λίθο– είναι πάνω στο νόμισμα!» είπε.

«Ωραία!» συμφώνησε ο Νταν. «Εντάξει. Αλλά γιατί είναι τόσο σπουδαίο;»

«Δεν καταλαβαίνεις;» ρώτησε η Έιμι. «Αυτή η σελίδα είναι το κλειδί για όλη την υπόθεση – και για τα 39 στοιχεία!»

«Δηλαδή... αν τα μαζέψουμε όλα...», είπε ο Νταν – κι ένα χαμόγελο φώτισε αργά το πρόσωπό του.

«Θα έχουμε στα χέρια μας το μυστικό – τη φιλοσοφική λίθο!» Η Έιμι έχωσε ξανά το νόμισμα στην τσέπη της και κοίταξε το βιβλίο. «Θα βρούμε πού ακριβώς μπαίνει στην υπόθεση το νόμισμα. Ακούστε, όμως...

»Μετά την πυρκαγιά του 1507, ο Τόμας και η Εκατερίνα εγκατέλειψαν την Ιρλανδία και πήγαν στην Αγγλία, παίρνοντας μαζί τους ό,τι είχε απομείνει από το έργο του Γκίντιον, το οποίο ορκίστηκαν να συνεχίσουν. Ο Τόμας, όμως, παντρεύτηκε, έκανε παιδιά κι άρχισε να παραμελεί την αδερφή του και την αποστολή τους. Θυμωμένη η Εκατερίνα το 'σκασε παίρνοντας μαζί της κάτι τόσο σημαντικό, ώστε ο Τόμας παράτησε τα πάντα και βάλθηκε να την κυνηγάει. Δοκίμασε να την βρει στο Παρίσι, στη Βενετία και στο Κάιρο. Αλλά δεν την βρήκε. Και τραβηγμένος από την πολεμική αρχοντιά των σαμουράι εγκαταστάθηκε στην Ιαπωνία, όπου έζησε απλά και ταπεινά. Ο μικρός γιος του, ο Χιγιοσιμάρου, έγινε μεγαλώνοντας ο ξακουστός Τογιοτόμι Χιντεγιόσι».

«Ώστε ο Φαλακρός Ποντικός ήταν εγγονός του Τόμας – του πραγματικού Τόμας;» ρώτησε ο Νταν. «Ενδιαφέρον μού ακούγεται!»

Ο Άλιστερ έριξε μια ανήσυχη ματιά στους Κάμπρα. Και διάβασε στα σαρκαστικά τους πρόσωπα την ανυπομονησία τους· καθόλου δεν τους άρεσε που έχαναν χρόνο, περιμένοντας την Έιμι και τον Νταν να μάθουν πράγματα που οι άλλοι ήξεραν από τα νηπιακά τους ακόμα χρόνια. Βιάζονταν. Από την άλλη, όμως, είχαν δει με τα ίδια τους τα μάτια πως η Έιμι και ο Νταν ήταν πολύ καλοί στον εντοπισμό νέων στοιχείων: είχαν βρει πράγματα, που είχαν ξεφύγει απ' όλους τους άλλους.

Κι εδώ κάτι υπήρχε. Κάτι ενδιαφέρον.

«Δεν μπορούμε να προσπεράσουμε την Εισαγωγή για Αρχάριους, να πάρουμε το μπόνους των πρώτων πεδίων και να φτάσουμε σ' αυτά που δεν ξέρουμε;» χασμουρήθηκε η Ναταλί.

«Ανασκουμπώσου, Ναταλί, και έλα να συνεχίσουμε το ψάξιμο», είπε ο Νταν. «Απέχουμε ακόμα... τριάντα εφτά στοιχεία από το μυστικό της φιλοσοφικής λίθου!»

Και κάνοντας μεταβολή έβαλε ένα βιβλίο στο ράφι και διάλεξε ένα άλλο. Ένα παλιό, σχεδόν διαλυμένο βιβλιαράκι έγειρε στην άκρη του ραφιού κι έπεσε στο πάτωμα.

Ο Άλιστερ τινάχτηκε. «Προσοχή! Κάποια απ' αυτά τα βιβλία έχουν ανεκτίμητη αξία!» προειδοποίησε τα παιδιά και έσκυψε να μαζέψει το βιβλιαράκι, που είχε στο εξώφυλλό του γιαπωνέζικα συλλαβογράμματα ζωγραφισμένα στο χέρι. «Αυτό εδώ είναι πεντακοσίων χρόνων. Το βρήκε ένας πολέμαρχος στο αντίσκηνο του Χιντεγιόσι, μετά από μια επιδρομή...»

«Τι λέει;» ρώτησε ο Νταν.

Ο Άλιστερ στερέωσε τα γυαλιά του. «Το εξώφυλλο λέει "Χιντεγιόσι, Εννέα" – ίσως είναι ένα μπλοκ με τις ζωγραφιές, που έκανε ο Χιντεγιόσι μικρός...»

«Ναι... μα τότε... τότε γιατί γράφει Χιντεγιόσι;» ρώτησε η Έιμι. «Αφού ο Χιντεγιόσι είχε άλλο όνομα, όταν ήταν παιδί...»

Τα μάτια του Άλιστερ άνοιξαν διάπλατα. «Ναι... τον έλεγαν Χιγιοσιμάρου! Σωστά! Πολύ σωστά! Αν ήταν πράγματι δικό του αυτό το βιβλιαράκι, τότε θα έγραφε απέξω Χιγιοσιμάρου».

Η Έιμι πήρε το βιβλιαράκι στα χέρια της. Βάλθηκε να το φυλλομετράει –κοιτάζοντας τα τοπία, τις πολεμικές σκηνές και τα τέρατα που ήταν ζωγραφισμένα στις σελίδες του– και οι άλλοι μαζεύτηκαν γύρω της. Ο Άλιστερ πρόσεξε τον Ίαν Κάμπρα, που την ακούμπησε μαλακά στον ώμο. «Α-α-αυτές οι ζ-ζ-ζωγραφιές π-π-παραείναι καλές για ένα π-π-παιδάκι εννιά χρονών...»

Με τρεμάμενα χέρια η ανιψιά του γύρισε τις σελίδες, ώσπου έφτασε σε μια ζωγραφιά αλλόκοτη, που θύμιζε μοντέρνο πίνακα: άστρα και γραμμές τραβηγμένες στην τύχη. «Αυτό θα μπορούσε να το ζωγραφίσει πράγματι ένα παιδί», είπε η Ναταλί.

«Χιντεγιόσι... εννέα...», μουρμούρισε ο Νταν. «Ε! Αυτή είναι η σελίδα εννέα!»

Ξαφνικά, χωρίς να πει λέξη, η Έιμι άπλωσε το χέρι της κι έσκισε τη σελίδα.

Ο Άλιστερ κόντεψε να πάθει καρδιακή προσβολή. «Έιμι!» βόγκηξε. «Αυτό το βιβλίο είναι αρχαίο!»

Με μια γρήγορη κίνηση η Έιμι έσκυψε στο τραπέζι κι ακούμπησε τη σκισμένη σελίδα πάνω στο χαρτί του Χιντεγιόσι.

Ταίριαζαν απολύτως. Οι περισσότερες γραμμές σχημάτιζαν έναν χάρτη σε μια βραχώδη περιοχή. Οι υπόλοιπες, πιο χοντρές και κοντές, σχημάτιζαν κορεάτικα συλλαβογράμματα.

Ο Άλιστερ κατάλαβε αμέσως το νόημα πίσω από την τρελή κίνηση της Έιμι. «Τα Τρία Κέρατα...», είπε.

«Τι γράφει;» ρώτησε ο Νταν.

«Χα, χα!» Ο Άλιστερ αγκάλιασε την ανιψιά του. Ήταν πραγματικά πολύ ξεχωριστό παιδί. «Χάρη στην Έιμι ξέρω τώρα πού βρίσκεται αυτό που ψάχνουμε. Και θα πάμε εκεί αύριο, πρωί πρωί».

ΚΕΦΑΛΑΙΟ 13

Μέσα στο αυτοκίνητο, που έτρεχε χοροπηδώντας στον γεμάτο λακκούβες δρόμο, ο Νταν (που είχε φάει δυο αυγά ομελέτα για πρωινό) έβρισκε για κάποιον περίεργο λόγο αηδιαστικό το όνομα Πουκανσάν. Αλλά εκεί ακριβώς πήγαιναν – και να σκεφτεί κανείς πως ο ήλιος δεν είχε ακόμα ανατείλει! Πλησιάζοντας στην πόλη της Σεούλ, είδαν στο βάθος μπροστά τους ένα βουνό με τρεις κορυφές. «Τα Τρία Κέρατα – θα έπρεπε να το 'χα μαντέψει από την αρχή», είπε ο Άλιστερ. «Σαμγκακσάν, οι Τρεις Κορυφές. Το μπέρδεμα οφείλεται στο ότι τώρα πια το βουνό λέγεται Πουκανσάν».

«Γκλουρπ...», είπε ο Νταν κλείνοντας τα μάτια του και βουλιάζοντας βαθιά στο κάθισμά του (και στο υπερβολικά μεγάλο φούτερ με το λογότυπο του Χάρβαρντ, που του είχε δανείσει ο Άλιστερ).

Η Έιμι κοίταζε έξω από το παράθυρο. Η μέρα ήταν γκρίζα και συννεφιασμένη. Και το βουνό έμοιαζε σχεδόν κατακόρυφο. Είχαν πάρει σάντουιτς στο σακίδιό της, αλλά ήταν ολοφάνερο: μια μέρα δεν θα τους έφτανε ν' ανεβούν εκεί πάνω – και να κατεβούν ξανά.

«Μη μου πείτε ότι πρέπει να σκαρφαλώσουμε εκεί πάνω», είπε η Νέλι. «Εγώ φοράω Vans».

«Τα βουνά έχουν δυνατά προφίλ», είπε η Ναταλί διώχνοντας έναν κόκκο σκόνης από τα ροζ Πράντα μοκασίνια με χρυσές μπαρέτες, που φορούσε – τα είχε δώσει την προηγούμενη μέρα στον Χάρολντ να της τα γυαλίσει. «Το ίδιο κι εμείς».

«Δεν είναι πολύ ψηλό, εξακόσια, εξακόσια πενήντα μέτρα. Αλλά μάλλον δεν θα χρειαστεί να σκαρφαλώσουμε», απάντησε ο Άλιστερ. «Στο σχέδιο υπάρχει μια συνεχόμενη γραμμή, σαν μαίανδρος. Υποθέτω πως αντιστοιχεί στο τείχος του διάσημου κάστρου. Περνάει από πολλές κοιλάδες και πλαγιές».

«Αυτό τι είναι;» ρώτησε ο Νταν.

Έδειξε με το δάχτυλό του ένα παράξενο σχηματάκι πάνω στο σχέδιο.

«Έεε... ένα Μ», είπε η Νέλι. «Ή ένα W, αν το κοιτάξεις από την άλλη μεριά. Ή ένα ελληνικό Σ, αν το κοιτάξεις από το πλάι...»

«Μπορεί να εννοεί τίποτα... ΦΟΙΝΙΚΕΣ», είπε ο Νταν. «Όπως στην ταινία *Ένας τρελός, τρελός, τρελός κόσμος!* Την ξέρετε; Όχι; Είναι κάτι τύποι, που ψάχνουν να βρουν κάτι λεφτά και το μόνο στοιχείο που έχουν είναι πως τα λεφτά είναι θαμμένα κάτω από ένα μεγάλο W. Κανένας δεν καταλαβαίνει τι σημαίνει αυτό. Ώσπου, εκεί που κοντεύει πια να τελειώσει η ταινία, βλέπουν τέσσερις μεγάλους φοίνικες, που σχηματίζουν με τους κορμούς τους ένα μεγάλο... ξέρετε! Φανταστικό!»

Η Έιμι, ο Άλιστερ, η Ναταλί, ο Ίαν και η Νέλι τον κοίταξαν, χωρίς να καταλαβαίνουν.

«Η κορεάτικη γλώσσα δεν έχει W», απάντησε ο Άλιστερ. «Και η Κορέα δεν έχει φοίνικες. Ίσως μπορούμε να λύσουμε τον γρίφο με άλλα δέντρα...»

«Μρρρρπ», είπε ο Σαλαντίν τρίβοντας το κεφάλι του στο γόνατο του Νταν.

«Θα σου πω την υπόθεση του έργου αργότερα», του ψιθύρισε στ' αυτί ο Νταν.

Ο σοφέρ του Άλιστερ τους άφησε στο πάρκινγκ του Εθνικού Πάρκου του Πουκανσάν. Πλήθος τουρίστες ήταν μαζεμένοι γύρω από τον γιγάντιο χάρτη των μονοπατιών, που ο θείος Άλιστερ είχε συγκρίνει προσεκτικά με τον δικό τους και τον είχε βρει ολόιδιο. Με το δάχτυλό του ακολούθησε τη σκουρόχρωμη φιδογυριστή γραμμή, σταματώντας σε κάποια μαύρα σημαδάκια. «Εδώ έχουμε, μάλλον, αρχαίους ναούς. Ας υποθέσουμε ότι το μεγάλο Χ είναι ο κρυμμένος θησαυρός μας...»

«Είναι ανάμεσα σε δυο ναούς», είπε η Ναταλί. «Αλλά σε ποιους;»

Ο Άλιστερ ανασήκωσε αμήχανα τους ώμους. «Υπάρχουν πολλοί ναοί. Και πολύς χώρος ανάμεσά τους. Μπορεί να μας πάρει μέρες».

«Τότε ας μη χασομεράμε!» είπε ο Νταν.

«Κάποιος πρέπει να μείνει εδώ, με τον Σαλαντίν και τον κύριο Τσανγκ», είπε η Νέλι λοξοκοιτάζοντας με ανεξιχνίαστο ύφος το βουνό. «Εντάξει, με πείσατε. Θα μείνω εγώ».

Οι υπόλοιποι πήραν ένα μονοπάτι, που ξεχώριζε εύκολα ανάμεσα στους θάμνους και στις πέτρες: ήταν φανερό πως το περπατούσαν καθημερινά πολλοί άνθρωποι. «Ο Χιντεγιόσι κατέκτησε μεγάλο μέρος της περιοχής, που σήμερα αποτελεί τη Νότια Κορέα», είπε ο Άλιστερ. «Κατέκτησε και τη Σεούλ, που τότε την έλεγαν Χαν Σεόνγκ. Οι στρατιώτες έχτισαν αυτό το τείχος, για να σταματήσουν τους εισβολείς».

«Και γιατί διάλεξε αυτό το μέρος ο Χιντεγιόσι για να κρύψει τον θησαυρό του;» ρώτησε η Έιμι.

Ο Άλιστερ ανασήκωσε τους ώμους. «Ίσως πίστεψε πως το τείχος θα τους προστάτευε. Ίσως πίστεψε ότι η περιοχή θα έμενε για πάντα δική του».

«Η υπερβολική σιγουριά είναι κατάρα», είπε ο Ίαν.

«Για να το λες εσύ, κάτι θα ξέρεις», απάντησε ο Νταν.

Όσο ανέβαιναν στο μονοπάτι, συναντούσαν όλο και λιγότερους τουρίστες. Κάθε φορά που συναντούσαν έναν ναό, ο Άλιστερ έψαχνε το σχεδιάγραμμά του. Και κάθε φορά κουνούσε αρνητικά το κεφάλι.

Η πλάτη του είχε μουσκέψει πια από τον ιδρώτα. Και η ανάσα του ακουγόταν κοφτή και βαριά, όταν κάθισε σ' έναν βράχο. «Ώρα για κολατσιό», είπε κι έδωσε το σχεδιάγραμμά του στην Έιμι. «Θα μπορούσες να το φυλάξεις στο σακίδιό σου;» την ρώτησε.

«Κολατσιό; Μα μόλις ξεκινήσαμε!» είπε ο Ίαν σκαρφαλώνοντας στα ερείπια του τείχους δίπλα στο μονοπάτι. Το φαρδύ παντελόνι του Χάρολντ, που φορούσε, φούσκωσε σαν αερόστατο στο αεράκι.

Η Ναταλί κάθισε αμέσως δίπλα στον Άλιστερ. «Θα ήθελα ένα σάντουιτς με μαύρο ψωμί· προσούτο και μοτσαρέλα και λιαστή ντομάτα· και σος με σκόρδο και μαϊντανό».

«Θα βολευτείς μ' ένα άσπρο ψωμάκι αλειμμένο με φιστικοβούτυρο», της απάντησε ο Νταν.

Ο Άλιστερ κοίταξε επίμονα γύρω. «Φοβάμαι μήπως το περάσαμε. Μετά από τόσους αιώνες, το τείχος μπορεί να έχει μετακινηθεί. Μπορεί να μην είναι πια το ίδιο».

Κλείνοντας ξανά το φερμουάρ του σάκου της, η Έιμι ένιωσε κάτι να την χτυπάει μαλακά στην κορυφή του κεφαλιού – ένα σβολαράκι βρύα, που κύλησε και προσγειώθηκε στα πόδια της. «Ε!»

Ο Ίαν γελούσε, σκουπίζοντας το χώμα από τα χέρια του.

Γελούσε. Και φυσικά την κοίταζε. Τα μάτια του την κορόιδευαν, την κάρφωναν στη θέση της. Σαν να 'ταν έτοιμος να της πετάξει κάποιο από τα σαρκαστικά, ειρωνικά σχόλια των Κάμπρα. Μπροστά σε όλους. Κατάπιε τα δάκρυά της με κόπο, κατάπιε τη λαχτάρα που ένιωσε να φύγει τρέχοντας και να κρυφτεί μακριά του.

«Πέτα το πίσω», της σφύριξε ο Νταν. «Με δύναμη!»

Ο Ίαν έφερε το χέρι του χωνί στο στόμα. «Έιμι! Είσαι να παραβγούμε μέχρι εκείνον εκεί τον μεγάλο βράχο; Θα σ' αφήσω να ξεκινήσεις πρώτη... εκτός κι αν είσαι χελώνα...»

«Δεν είναι χελώνα!» φώναξε ο Νταν. «Δηλαδή, εδώ που τα λέμε, είναι».

Η Έιμι σηκώθηκε. Άλλο να σε προσβάλει ένας Κάμπρα, κι άλλο ο μικρός σου αδερφός, ένα νιάνιαρο της συμφοράς.

Κοίταξε τον βράχο. Ήταν σκέτη τρέλα. Την προκαλούσε, θα την έκανε ρεζίλι. Εκτός κι αν…

Ναι, να το. Ένα άλλο μονοπάτι, που πήγαινε μέσα από τους θάμνους. Ίσια στον βράχο.

Άρχισε να τρέχει.

«Έιμι… άσε εδώ το σακίδιό σου!» της φώναξε ο Νταν. «Και θυμίσου να δώσεις στο πρώτο σου παιδί το όνομά μου!»

Τον αγνόησε. Ο αστράγαλός της την πονούσε, αλλά δεν θ' άφηνε τον Ίαν να την νικήσει. Τον είδε που έτρεχε, τον είδε να πηδάει κάτω από το τείχος και να χιμάει στο μονοπάτι. Τον είδε να την ακολουθεί με γέλια. Η Έιμι ξεκρέμασε το σακίδιο από τον ώμο της, το ανέμισε και τον χτύπησε στη μασχάλη.

Το κάθαρμα.

«Ώωωωχ!» φώναξε ο Ίαν. «Τι κάνεις εκεί; Το πουκάμισό μου είναι χειροποίητο Αρμάνι!»

Το σακίδιο της Έιμι έπεσε κάτω και το περιεχόμενό του χύθηκε έξω – μαζί με το σχεδιάγραμμα του Άλιστερ, το παλιό χειρόγραφο και τη σελίδα εννέα, πιασμένα το ένα πάνω στο άλλο.

«Όποιος το βρίσκει, το παίρνει!» φώναξε ο Ίαν αρπάζοντας το σχεδιάγραμμα και σκαρφαλώνοντας πάνω σ' έναν ψηλό βράχο.

«Δεν είσαι εντάξει!» Η Έιμι είχε θυμώσει για τα καλά. Δεν θα τον άφηνε ατιμώρητο. Σκαρφάλωσε στον βράχο, βήμα βήμα, ώσπου έφτασε στην κορυφή. Κι εκεί την περίμενε. «Δεν τα κατάφερες κι άσχημα, κι ας είσαι Κέιχιλ», την πείραξε χαμογελαστός.

«Δ-δ-δ-δεν...» Όπως πάντα, οι λέξεις είχαν σκαλώσει στο λαρύγγι της. Εκείνος την κοίταζε, τα μάτια του χόρευαν γελαστά, την έκαναν να βράζει από θυμό και μίσος – τόσο που πίστεψε ότι θα εκραγεί. «Κι ας είσαι Κέιχιλ», επανέλαβε ο Ίαν. «Μπ-μπ-μπορείς...»

Μα εκείνη τη στιγμή συνέβη κάτι εντελώς περίεργο. Ίσως ήταν ένα ανεπαίσθητο κούνημα του κεφαλιού του – η Έιμι δεν ήξερε. Μα ήταν λες και κάποιος είχε κουνήσει ξαφνικά τον πίνακα, που της έδειχνε. Ελαφρά. Μια ιδέα μόνο. Αλλά το φως, πέφτοντας πάνω του από διαφορετική γωνία, μεταμόρφωσε την τρικυμισμένη θάλασσα, που ως εκείνη τη στιγμή έβλεπε η Έιμι, σε μια υπέροχη ανθοδέσμη – αποδεικνύοντας πως τα πάντα ήταν θέμα προοπτικής. Τα μάτια του δεν την κορόιδευαν. Την προσκαλούσαν να γελάσει μαζί του. Ξάφνου, η οργή της ξεθύμανε, έγινε καπνός, σκόρπισε. «Είσαι κι εσύ... Κέιχιλ», του απάντησε.

«Πράγματι».

Τα μάτια του έμειναν καρφωμένα στα δικά της.

Αυτή τη φορά τού ανταπέδωσε το βλέμμα. Σταθερά. Δεν ένιωσε την ανάγκη να ζητήσει συγγνώμη· ούτε να τον χτυπήσει· ούτε να το βάλει στα πόδια. Δεν θα την πείραζε, αν συνέχιζε να την κοιτάζει έτσι όλη μέρα.

«Εεε! Έιμι! Το περπάτημα μας άνοιξε την όρεξη. Για την ακρίβεια: πεθαίνουμε της πείνας εδώ κάτω!» ακούστηκε η φωνή του Νταν. *«Και ο Άλιστερ θέλει τον χάρτη του!»*

Η Έιμι ένιωσε τα μάγουλά της να φουντώνουν κι απόστρεψε το βλέμμα της.

«Πάρε», της είπε ο Ίαν και της έδωσε το σχεδιάγραμμα.

Το χαρτί του Χιντεγιόσι, που ο Άλιστερ είχε καρφώσει μ' έναν συνδετήρα πάνω στη σελίδα νούμερο εννέα, ανέμιζε στο χέρι του. Τα δυο κομμάτια του χάρτη κόντευαν να διαλυθούν. Η Έιμι τα ξανάβαλε το ένα πάνω στο άλλο με χέρια που έτρεμαν... πασχίζοντας να ταιριάξει και πάλι τις γραμμές με τα σημάδια, ένα προς ένα...

Το βλέμμα της χτένισε το τοπίο. Κι ύστερα ξανά, για δεύτερη φορά.

«Ω, θεέ μου...», ψέλισε.

«Ορίστε;» είπε ο Ίαν.

Το έλεγξε και πάλι. Και για τέταρτη φορά, για να σιγουρευτεί εντελώς. Αλλά δεν είχε κάνει λάθος – το σχήμα, που είχαν προσέξει λίγο νωρίτερα στον χάρτη. Αυτό, που δεν ήξεραν τι ήταν και προσπαθούσαν να το μαντέψουν.

Δεν ήταν φοίνικες. Ούτε άλλα δέντρα.

«Νταν!» τσίριξε η Έιμι και πήδησε κάτω από τον βράχο, σαν να μην είχε στραμπουλήξει ποτέ τον αστράγαλό της. *«Ελάτε όλοι! Ελάτε γρήγορα!»*

Άρχισε να τρέχει προς το μέρος τους, αλλά την πρόλαβαν στα μισά της απόστασης. Η Έιμι πήρε το χέρι του αδερφού της και τον τράβηξε στο μονοπάτι και πάνω στον ψηλό βράχο. «Σ' αγαπάω, Νταν. Είσαι μεγαλοφυΐα», του είπε.

Ο Νταν την κοίταξε καχύποπτα. «Μήπως σου 'δωσε τίποτα να πιεις, ο Ίαν;» ρώτησε.

«Κοίτα», τον έκοψε δείχνοντάς του το τοπίο γύρω τους. «Τι βλέπεις;»

«Δέντρα. Βράχια. Καβαλίνες από ελάφια». Ο Νταν ανασήκωσε τους ώμους του.

«Το περίγραμμα του βράχου. Πώς μοιάζει;» τον ρώτησε η Έιμι.

«Σαν ζιγκ-ζαγκ;» είπε ο Ίαν.

Ξάφνου ο Νταν πετάχτηκε, σαν να είχε κερδίσει τον πρώτο αριθμό στο λαχείο. «Είναι το W!» φώναξε. *«Έιμι, βρήκες το W μας!»*

Ο Άλιστερ χαμογέλασε ενθουσιασμένος. «Θαυμάσια. Το Χ στον χάρτη! Και είναι ακριβώς δίπλα σ' έναν βράχο, που η κορυφή του είναι το W!»

Η Έιμι πήρε τον χάρτη κι ακολούθησε την κατηφόρα, στη ρίζα του βράχου, παραμερίζοντας φύλλα και κλαδιά και πέτρες.

«Σκορπιστείτε», πρόσταξε ο Ίαν. «Και ψάξτε για σπηλιές, για κρυφά ανοίγματα».

Οι άλλοι μιμήθηκαν το παράδειγμά του ψάχνοντας τους πρόποδες του βράχου. «Κοιτάξτε!» φώναξε ξάφνου η Ναταλί.

Η Έιμι έτρεξε κοντά της πρώτη. Παραμερίζοντας ένα χοντρό κλαρί κισσού είδε στην κάθετη επιφάνεια του βράχου χαραγμένη τη μορφή ενός άντρα. Είχε λεπτό πρόσωπο, σαν πίθηκος, με διαπεραστικά μάτια – και μια χαρακιά στη θέση του στόματος. «Μπλιαχ», είπε η Ναταλί.

«Ο Φαλακρός Ποντικός», είπε με δέος ο Άλιστερ, ψηλαφώντας με τα δάχτυλά του τη μορφή μπροστά τους. «Είναι μια εικόνα του Χιντεγιόσι, όπως τις έφτιαχναν οι Γιαπωνέζοι εκείνη την εποχή».

«Λαμπρά», είπε ο Ίαν τρίβοντας σκεφτικός το σαγόνι του.

«Και πώς θα μπούμε μέσα;» ρώτησε ο Νταν με το πρόσωπό του χωμένο στον χάρτη. «Δεν ξέρω αν το προσέξατε... αλλά αυτό το W είναι φτιαγμένο από *συμπαγή, βαριά πέτρα*. Κάπου πρέπει να υπάρχουν οδηγίες...»

Η Έιμι και οι άλλοι μαζεύτηκαν γύρω του. Το παιδί τούς έδειξε τότε τα γράμματα στη βάση του χάρτη. «Αυτά τα γραμματάκια. ΤΟΟΤΑ. Τι σημαίνουν;»

«Πατέρας του Χιντεγιόσι ήταν ο Τόμας Κέιχιλ... ίσως είχε διδάξει στον γιο του αγγλικά», είπε ο Άλιστερ.

«Η λέξη είναι ΤΟΥΟΤΑ!» είπε η Έιμι. «Ένα γράμμα λείπει μόνο. Το Υ».

«Μπράβο, φωστήρα! Το βρήκες!» είπε ο Νταν. «Το τρίτο στοιχείο μας είναι ένα θαμμένο μίνι βαν κατασκευασμένο στην Ιαπωνία».

«Νομίζω πως εννοεί... ότι το χαρτί ίσως είναι πλαστό», είπε ο Ίαν.

«Σας ευχαριστούμε πολύ, κύριε και κυρία Κάμπρα», είπε ο Νταν μελετώντας το χαρτί στα χέρια του. «Αλλά δεν είναι πλαστό το χαρτί. Κάθε άλλο».

Ύστερα ακούμπησε το σχεδιάγραμμα στο χώμα και βγάζοντας τον ελβετικό σουγιά από την τσέπη του, βάλθηκε να το σκίζει με γρήγορες κινήσεις.

«Νταν!» φώναξε ο Άλιστερ.

Η Έιμι ένιωσε την καρδιά της να σταματάει. *«Τι κάνεις εκεί;»*

Ο Νταν είχε βγάλει τώρα το ψαλιδάκι του κι έκοβε με προσοχή ένα ένα τα γράμματα. Με προσεκτικές κινήσεις τοποθέτησε διαφορετικά τα λεπτά χάρτινα κορδελάκια: το μεγάλο Α μέσα στο μεγάλο Ο. Τα δυο μικρότερα Τ το ένα δίπλα στο άλλο, ανάποδα, μέσα στο Α. Και, τέλος, το μικρότερο Ο στο κέντρο:

«Είναι το σύμβολο της φιλοσοφικής λίθου», είπε η Έιμι σαστισμένη.

Ο Νταν κούνησε το κεφάλι του. «“Και με των στοιχείων την ένωση, η πύλη ανοίγει”. Μόλις ένωσα τα στοιχεία».

Κοίταξε την αδερφή του λάμποντας ολόκληρος. Κι η Έιμι κατάλαβε τι είχε στο μυαλό του.

Έβαλε το χέρι στην τσέπη κι έβγαλε το νόμισμα που της είχε δώσει ο Ίαν. Πάνω του είχε χαραγμένο το ίδιο σύμβολο – το σύμβολο της φιλοσοφικής λίθου. «Ήρθε η ώρα να δώσουμε στον Ποντικό κάτι να φάει», είπε.

Και γλίστρησε προσεκτικά το νόμισμα στη χαρακιά, που ήταν το στόμα του Χιντεγιόσι.

Την ίδια στιγμή, το έδαφος άρχισε να τρέμει κάτω από τα πόδια τους.

ΚΕΦΑΛΑΙΟ 14

ΓΚΡΡΡΡΡΟΟΟΟΟΚ...

Τα γόνατα του Ίαν λύγισαν. Ο βράχος κατέρρευσε σηκώνοντας τριγύρω τους ένα σύννεφο γκρίζας σκόνης.

Προστατεύοντας τα μάτια του είδε την Έιμι όρθια δίπλα στη σκαλιστή φιγούρα, που τώρα την πλησίαζε. Από την ταραχή της είχε παγώσει. Το σακίδιό της ήταν πεσμένο κατάχαμα, δίπλα στα πόδια της.

«Κάνε πίσω!» της φώναξε.

Βούτηξε μπροστά, την έριξε στο έδαφος κι έπεσε από πάνω της. Μια βροχή από χαλίκια και μικρές πέτρες έπεσε στην πλάτη του και στα μαλλιά του και στο χώμα γύρω τους, σαν έκρηξη από χειροκροτήματα.

Η δεύτερη σκέψη του ήταν πως είχε καταστρέψει το πουκάμισό του. Κι αυτό ακριβώς τον άφησε άναυδο – το ότι, δηλαδή, δεν ήταν η πρώτη του σκέψη. Για το πουκάμισό του. Ή για το νόμισμα. Ή για τον εαυτό του.

Η πρώτη του σκέψη ήταν για εκείνη.

Μα εκείνη δεν ήταν μέσα στα σχέδιά του. Δηλαδή... ήταν. Αλλά για κάποιον σκοπό. Ήταν στα σχέδιά του, επειδή τον εξυπηρετούσε σε κάτι. Επειδή ήταν χρήσιμη. Εξυπηρετική. Βολική.

«... Ωραία», είπε.

Η Έιμι τον κοίταζε, μαρμαρωμένη, με τα βλέφαρά της γεμάτα γκρίζα σκόνη. Ο Ίαν τής πήρε το χέρι, που ήταν σφιγμένο γροθιά. «Δ-δ-δεν είναι ανάγκη», του είπε ψιθυριστά.

«Δεν είναι ανάγκη, ποιο πράγμα;» ρώτησε ο Ίαν.

«Να μου μιλάς σαρκαστικά. Να λες "ωραία". Μου έσωσες τη ζωή. Σ-σ-σ-σ' ευχαριστώ».

«Υποχρέωσή μου», της απάντησε. Και γέρνοντας το κεφάλι του, άφησε τα χείλια του ν' αγγίξουν τα δικά της. Μια ιδέα μόνο. Μια ελάχιστη στιγμή.

Ο αέρας καθάριζε σιγά σιγά και ο θόρυβος είχε καταλαγιάσει. Ο Ίαν ανακάθισε, αφήνοντας το χέρι της Έιμι. Η χαραγμένη φιγούρα είχε μετακινηθεί λίγους πόντους κι είχε ανοίξει διαγώνια πάνω στον βράχο. Στη θέση της βρισκόταν τώρα ένα ορθογώνιο άνοιγμα.

Μια βαριά, έντονη μυρωδιά όρμησε από μέσα και τους χτύπησε στα ρουθούνια.

Ο Άλιστερ σηκώθηκε πρώτος, ξεσκονίζοντας το καλοσιδερωμένο παντελόνι οδοιπορίας που φορούσε. «Η κρυψώνα του Χιντεγιόσι...», είπε με δέος.

Ο Νταν και η Ναταλί, δίπλα του, έβηχαν ακόμα από τη σκόνη που είχαν εισπνεύσει. Ο Νταν προσπάθησε να ρίξει μια ματιά στο σκοτεινό άνοιγμα κι έκανε αμέσως πίσω. «Βρομάει! Κάποιος ξέχασε να τραβήξει το καζανάκι εδώ μέσα!»

Ο Άλιστερ βρήκε το σακίδιο της Έιμι και έβγαλε από μέσα δυο φακούς – φανάρια Κόλμαν, που λειτουργούν με μπαταρία.

Ο Ίαν βοήθησε την Έιμι να σηκωθεί. «Έχεις το νόμισμα;» ρώτησε ευγενικά. «Ίσως το χρειαστούμε αργότερα, για να κλείσουμε ξανά την είσοδο».

«Στην τσ-τσ-τσέ...», απάντησε η Έιμι δείχνοντας την τσέπη της. «Το έβαλα εδώ μέσα, όταν άρχισε ν' ανοίγει ο β-β-βράχος...»

Ο Άλιστερ της έδωσε το ένα φανάρι. «Εσύ κι εγώ θα πηγαίνουμε μπροστά, Έιμι».

Το κορίτσι προχώρησε με τρεμάμενα πόδια μέσα στη σπηλιά. Η Ναταλί αγριοκοίταξε τον αδερφό της. Κι εκείνος της έκλεισε μπαίνοντας το μάτι.

Α, καμιά εμπιστοσύνη δεν του είχε. Καμιά απολύτως.

Συγκεντρώσου.

Το μόνο που ένιωθε η Έιμι, ήταν τα χείλη της. Το γαλαζωπό φως του φαναριού χόρευε στα τοιχώματα της σπηλιάς και η μυρωδιά της αμμωνίας από τις ακαθαρσίες των ζώων ήταν αποπνικτική. Αιώνες είχαν περάσει από την τελευταία φορά που είχε πατήσει άνθρωπος εδώ μέσα και τα παπούτσια της πατούσαν σ' ένα στρώμα από κάτι, που η Έιμι θα προτιμούσε να μη δει. Και το μόνο που ένιωθε ήταν ένα γαργάλημα στα χείλη της.

Όλα μαζί γίνονταν. Το νόμισμα, η κρυψώνα, το...

Το *ποιο;* Τι ακριβώς ήταν αυτό, που είχε γίνει;

Ο Ίαν περπατούσε δίπλα της αμίλητος. Υποτίθεται ότι έπρεπε να τον μισεί. Τον μισούσε. Κάποτε. Αλλά ακόμα κι αν την σταύρωναν τώρα, δεν θα μπορούσε να θυμηθεί γιατί. Παρά τη βρόμα και τη φρίκη γύρω της, ένιωθε ζωντανή, ολοζώντανη. Κι απίστευτα ευτυχισμένη.

«Σ' ευχαριστώ», είπε σιγανά.

«Για τι πράγμα;» ρώτησε ο Ίαν.

«Που μου έδωσες αυτό το νόμισμα στο Τόκιο», του απάντησε. «Αν δεν το είχες κάνει, τίποτα απ' όλα αυτά δεν θα 'χε συμβεί».

Ο Ίαν κούνησε το κεφάλι του. «Ήταν ένα από τα πιο πολύτιμα πράγματα που είχαν στην κατοχή τους οι Κάμπρα. Κυκλοφορούσαν φήμες πως ήταν κλειδί για κάποιο στοιχείο των Τόμας, αλλά οι γονείς μου δεν τις πίστευαν. Αναγκάστηκα να τους το κλέψω». Ανατρίχιασε. «Δεν θέλω ούτε να σκέφτομαι τη στιγμή που θα τ' ανακαλύψει ο πατέρας μου».

Η Έιμι έβαλε το χέρι στην τσέπη της και του 'δωσε το νόμισμα.

«Δεν... δεν μπορώ», είπε ο Ίαν. «Το υποσχέθηκα».

«Δεν το χρειαζόμαστε πια», απάντησε το κορίτσι.

«Σ' ευχαριστώ». Ο Ίαν το πήρε και το έκρυψε στην τσέπη του. Αλλά το βλέμμα του καρφώθηκε κάπου ψηλά. «Έιμι; Είδες κάτι να κινείται εκεί;»

Η Έιμι έστρεψε το φανάρι της προς τα πάνω και το φως έπεσε σε μια σκιά, που φτεροκοπούσε και χόρευε – κι ύστερα σηκώθηκε τσιρίζοντας, σαν σύννεφο μαύρο.

«ΚΑΛΥΦΘΕΙΤΕ!» φώναξε ο Νταν καθώς μια υγρή μάζα από νυχτερίδες έπεσε πάνω στα κεφάλια τους. Σκλήριζαν και φτερούγιζαν και οι άκρες των φτερών τους σφυροκοπούσαν τα μαλλιά της Έιμι σαν χοντρές στάλες βροχής, καθώς το κορίτσι ζάρωσε σκυφτό για να τις αποφύγει. Κι ύστερα βγήκαν από το στενό άνοιγμα της εισόδου, όπως βγαίνει ο καπνός από την καμινάδα.

«Είσαι εντάξει;» ρώτησε ο Ίαν.

Η Έιμι έγνεψε καταφατικά. «Σιχαίνομαι τις νυχτερίδες». Ανακάθισε και έστρεψε γύρω το φανάρι της, έτσι ώστε το φως να πέσει και πάνω στο πρόσωπό του. Μόνο και μόνο για να το δει.

Τότε ο Νταν ούρλιαξε ξανά.

«Έιμι, φέξε λίγο εδώ πέρα!»

Ήταν το ωραιότερο πράγμα, που είχε δει ποτέ του. Ωραιότερο ακόμα κι από την ισόβια συνδρομή στα παιχνίδια Nintendo, που είχε σχεδόν κερδίσει όταν πήγαινε στην τετάρτη τάξη.

Τώρα ο Άλιστερ και η Έιμι έτρεχαν προς το μέρος του, φωτίζοντας και οι δυο με τα φανάρια τους έναν τεράστιο σωρό από αντικείμενα, στοιβαγμένα από το δάπεδο της σπηλιάς ως την οροφή της. Από το πάνω μέρος, εκεί που κούρνιαζαν οι νυχτερίδες, κρέμονταν σταλακτίτες, που περιέβαλλαν τον σωρό σαν αναποδογυρισμένος φράχτης – συγκρατώντας τα πράγματα να μην κατρακυλήσουν ολόγυρα.

Ήταν σπαδιά – ένας πύργος από σπαδιά, βαλμένα με τάξη, στηριγμένα, σταυρωμένα μεταξύ τους. Οι λαβές προεξείχαν: άλλες στολισμένες και σκαλιστές, άλλες απλές, σκέτες. Έμοιαζαν με χέρια απλωμένα, χέρια που προκαλούσαν κάποιον να τα τραβήξει. Κι αν κάποιος το τολμούσε, τότε ο σωρός θα γκρεμιζόταν σαν πύργος από τραπουλόχαρτα.

«Το Μεγάλο Κυνήγι των Σπαδιών, του 1588», μουρμούρισε ο Άλιστερ. «Εδώ τα έκρυψαν».

Αλλά ο Νταν προσπέρασε τα σπαδιά και προχώρησε αριστερά. Η σπηλιά έδειχνε να συνεχίζεται προς αυτή τη μεριά, πιο φαρδιά, πιο βαθιά, γεμάτη με αμέτρητα πράγματα, σωριασμένα εδώ κι εκεί. Κάποια έμοιαζαν πεταμένα – κράνη και στέμματα, πανοπλίες, δόρατα, ασπίδες, σέλες, αναβολείς, διπλωμένα κιμονό κεντημένα με πολύτιμα πετράδια, αγάλματα σκεπασμένα με σκόνη, σφιχτοδιπλωμένα πανάρχαια έγγραφα μέσα σε ξύλινες κασετίνες. Αλλά ένα χώρισμα της σπηλιάς έμοιαζε αλλιώτικο – ένα ιερό, τριγυρισμένο από έναν περίεργο τριγωνικό καθρέφτη κρεμασμένο στον τοίχο. Ακόμα και η κορνίζα του ήταν σκαλισμένη με αλλόκοτο τρόπο.

Γύρω του ήταν στοιβαγμένα πελώρια σεντούκια, στολισμένα με πολύτιμες πέτρες και καλλιγραφίες. Και κλειδωμένα με τεράστιες κλειδαριές.

Ο Νταν τράβηξε μία απ' όλες και την είδε να διαλύεται στα χέρια του, σκουριασμένη, φαγωμένη από τον χρόνο. Άνοιξε το καπάκι και όλοι μαζεύτηκαν δίπλα του.

«Όπως λένε στις επαρχίες της Αμερικής...», είπε η Ναταλί με μάτια ορθάνοιχτα, «Μπάντζιι!»

«Νομίζω ότι λένε Μπίνγκο», την διόρθωσε ο Άλιστερ. «Θεέ μου! Αυτός πρέπει να 'ναι ο θησαυρός του Χιντεγιόσι – τα λάφυρα που συγκέντρωσε ο στρατός του, όταν κατέκτησε την Ιαπωνία και στη συνέχεια την Κορέα».

Ο Νταν έχωσε τα χέρια του στα φλουριά και στα κοσμήματα. Η Έιμι, δίπλα του, άνοιξε ένα δεύτερο σεντούκι. «Πιάτα, ξυλάκια, φλιτζάνια, κούπες, δίσκοι... όλα από ατόφιο χρυσάφι!»

«Βούδες!» είπε ο Ίαν ανοίγοντας ένα σεντούκι λίγο πιο πέρα. «Συλλογή ολόκληρη από χρυσούς Βούδες-μινιατούρες».

«Ο Χιντεγιόσι λάτρευε το χρυσάφι», είπε σιγανά ο Άλιστερ. «Ο θρύλος λέει ότι κατάπινε κάθε βράδυ και μερικές σταγόνες λιωμένο χρυσό, επειδή πίστευε στις μαγικές του ιδιότητες...»

«Είμαστε πλούσιοι», είπε ο Ίαν. «Ξανά».

Ο Νταν χαμογέλασε.

Και με των στοιχείων την ένωση, η πύλη ανοίγει, το ύψιστο αποκαλύπτεται...

«Δεν είμαστε απλώς πλούσιοι», είπε χτυπώντας τα χέρια του ενθουσιασμένος. «Ανακαλύψαμε και το επόμενο στοιχείο στον αγώνα των Κέιχιλ!»

ΚΕΦΑΛΑΙΟ 15

Ο Άλιστερ δεν νοιαζόταν καθόλου που γερνούσε. Τον πείραζε, όμως, που του 'βαζε τα γυαλιά ο εντεκάχρονος ανιψιός του.

Χρυσάφι.

Είχε δίκιο το παιδί. Το χρυσάφι ήταν το ανώτατο στοιχείο στην αλχημεία. Το αλχημικό σύμβολο –η «ένωση των στοιχείων»– ήταν το κλειδί για την είσοδο. Δίχως άλλο, αυτό το είχε σκεφτεί ο Χιντεγιόσι. Ήταν γιος του Τόμας Κέιχιλ! Η μελέτη της αλχημείας κυλούσε μαζί με το αίμα στις φλέβες του!

Ο Άλιστερ βλαστήμησε από μέσα του τον εαυτό του. Θα έπρεπε να το 'χε μαντέψει από την πρώτη στιγμή. Θα είχε γλιτώσει τόσους κόπους, τόσα προβλήματα. Και το κυριότερο, δεν θα είχε βάλει σε κίνδυνο τη ζωή του ανιψιού και της ανιψιάς του.

Ήταν γραφτό του, όμως.

Ήταν γραφτό του ν' ανακαλύψει με αγώνα ένα στοιχείο, που τελικά το γνώριζε ήδη.

Προσπάθησε να χαμογελάσει. Για τους δυο μικρούς Κέιχιλ, όλα αυτά ήταν καινούρια. Δεν έψαχναν μια ολόκληρη ζωή, όπως ο ίδιος. Τώρα χοροπηδούσαν παρέα με τους Κάμπρα, έκαναν χορευτικές κινήσεις που τις ονόμαζαν χιπ-χοπ. Κινήσεις, που όταν προσπάθησε να τις μιμηθεί, αποδείχτηκαν οδυνηρές και δύσκολες.

Συνέχισε να παρακολουθεί τον Ίαν Κάμπρα. Ήταν βέβαιος πως και οι Κάμπρα γνώριζαν αυτό το στοιχείο. Οι Λούσιαν συγκέντρωναν στοιχεία, όπως και οι Εκατερίνα. Ίσως ήταν απλώς καλύτεροι ηθοποιοί απ' αυτόν.

«Μπράβο! Και ζήτω!» φώναζε ο Ίαν αρπάζοντας την Έιμι από τη μέση και σηκώνοντάς την ψηλά. «Το ήξερα πως η συνεργασία μεταξύ των κλάδων θα έφερνε καρπούς!»

Καθώς την άφηνε ξανά κάτω, η Έιμι άγγιξε απαλά με το μάγουλό της το δικό του.

Ο Άλιστερ ένιωσε το αίμα του να παγώνει. Η παρακινδυνευμένη συνεργασία με τους Κάμπρα, είχε αποδειχτεί κερδοφόρα. Χωρίς το νόμισμα του Ίαν, δεν θα είχαν βρει τη σπηλιά, δεν θα είχαν μπορέσει να μπουν μέσα.

Αλλά δεν φανταζόταν ποτέ ότι η σχέση τους θα έφτανε σ' αυτό το σημείο.

«Λέω... λέω να πηγαίνουμε τώρα», είπε ο Άλιστερ. «Και την ώρα του δείπνου μπορούμε να συζητήσουμε τι θα κάνουμε στη συνέχεια».

«Όχι, όχι ακόμα», είπε ο Ίαν κι αφήνοντας την Έιμι έστρεψε την προσοχή του στον καθρέφτη. «Διορθώστε με αν πέφτω έξω. Αλλά έχω την εντύπωση ότι κάθε φορά που βρίσκετε ένα στοιχείο, βρίσκετε συγχρόνως και κάποιες πληροφορίες, που σας οδηγούν στο επόμενο».

«Πολύ σωστά, μεγάλε», απάντησε ο Νταν. «Αλλά μη ζορίζεις το μυαλουδάκι σου. Ό,τι στοίχημα θέλεις, πως το επόμενο στοιχείο δεν είναι σκόνη από βράχια».

Ο Ίαν είχε καρφώσει το βλέμμα του στον καθρέφτη. «Τι λέτε να σημαίνουν αυτά τα γράμματα;»

Ο Άλιστερ πλησίασε, φωτίζοντας με το φανάρι του την τριγωνική κορνίζα του καθρέφτη. Στις δυο πλευρές της, δεξιά κι αριστερά, διακρινόταν από μια σειρά παράξενα σύμβολα.

«Εμένα μου φαίνονται κινέζικα», είπε η Ναταλί.

«Παιδιά, εγώ *τα ξέρω* αυτά τα γράμματα!» είπε ο Νταν. «Τα θυμάμαι! Τα είδα και στην επιγραφή, που ήταν χαραγμένη το σπαδί, στη Βενετία. Θυμάσαι, θείε Άλιστερ, τότε που κοιτάζαμε εκείνα τα τατουάζ; Που σου είπα ότι κάποια γράμματα έλειπαν; Ε, αυτά εδώ είναι!»

«Δεν νομίζω πως αντιστοιχούν σε κάποια γλώσσα», είπε ο Άλιστερ ψάχνοντας νοερά τα αλφάβητα από τις δεκατρείς γλώσσες, που ήξερε. «Μήπως είναι κάποιο μυστικό μήνυμα;»

Η Ναταλί διάλεξε μια χρυσή βούρτσα κι άρχισε να βουρτσίζει τα μαλλιά της μπροστά στον καθρέφτη. «Καθρέφτη, καθρεφτάκι μου, ποια είναι η ωραιότερη κι η πλουσιότερη κι η εξυπνότερη κι η...»

«Ναταλί! Είσαι και η πρώτη!» είπε ο Νταν.

Η Ναταλί κοκκίνισε. «Ω, σ' ευχαριστώ. Ώρες ώρες δεν το πιστεύω ούτε εγώ η ίδια πόσο...»

«Όχι, όχι! Άλλο λέω! Λέξεις στον καθρέφτη... γράμματα στον καθρέφτη!» Ο Νταν έβγαλε αμέσως από την τσέπη του ένα μηχανικό μολύβι και το πολυδιαβασμένο αντίτυπο των *Καλύτερων Κωμωδιών στην Ιστορία του Κινηματογράφου*. Σκίζοντας μια λευκή σελίδα από το τέλος, την στήριξε στο πίσω μέρος του βιβλίου κι άρχισε ν' αντιγράφει τα γράμματα. Μετά κράτησε τη σελίδα μπροστά στον καθρέφτη.

Εξακολουθούσε να μη βγάζει νόημα.

Η Έιμι έγειρε το κεφάλι της στο πλάι. «Τα γράμματα είναι συμμετρικά», είπε. «Το πάνω μέρος τους είναι σαν να καθρεφτίζει το κάτω μέρος τους. Μήπως, λοιπόν, από κάθε γράμμα πρέπει να αφαιρέσουμε το *μισό...;* Για να καταλάβουμε ποιο είναι;»

«Δεν έχω ξανακούσει πιο τραβηγμένο απ' τα μαλλιά, πιο ηλίθιο πράγμα...», είπε ο Νταν.

Η Έιμι του πήρε το χαρτί κι άρχισε να σβήνει το πάνω μισό κάθε γράμματος.

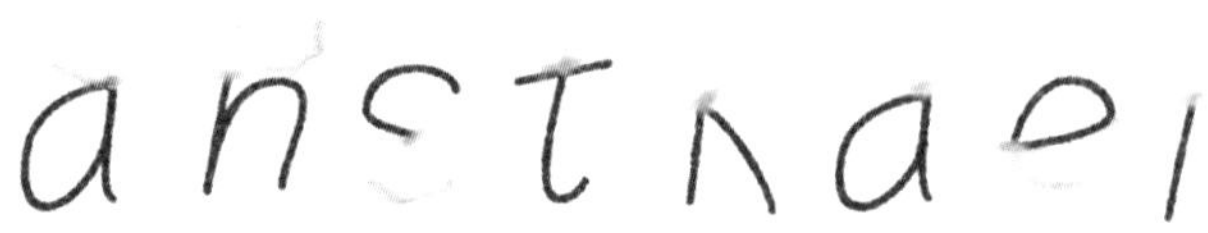

Κι ύστερα άρχισε αργά να συμπληρώνει τα μισά γράμματα:

«AHSTKAEL...», διάβασε αργά. «Δεν είναι μια αλυσίδα καταστημάτων βιολογικών τροφών στη Σουηδία;»

«Το επόμενο στοιχείο μας, δηλαδή, είναι στη Σουηδία;» είπε η Ναταλί – κρύβοντας με δυσκολία τον ενθουσιασμό της. «Θα χρειαστώ μια καινούρια γούνα».

Ο Νταν έξυσε το σαγόνι του. «Παιδιά... συγγνώμη... αλλά αυτά είναι αγγλικά γράμματα. Μήπως θα έπρεπε να ψάχνουμε γιαπωνέζικα γράμματα; Κορεάτικα, έστω; Λέω: μήπως;»

«Ο Χιντεγιόσι ήταν γιος του Τόμας Κέιχιλ», είπε ο Άλιστερ. «Η λογική λέει πως μεγάλωσε μιλώντας αγγλικά. Πως μιλούσε με ευχέρεια τη γλώσσα του πατέρα του. Κι αν σκεφτεί κανείς πως την εποχή εκείνη η Ανατολή δεν είχε ακόμα σχέσεις με τη Δύση, τα αγγλικά ισοδυναμούσαν με κώδικα που κανείς δεν μπορούσε να σπάσει».

Ο Νταν πήρε ξανά το χαρτί και το μολύβι στα χέρια του και βάλθηκε να γράφει σαν παλαβός, τακτοποιώντας τα γράμματα μ' ένα σωρό διαφορετικούς συνδυασμούς.

ALT SHAKE
THE SKALA
SHEA TALK
LAST HAKE
LAKE TASH

«Να το! Lake Tash! Λίμνη Τας! Αυτό είναι;» φώναξε η Ναταλί.

Ο Νταν έγνεψε καταφατικά. «Η Λίμνη Τας...», μουρμούρισε μέσα από τα δόντια του. *«Στο Κιργκιστάν...»*

«Το επόμενο στοιχείο μας βρίσκεται στο Κιργκιστάν;» ρώτησε η Ναταλί.

«Λαμπρά», χαμογέλασε ο Ίαν. «Λοιπόν: χαρήκαμε πολύ για τη συνεργασία. Στη συνέχεια του αγώνα, όμως, φοβάμαι ότι εμείς θα έχουμε το προβάδισμα».

«Μα... μα...», τραύλισε η Έιμι.

Ο Άλιστερ παρακολούθησε το πρόσωπο της ανιψιάς του να σκοτεινιάζει. Η Έιμι ήταν έτοιμη να το προτείνει: να ζητήσει από τους Κάμπρα να συνεχίσουν τη συνεργασία. Κι αυτό θα 'ταν καταστροφή. «Θα φροντίσω να φύγουμε αμέσως τώρα για τη Σεούλ», είπε βγάζοντας από την τσέπη του το κινητό του. «Εκεί θα...»

«Ω, δεν νομίζω πως θα 'χεις σήμα εδώ μέσα», είπε ο Ίαν τραβώντας προς την έξοδο με την αδερφή του δίπλα του.

Στο άνοιγμα της σπηλιάς η Ναταλί χαμογέλασε, με τα χέρια στις τσέπες της. «Για την ακρίβεια, δεν νομίζω οτι θα μπορέσεις να τηλεφωνήσεις σε κανέναν για τα επόμενα, ω, ας πούμε... πεντακόσια χρόνια».

Όταν έβγαλε το δεξί της χέρι από την τσέπη, είδαν πως κρατούσε ένα μικρό όπλο – ένα όπλο που έριχνε βελάκια βουτηγμένα σε αναισθητικό.

Ο Άλιστερ μπήκε μπροστά στην ανιψιά και στον ανιψιό του, αλλά η Έιμι τον παραμέρισε. «Ναταλί;...» είπε.

«Παιδιά, δεν είναι αστείο αυτό», είπε ο Νταν – κι έκανε ένα βήμα προς το μέρος τους. Μα η Ναταλί τον σημάδεψε στο πρόσωπο.

«*Νταν!*» τσίριξε η Έιμι τραβώντας πίσω τον αδερφό της.

Ο Ίαν κοίταξε την Έιμι. Για μια στιγμή τής φάνηκε πως διέκρινε μια αμυδρή σπίθα... αμφιβολίας; Ένα σημάδι πως όλα αυτά δεν ήταν παρά ένα μεγάλο, σαδιστικό αστείο; Η σπίθα χάθηκε το ίδιο γρήγορα, όπως είχε έρθει. Ο Ίαν χαμήλωσε τα μάτια κι έβγαλε το νόμισμα με το σύμβολο της φιλοσοφικής λίθου από την τσέπη του. «Με την ευκαιρία... να σ' ευχαριστήσω γι' αυτό», είπε στην Έιμι.

«Πώς βρέθηκε αυτό στα χέρια του;» ρώτησε ο Νταν αγριοκοιτάζοντας την αδερφή του.

«Ε-ε-εγώ...» Οι λέξεις δεν έβγαιναν από το στόμα της. «Τ-τ-του...»

«Οικογενειακό κειμήλιο», είπε ο Ίαν. Πισωπατώντας έφτασε στην πόρτα κι έβαλε το νόμισμα στο στόμα του Φαλακρού Ποντικού. «Μην ανησυχείτε. Όταν θα βγούμε νικητές από τον αγώνα των Κέιχιλ, όταν θα 'χουμε εξασφαλίσει τη δύναμη που δικαιωματικά μας ανήκει, ίσως έρθουμε να σας δούμε. Να σας κάνουμε μια επίσκεψη. Αν είστε ακόμα σε θέση να δέχεστε επισκέψεις. Στο μεταξύ, φίλοι μου, σας συμβουλεύω να κάνετε οικονομία στις μπαταρίες σας. Και στο οξυγόνο σας».

Η σπηλιά τραντάχτηκε. Αργά αργά η πόρτα άνοιξε.

Το τελευταίο πράγμα που είδε ο Άλιστερ πριν ο βράχος ξανακλείσει, ήταν η κάννη του όπλου της Ναταλί Κάμπρα.

ΚΕΦΑΛΑΙΟ 16

Ηλίδια.

Χαζοβιόλα.

Βλαμμένη.

Η Έιμι κοίταξε την πόρτα, το σκοτάδι στο σημείο όπου στεκόταν μέχρι πριν από λίγο ο Ίαν Κάμπρα.

Όλα ήταν ένα μεγάλο, κακό αστείο. Την είχε τυλίξει στο μικρό του δαχτυλάκι και την είχε κοροϊδέψει.

Πώς; *Πώς μπορούσε κάποιος να κάνει κάτι τέτοιο;*

Δάκρυα κύλησαν στα μάγουλά της κι έπεσαν στο δάπεδο, χτυπώντας μαλακά, σαν νυχτοπεταλούδες που φτερουγίζουν τραβηγμένες από το φως.

Πίσω της ο Άλιστερ και ο Νταν την αγνοούσαν, συζητώντας σχέδια, ψάχνοντας τρόπους για να βγουν έξω. Για να γλιτώσουν τον θάνατο.

Πολύ αργά, σκέφτηκε η Έιμι. Εκείνη ήξερε ήδη πώς θα ένιωθαν τη στιγμή εκείνη.

Λίγο λίγο οι φωνές τους άνοιξαν δρόμο κι έφτασαν στο μυαλό της.

«Θα ψάξω μήπως υπάρχει άλλη έξοδος», έλεγε ο Άλιστερ. «Έιμι, εσύ κι ο Νταν ψάξτε μήπως βρείτε χαραμάδες στον βράχο. Αφού ζούσαν νυχτερίδες εδώ μέσα, σίγουρα θα υπάρχει κάποιο άνοιγμα. Από κάπου μπαίνει αέρας».

Η Έιμι κούνησε μουδιασμένη το κεφάλι της.

Όταν τα βήματα του Άλιστερ ξεμάκρυναν, ο Νταν γονάτισε δίπλα της. «Εντάξει, Έιμι. Κι εγώ θέλω να τον στραγγαλίσω».

«Ήταν δικό μου το λάθος», του απάντησε η αδερφή του. «Ε-ε-εγώ τον πίστεψα. Και έπεσα κατευθείαν στην παγίδα του...»

Ο Νταν την βοήθησε να σηκωθεί και βάλθηκε με το φανάρι στο χέρι να ψάχνει, πόντο-πόντο, τον βράχο. Η σπηλιά ήταν θεοσκότεινη και μετά από λίγα λεπτά κιόλας, η Έιμι άρχισε να δυσκολεύεται ν' ανασάνει.

Η φωνή του Άλιστερ ακούστηκε από μακριά: «Δεν υπάρχει άλλη έξοδος. Έψαξα όλο το W. Πάει πολύ πιο μακριά απ' όσο νόμιζα. Αλλά είμαστε παγιδευμένοι μέσα του».

Σ' έναν τάφο μέσα, σκέφτηκε η Έιμι. *Μας έθαψε ζωντανούς.*

Ένιωσε ένα χέρι στον ώμο της. «Λυπάμαι πολύ, αγαπημένη μου ανιψιά», είπε με σιγανή φωνή ο Άλιστερ. «Αν είχα αντιληφθεί πως άρχιζες να ξεμυαλίζεσαι με τον νεαρό, θα είχα κάνει κάτι να σε σταματήσω. Δεν το πρόσεξα. Κι αυτό ήταν λάθος μου ασυγχώρητο».

Η Έιμι αναστέναξε.

«Πώς τον άφησα να με ξεγελάσει; Πώς πίστεψα ότι κάποιος θα μπορούσε να...»

Τα λόγια σκάλωσαν μέσα στο ξερό της στόμα.

«Ξέρω ότι δεν θα νιώσεις καλύτερα μ' αυτό που θα σου πω», είπε ο Άλιστερ. «Αλλά, πίστεψέ με: ξέρω πώς νιώθει κανείς όταν τον προδίδουν».

Η Έιμι σήκωσε τα μάτια και κοίταξε το πρόσωπο του Άλιστερ, που μόλις ξεχώριζε στο σκοτάδι. «Αλήθεια;»

Ο Άλιστερ ήταν έτοιμος να πει κάτι, μα προφανώς άλλαξε γνώμη. «Ένα μόνο να έχεις στον νου σου, Έιμι: οι γονείς σου σ' αγαπούσαν πολύ. Η αγάπη τους φώτιζε τα μάτια τους, ακόμα κι όταν δεν βρίσκονταν δίπλα σου. Αυτούς να σκέφτεσαι. Κι εκείνοι θα είναι κοντά σου».

«Τους... ήξερες;» ρώτησε η Έιμι.

«ΜΠΛΙΑΧΧΧ! Αηδία!» φώναξε ο Νταν από κάποιο άλλο σημείο της σπηλιάς. «Νομίζω ότι πάτησα μια νυχτερίδα! Δεν αφήνετε την κουβέντα γι' αργότερα εσείς οι δυο; Αν υπάρξει αργότερα! Αν δεν πεθάνουμε εδώ μέσα! Αν δεν μας φάνε οι νυχτερίδες!»

Ο Άλιστερ πήγε αμέσως προς τον Νταν, αφήνοντας την Έιμι μ' ένα σωρό αναπάντητες ερωτήσεις.

«Νταν, ποτέ δεν πρέπει να τα παρατάς», είπε ο θείος στον ανιψιό. «Τα προβλήματα δεν είναι παρά λύσεις, που ακόμα δεν τις έχουμε βρει. *Θα* βγούμε από εδώ μέσα – και θα το δεις: θα φτάσουμε πρώτοι στη Λίμνη Τας! Πριν από τους Κάμπρα!»

«Ποιος σας είπε ότι θα πάμε στη Λίμνη Τας;» ρώτησε ο Νταν. «Εγώ από το μυαλό μου την έβγαλα».

«Μα... ο αναγραμματισμός...», είπε η Έιμι.

Ο Νταν στέναξε φωτίζοντας με το φανάρι το χαρτί, όπου σημείωνε τις λέξεις. «Βρήκα τη σωστή λύση με την πρώτη ματιά. Αλλά δεν τους είχα κι εμπιστοσύνη.

Γι' αυτό πέταξα πρώτα κάτι άλλο, να τους δοκιμάσω. Ο αληθινός προορισμός μας είναι...»

Άρχισε να γράφει κάτι στο χαρτί, αλλά η Έιμι δεν τον πρόσεχε πια. Το βλέμμα της ήταν καρφωμένο πίσω του, στο αλλόκοτο παιχνίδι του φωτός με το σκοτάδι, που ζωγράφιζε το φανάρι στον καθρέφτη.

«Περίμενε!» τον σταμάτησε. «Ο καθρέφτης... *έχετε ξανακούσει τρίγωνο καθρέφτη;*»

«Αν έχουμε ξανακούσει τη λέξη "τρίγωνο" ή τη λέξη "καθρέφτη";» ρώτησε ο Νταν.

«Θέλω να πω... ποιος θα έφτιαχνε ποτέ τρίγωνο καθρέφτη;» επέμεινε η Έιμι.

«Κάποιος που σχεδίαζε τριγωνικούς καθρέφτες;» πρότεινε ο Νταν.

«Ή ένας αλχημιστής!» φώναξε η αδερφή του. «Σκέψου, Νταν. Στην αλχημεία, όλα, μα όλα έχουν σχέση με τα *σύμβολα*. Οι πλανήτες, τα στοιχεία, τα πάντα. Το καθετί έχει το δικό του περίεργο σχήμα!»

«Και τι συμβολίζει το τρίγωνο;» ρώτησε ο Νταν.

Η Έιμι προσπάθησε να θυμηθεί την εικόνα στη σελίδα του παλιού βιβλίου. «Τον αέρα; Τον χρυσό;»

«Περίμενε... περίμενε... το βλέπω...», είπε ο Νταν. «Το νερό! Αυτό είναι. Περίμενε. Όχι. Με τη μύτη προς τα *κάτω*, το τρίγωνο συμβολίζει το νερό... αλλά με τη μύτη προς τα πάνω, συμβολίζει τη φωτιά!»

Ο Νταν έστρεψε το φανάρι προς τον καθρέφτη, σηκώνοντάς το ψηλά πάνω από το κεφάλι του.

Και πάνω από τον καθρέφτη, αρκετά πιο πάνω, η Έιμι είδε μερικά γλιτσιάρικα, μακρόστενα πραγματάκια. Το στομάχι της γύρισε. Έμοιαζαν με ποντικοουρές. «Είναι… ζωντανά;»

Ξάφνου, ο Νταν χαμήλωσε τα μάτια. Γονάτισε. Κι άρχισε να σκαλίζει με τα δάχτυλά του. «Κάρβουνο», είπε. «Πρέπει να πέφτει από πάνω».

Ο Άλιστερ σήκωσε το βλέμμα. «Τι είναι εκεί πάνω;»

Πνίγοντας τα κύματα της αηδίας που της έφερναν αναγούλα, η Έιμι πίεσε τον εαυτό της ν' ακολουθήσει το βλέμμα του. Με ανακούφιση διαπίστωσε πως οι ποντικοουρές παραήταν μακριές· δεν μπορούσαν να είναι αυτό που νόμιζε. Πρέπει να 'ταν απλά κορδόνια, που οδηγούσαν σε κάποια σχισμή μέσα στον βράχο.

Ξάφνου, μια πολύ ιδιαίτερη μυρωδιά χτύπησε τα ρουθούνια της. «Ω, Θεέ μου…», είπε. «Σας μυρίζει κάτι; Τώρα δα; Τι σας μυρίζει;»

«Κουραδάκια νυχτερίδας», είπε ο Νταν.

«Κλούβια αυγά», είπε ο Άλιστερ.

«Και τι μυρίζει σαν τα κλούβια αυγά;» ρώτησε η Έιμι.

«Ένα κοτέτσι γεμάτο κοτόπουλα;» είπε ο Νταν.

«Το θειάφι!» δήλωσε η Έιμι.

Ο Νταν χαμογέλασε. «Ναι, σωστά… το κάναμε στη χημεία πέρυσι! Κι εγώ έβαλα το μπουκαλάκι με το θειάφι μέσα στη σάκα της Μάντι Ρίπκινς, δίπλα στο κολατσιό της. Λιγάκι ξεβούλωτο, εννοείται. Κι όταν έβγαλε το σάντουιτς από τη σάκα της…»

«Κάρβουνο… θειάφι…», είπε η Έιμι στύβοντας το μυαλό της να θυμηθεί ό,τι είχε διαβάσει σχετικά μ' αυτά τα δυο στοιχεία στο μάθημα της χημείας. «Συνδυάζονται με κάποιο άλλο συστατικό και σχηματίζουν... τι στην ευχή σχηματίζουν;»

«Βρομερά κάρβουνα, φάρσα για ψησταριές;»

Και τότε η Έιμι θυμήθηκε. «Όχι, όχι, κουφιοκέφαλε», είπε με το βλέμμα καρφωμένο στα μακρουλά κορδόνια πάνω από τα κεφάλια τους. «Με κάρβουνο και με θειάφι, φτιάχνεται μπαρούτι».

«Δηλαδή... θέλεις να πεις... ότι εκεί πάνω έχει *μπαρούτι;*» ρώτησε ο Νταν.

«Το μπαρούτι ήταν ήδη γνωστό τον δέκατο έκτο αιώνα», είπε ο Άλιστερ. «Οι Κινέζοι ήξεραν να το φτιάχνουν αιώνες νωρίτερα. Και η χρήση του ήταν διαδεδομένη στην Ανατολή».

«Νταν, νομίζω πως αυτά τα κορδόνια βρίσκονται εκεί πάνω για κάποιον λόγο», είπε η Έιμι. «Είναι φιτίλια!»

«Λαμπρά, δεσποινίς μου! Είσαι μεγαλοφυΐα!» είπε ο Άλιστερ. «Ο καθρέφτης, λοιπόν, έχει διπλή σημασία. Πρώτον δείχνει προς τα πάνω, κατευθύνοντας το βλέμμα μας. Και δεύτερον, είναι το σύμβολο της φωτιάς. Και ταιριάζει γάντι στον Χιντεγιόσι. Σκληροτράχηλος πολεμιστής. Αλλά και πονηρός σαν αλεπού. Φρόντισε να υπάρχει και μια έξοδος για ώρα ανάγκης, αν τυχόν έπεφτε θύμα προδοσίας».

«Νταν, έχεις ακόμα τα σπίρτα από το Ξενοδοχείο Ευχαριστούμε Πολύ;» ρώτησε η Έιμι.

«Μην είσαι χαζή!» της απάντησε ο αδερφός της. «Δεν μπορούμε να τινάξουμε τη σπηλιά στον αέρα! Θα σκοτωθούμε!»

«Το μπαρούτι δεν είναι δυναμίτης», είπε ο Άλιστερ. «Σου θυμίζω ότι έχουμε γύρω μας τόνους σχιστολιθικού πετρώματος».

«Τι θα πει πάλι αυτό;» ρώτησε ο Νταν.

«Οι σχιστόλιθοι είναι πυκνά, και συχνά σκληρά πετρώματα», εξήγησε ο Άλιστερ. «Η ανατίναξη σχιστολιθικών βράχων στην εποχή μας απαιτεί εκρηκτικά πολύ ισχυρότερα από το μπαρούτι. Μια μικρή έκρηξη θα έχει μάλλον μικρά αποτελέσματα – αν υποθέσουμε ότι θα έχει αποτελέσματα. Δεν κινδυνεύουμε».

Ο Άλιστερ είχε βάλει τα δυνατά του να μιλήσει καθησυχαστικά, αλλά η Έιμι ξεχώρισε το τρέμουλο στη φωνή του. Κοίταξε τον αδερφό της. Οι σκιές του φαναριού τον έκαναν να μοιάζει γέρος. Αλλά ακόμα και πίσω από τις παραμορφώσεις που του προκαλούσε το φως, εκείνη μπόρεσε να διαβάσει τις σκέψεις του.

Τον πιστεύεις; έλεγε το πρόσωπο του Νταν.

Δεν είμαι και τόσο σίγουρη, σκέφτηκε η Έιμι.

Ούτε εγώ. Μπορεί να πέσουν αυτοί οι τόνοι του σχιστόλιθου πάνω μας και να μας κάνουν λιώμα, σκέφτηκε ο Νταν.

Ή…;

Ο Νταν απόστρεψε το βλέμμα του.

Ή να πεθάνουμε της πείνας, αργά και βασανιστικά, ήταν η σκέψη που ήθελε να κρύψει από την αδερφή του.

Και δεν είχε την παραμικρή αμφιβολία τι από τα δυο θα διάλεγε η Έιμι.

«Απ' ό,τι φαίνεται, είναι η μοναδική μας ελπίδα για να βγούμε και να τιμωρήσουμε τον Ίαν Κάμπρα όπως του αξίζει», είπε ο Νταν.

Η Έιμι χαμογέλασε, καταπίνοντας το κύμα του φόβου που ανέβηκε στον λαιμό της. «Εμπρός, λοιπόν», είπε.

Ο Νταν γύρισε στον Άλιστερ. «Είσαι ο ψηλότερος», του είπε δίνοντάς του τα σπίρτα.

Ο γέρος άναψε ένα σπίρτο και το σήκωσε. Η φλόγα έγλειψε ένα από τα κορδόνια άκρη-άκρη, φούντωσε για μια στιγμή τυλίγοντάς το κι ύστερα έσβησε.

«Αυτά τα φιτίλια είναι αρχαία», είπε ο Άλιστερ πετώντας το καμένο σπίρτο στο δάπεδο.

Ανοίγοντας το κουτί βρήκε μέσα τρία σπίρτα μόνο. «Τι έγιναν τα υπόλοιπα;» ρώτησε.

«Έεεε...», κατέβασε τα μάτια του ο Νταν.

Και η Έιμι βόγκηξε, φέρνοντας στο μυαλό της όλα τα σπίρτα που ο αδερφός της είχε κάψει στο πεζοδρόμιο έξω από το ξενοδοχείο τους, στο Τόκιο.

Ο Άλιστερ πήρε βαθιά ανάσα. «Εντάξει. Ας κάνουμε την προσευχή μας».

Άναψε και δεύτερο σπίρτο. Που έγλειψε κι αυτό την άκρη του φιτιλιού.

ΦφφφφΦΦΦΤ!

«Γιούχουουου!» πανηγύρισε ο Νταν καθώς ο Άλιστερ έβαζε φωτιά και σε δεύτερο και σε τρίτο φιτίλι. Οι φλόγες τινάχτηκαν δυνατές προς τον βράχο.

«Πάμε!» φώναξε ο Άλιστερ αρπάζοντας την Έιμι και τον Νταν.

Τρέχοντας χώθηκαν στο βάθος της σπηλιάς, στρίβοντας στην πρώτη κάτω γωνία του W.

Μπουμ!

Μπουμ! ΜΠΟΥΟΥΟΥΜ!

ΚΚΚΚΚΡΡΡΡΡΡΟ-Ο-ΟΟΟΚ!

Μια βροχή από κομματάκια πέτρας έπεσε μέσα στη σπηλιά κροταλίζοντας πάνω στα χρυσά όπλα, στις ασπίδες, στα σεντούκια του Χιντεγιόσι. Ο καθρέφτης ταλαντεύτηκε και τελικά έπεσε μπροστά κι έγινε θρύψαλα.

Ένα μικρό άνοιγμα πάνω από τα κεφάλια τους άφησε το φως της ημέρας να περάσει μέσα – μια τρυπίτσα στην οροφή του σπηλαίου.

«*Τα καταφέραμε!*» τσίριξε ο Νταν.

Έτρεξαν και οι τρεις προς τα εκεί, σκοντάφτοντας σε πέτρες, σπασμένα γυαλιά, σπασμένα πράγματα.

ΚΡΡΡΡΡΡΡΡΑΚ!

Κι άλλες πέτρες από ψηλά. Η Έιμι και ο Άλιστερ σήκωσαν τα μπράτσα τους να φυλαχτούν.

«Ο βράχος ράγισε!» φώναξε ο Νταν σέρνοντας ένα ξύλινο σεντούκι ακριβώς κάτω από το μικρό άνοιγμα. «Ελάτε!»

Ο Άλιστερ ανέβηκε πάνω στο σεντούκι, έπιασε την Έιμι και την σήκωσε στους ώμους του. Ήταν εκπληκτικά δυνατός.

Η Έιμι τέντωσε τα χέρια της, αλλά δεν μπόρεσε να φτάσει στην οροφή της σπηλιάς.

«Ένα... δύο... τρία... ώωωωπ!» Ο Άλιστερ την έσπρωξε με δύναμη λίγο ψηλότερα.

Και να. «Εντάξει!» φώναξε το κορίτσι.

Τα δάχτυλά της χώθηκαν στο άνοιγμα της πέτρας. Τραβήχτηκε προς τα πάνω, πέρασε έξω το κεφάλι της. Ο Άλιστερ πέρασε τα χέρια του κάτω από τις σόλες των παπουτσιών της κι άρχισε να την σπρώχνει.

«Ουουούχ!» Σχεδόν πνίγηκε ρουφώντας την πρώτη ανάσα κρύου, καθαρού αέρα. Τα δάχτυλά της γαντζώθηκαν σε μια ρίζα, που είχε καταφέρει να σκίσει τον βράχο. Στερέωσε τον αγκώνα της σε μια εσοχή της πέτρας και τράβηξε έξω το μισό κορμί της.

Στον ήλιο. Στην ένδοξη ευωδιά του χορταριού και του χώματος.

Τελείως έξω πια, ασφαλισμένη στην επιφάνεια της γης, έχωσε το χέρι της ξανά μέσα – όσο έφτανε. «Πιάσου!»

«Σήκω... *όοοπα!*» βόγκηξε πνιχτά ο Άλιστερ.

Η Έιμι έσφιξε τα δάχτυλά της γύρω από τον καρπό του αδερφού της και τράβηξε. Ο Νταν ήταν βαρύς, μπόρεσε να τον τραβήξει μόνο ως τη μέση του έξω από την τρύπα – αλλά ήταν αρκετό. Ο Νταν άφησε το χέρι της και σύρθηκε μόνος του έξω.

Αμέσως η Έιμι έσκυψε ξανά και φώναξε στο σκοτεινό άνοιγμα: «Θείε Άλιστερ! Μπορείς να βρεις άλλο ένα σεντούκι και να το βάλεις πάνω στο πρώτο; Πρέπει να ανέβεις ψηλότερα!»

«Προσπαθώ!» ήρθε η απάντηση μέσα από τη σπηλιά.

ΡΡΡΡΡΡΡΡΟ-ΟΜΜΜΜΜΜΜ!

Ο βράχος τραντάχτηκε ολόκληρος. Ένα κομμάτι του στ' αριστερά της Έιμι βούλιαξε μέσα σ' ένα σύννεφο σκόνης. Η κατολίσθηση είχε κόψει μια ολόκληρη πλευρά του βράχου, ακολουθώντας τη γραμμή της σχισμής. Κι έδειχνε να συνεχίζεται.

«Θείε Άλιστερ;» φώναξε ο Νταν. *«Είσαι καλά;»*

Ο Νταν κόλλησε το αυτί του στο άνοιγμα. Η Έιμι άκουσε τον Άλιστερ. Ο θείος τους κάτι φώναζε. Αλλά ο θόρυβος της κατολίσθησης έπνιξε τη φωνή του.

Ο Νταν έσκυψε όσο μπορούσε μέσα στο άνοιγμα. Και τεντώνοντας το χέρι του ούρλιαξε: *«Πιάσου, θείε! Πήδα!»*

Μα απάντηση δεν πήρε.

Μαζί τα δυο παιδιά φώναζαν πια το όνομα του Άλιστερ· αλλά το άνοιγμα, που είχε λίγες μόνο σπιθαμές διάμετρο, άρχισε να σπάει. Ο βράχος ολόκληρος κάτω από την Έιμι και τον Νταν ράγιζε. Χάνοντας τα στηρίγματά τους κατρακύλησαν προς τη ρίζα του, ώσπου βρέθηκαν πεσμένοι στο έδαφος.

Κι ενώ ολόκληρο το πέτρινο W βούλιαζε στο χώμα, η Έιμι και ο Νταν ίσα που πρόλαβαν να τραβηχτούν για να μην το ακολουθήσουν. Γονατιστοί έφεραν τα χέρια τους πάνω από τα κεφάλια τους, να προφυλαχτούν από τις πέτρες που άρχισαν να πέφτουν βροχή.

Ένα πυκνό σύννεφο σκόνης σηκώθηκε προς τα πάνω, μαυρίζοντας τον ουρανό. Η Έιμι και ο Νταν έμειναν να κοιτάζουν τον σωρό από κομμάτια του βράχου στα πόδια τους.

Στο τέλος, η Έιμι άκουσε τα λόγια της να βγαίνουν από το στόμα της, σαν να μην ήταν δικά της. «Τι σου είπε;»

Ο Νταν τής απάντησε με φωνή βραχνή, που μόλις ακουγόταν: «Είπε ότι δεν ήταν σχιστόλιθος!»

ΚΕΦΑΛΑΙΟ 17

Όταν η Έιμι σηκώθηκε και πήγε τρέχοντας πίσω από ένα δέντρο, ο Νταν κατάλαβε πως η αδερφή του έκανε εμετό. Και δεν αηδίασε καθόλου, γιατί το ίδιο ακριβώς έκανε κι εκείνος.

Ο Άλιστερ είχε πεθάνει – λίγους πόντους μακριά τους. Ακριβώς κάτω από τα πόδια τους. Τους είχε χαρίσει την εμπιστοσύνη του, τα χρήματά του, τις συμβουλές του, τη φιλοξενία του. Και, τέλος, τη ζωή του την ίδια.

Όλα έμοιαζαν σαν ψέμα. Ο θείος τους έπρεπε να βρίσκεται πίσω από κάποιο θάμνο, να τινάζει τη σκόνη από τα ρούχα του. Έπρεπε να τον δουν να πλησιάζει προς το μέρος τους, με το παντελόνι του ακόμα να δείχνει καλοσιδερωμένο. *Στο κάτω κάτω, ζούσαν μια περιπέτεια.*

Αλλά το μόνο που έβλεπε γύρω του ο Νταν, ήταν... σκόνη. Σκόνη και τουρίστες και πέτρες και βράχια και τα γαλάζια περιστρεφόμενα φώτα των περιπολικών.

Και μια αίσθηση μέσα στην κοιλιά του βαθιά, πως όλα αυτά τα είχε ξαναζήσει. Πως η ζωή του όλη δεν ήταν παρά μια σειρά από τέτοια γεγονότα. Από τέτοιες απώλειες. Τόσο που είχε πάρει όρκο μέσα του να μην δεθεί ξανά ποτέ με κανέναν μεγάλο· επειδή πονούσε τόσο πολύ, όταν τους έχανε.

Και να που το ίδιο πράγμα τού συνέβαινε τώρα ξανά.

Ένιωσε πως η αδερφή του τον κρατούσε αγκαλιασμένο από τους ώμους. Ένας αστυνομικός τούς μιλούσε στα αγγλικά, αλλά ο Νταν δεν καταλάβαινε λέξη.

«Τον λένε...», άκουσε τη φωνή της Έιμι. «Τον έλεγαν... Άλιστερ Ω».

«Ηλικία;» ρώτησε ο αστυνομικός.

Η απάντηση «εξήντα τεσσάρων» βγήκε από τα χείλη του Νταν. Δεν ήξερε πώς το ήξερε. Και η μόνη σκέψη που πέρασε εκείνη τη στιγμή από το μυαλό του, ήταν πως ο Άλιστερ δεν θα γινόταν ποτέ εξήντα πέντε. Πως ο ίδιος ο Νταν θα ήταν μια μέρα μεγαλύτερος απ' όσο είχε φτάσει να γίνει ο Άλιστερ.

«Τι ρούχα φορούσε;» συνέχισε ο αστυνομικός – μια ερώτηση που κάτω από τις συγκεκριμένες συνθήκες, φάνηκε στον Νταν απίστευτα βλακώδης.

«Μεταξωτό σακάκι... πραγματικά ωραίο πουκάμισο», απάντησε το παιδί. «Και... φορούσε πάντα άσπρα γάντια, ναι. Κι ένα κάπως στρογγυλό καπέλο...»

«Με μπ...» είπε η Έιμι. Το χείλι της έτρεμε. «Με μπ...»

«Με μπορ», συμπλήρωσε με σιγανή φωνή ο Νταν.

Ο αστυνομικός κράτησε σημειώσεις, αλλά ο Νταν ήξερε πως η αστυνομία δεν θα προσπαθούσε να σώσει τον θείο Άλιστερ. Απλώς θα έψαχνε να βρει το πτώμα του. Γιατί κανείς δεν θα μπορούσε να έχει βγει ζωντανός από μια τέτοια κατολίσθηση.

Έφυγε μουρμουρίζοντας τα συλλυπητήριά του και η Έιμι έμεινε να κοιτάζει τα γκρεμισμένα βράχια.

«Νταν...;» ψέλλισε. «Κοίτα...»

Μια μικρή κουστωδία είχε καταφτάσει στον τόπο του δυστυχήματος. Δεν έμοιαζαν με τους υπόλοιπους τουρίστες και τους συνηθισμένους επισκέπτες του πάρκου. Οι περισσότεροι φορούσαν σκούρα μπλε κοστούμια, μαύρα γυαλιά και μαύρα παπούτσια. Στ' αυτιά τους είχαν χωμένα ακουστικά με στριφογυριστά άσπρα καλώδια.

Ανάμεσά τους διέκριναν έναν ηλικιωμένο, αδύνατο άντρα με μια καμπαρντίνα ριγμένη στους ώμους του. Στον λαιμό του είχε τυλιγμένο ένα μεταξωτό φουλάρι και το πουκάμισό του έδειχνε πανάκριβο. Η σκουρόχρωμη ρεπούμπλικα, που φορούσε στο κεφάλι, έγερνε λοξά. Περπατούσε ζωηρά και στο χέρι του κρατούσε μπαστουνάκι φορτωμένο πολύτιμα πετράδια.

«Αυτός είναι ο τύπος...», είπε ο Νταν. «Αυτός που είδαμε στο Τόκιο, έξω από τον σταθμό του μετρό».

«Τι γυρεύει *εδώ;*» ρώτησε η Έιμι.

Τα μάτια του Νταν άνοιξαν διάπλατα βλέποντας κάποιον πίσω από τον γέρο – ένα πρόσωπο, που και ο ίδιος και η Έιμι ήξεραν καλά. Ήταν εκεί, όταν η φωτιά έκανε στάχτη το σπίτι της Γκρέις. Ήταν στο Παρίσι και στο Σάλτσμπουργκ. Ποτέ δεν είχε πει λέξη. Αλλά ήταν πάντα εκεί.

Δεν χρειάστηκε να τον δείξει στην αδερφή του. Η Έιμι τον είχε δει. «Ο Άντρας με τα Μαύρα...», ψιθύρισε κι άθελά της ζάρωσε.

Σκυφτά έτρεξαν τα δυο παιδιά και χώθηκαν πίσω από έναν θάμνο.

«Μπορείς ν' ακούσεις τι του λέει ο γέρος;» ρώτησε η Έιμι τον αδερφό της.

Ο Νταν σηκώθηκε. Σήκωσε την κουκούλα του μπουφάν του και πλησίασε την ομάδα των κοστουμαρισμένων, φροντίζοντας να μένει ανάμεσα στους περίεργους που είχαν μαζευτεί γύρω τους. Ζυγώνοντας τον γέρο ο Νταν τον είδε ν' ανταλλάσσει υποκλίσεις με τον αστυφύλακα, που τους είχε μιλήσει λίγα λεπτά νωρίτερα.

Μα ο άντρας με τα μαύρα δεν έδειχνε να ενδιαφέρεται για κουβέντες. Με την πλάτη του στραμμένη στον Νταν, περπατούσε αργά προς τα βράχια που είχαν καταρρεύσει.

Ο γέρος και ο αστυνομικός μιλούσαν, όμως. Και ο Νταν έπιανε λέξεις από την κουβέντα τους. Μόνο που όλα όσα έλεγαν... ήταν στα κορεάτικα. Έτσι κι αλλιώς, δεν είπαν πολλά. Ο γέρος φαινόταν θυμωμένος και βιαστικός. Λίγες υποκλίσεις αργότερα, ο αστυνομικός έφυγε.

Μ' ένα απότομο νεύμα προς τη συνοδεία του, ο γέρος τούς πρόσταξε να μείνουν στις θέσεις τους κι ο ίδιος προχώρησε μόνος προς τον μυστηριώδη άγνωστο με τα μαύρα.

Οι δυο άντρες στάθηκαν αμίλητοι δίπλα δίπλα, κοιτάζοντας τις κομματιασμένες πέτρες. Ο Νταν γύρισε και είδε την Έιμι τρομοκρατημένη, να του γνέφει να γυρίσει πίσω.

Μα οι δυο άντρες τού είχαν γυρισμένη την πλάτη – κι έτσι, τους πλησίασε κι άλλο.

Όταν μίλησε ο γέρος, τα λόγια του έφτασαν καθαρά στ' αυτιά του παιδιού. «Ήταν ο ανιψιός μου εκεί μέσα», είπε.

Ο άντρας με τα μαύρα κούνησε το κεφάλι του. Ένα ανεπαίσθητο σφίξιμο των χειλιών ήταν όλη κι όλη η αντίδρασή του. Τι φανέρωνε; Συμπόνια; Θρίαμβο; Αδύνατον να διαβάσει κανείς το πρόσωπό του.

Οι δυο τους φάνηκαν να διαφωνούν για κάτι, μα ο Νταν δεν μπόρεσε να ξεχωρίσει τι έλεγαν.

Τέλος, ο γέρος έκανε απότομα μεταβολή και γύρισε με βήμα ζωηρό στη συνοδεία του. Δεν έγνεψε σε κανέναν, όλοι όμως ξεκίνησαν και βάλθηκαν να περπατούν γύρω του συντονισμένοι. Μαζί απομακρύνθηκαν από τον τόπο του δυστυχήματος με κατεύθυνση την πύλη του πάρκου.

Γυρίζοντας κοντά στην αδερφή του, ο Νταν είδε τον άντρα με τα μαύρα να ζυγώνει κι άλλο το σημείο της κατολίσθησης. Τον είδε να περπατάει αργά ανάμεσα στις πέτρες. Να σταματάει και να σκύβει. Σαν να 'χε βρει κάτι – ίσως κάποιο από τα πολύτιμα πράγματα του Χιντεγιόσι, είπε ο Νταν με τον νου του. Πολύ σύντομα, όταν τα συνεργεία του πάρκου θα καθάριζαν τα βράχια, όλοι θα μάθαιναν για τον θησαυρό. Πολλοί θα επιχειρούσαν ν' αρπάξουν, να κλέψουν. Κι ένα σωρό κόσμος θα διεκδικούσε τα αμύθητα αυτά πλούτη. Με λίγα λόγια, θα γίνονταν όλα όσα βλέπουμε στις ειδήσεις, όταν πρόκειται για πολλά, για πραγματικά πολλά λεφτά.

Προς το παρόν, ωστόσο, δεν ήταν παρά ένας ασήμαντος σωρός από πέτρες. Κι αυτό που ο άντρας με τα μαύρα είχε σηκώσει από κάτω, δεν ανήκε καν στον Χιντεγιόσι.

Όταν το είδε ο Νταν, με δυσκολία έπνιξε τον λυγμό που έσφιξε τον λαιμό του.

Ήταν ένα καπέλο με μπορ, πατικωμένο και γεμάτο χώματα.

«Ω, Θεούλη μου, παιδιά! Νόμιζα πως είχατε πεθάνει!» τσίριξε η Νέλι βλέποντάς τους. «Άκουσα τι έγινε. Έχετε τα χάλια σας!»

Κι ενώ τα δυο παιδιά έσερναν με κόπο τα βήματά τους προς την έξοδο του Εθνικού Πάρκου Πουκανσάν, η κοπέλα έτρεξε προς το μέρος τους, σφίγγοντας στην αγκαλιά της τον Σαλαντίν. Η αστυνομία είχε ανακρίνει την ίδια και τον κύριο Τσανγκ.

Η καρδιά του κοριτσιού σφίχτηκε βλέποντας τον σοφέρ. Ήταν ολοφάνερο πως δεν ένιωθε καθόλου καλά.

Η Νέλι αγκάλιασε ενθουσιασμένη την Έιμι και τον Νταν, χωρίς ν' αφήσει από τα χέρια της τον γάτο, που διαμαρτυρήθηκε μ' ένα πνιχτό «*Μρρρρπ*» για όλο αυτό το δυσάρεστο σφίξιμο.

Η Έιμι χάιδεψε αφηρημένα το απαλό ασημένιο τρίχωμα του Σαλαντίν. «Τη γλιτώσαμε. Είναι μεγάλη ιστορία. Αλλά ο Άλιστερ...»

Η φωνή της πνίγηκε. Πίσω της, ο Νταν σκούπισε τα δάκρυά του.

«Ναι, το έμαθα», είπε η Νέλι και πέρασε το ελεύθερο χέρι της στους ώμους του Νταν για να τον παρηγορήσει. «Έλα, έλα, Νταν. Πάμε. Πάμε να φύγουμε».

Στη διαδρομή για το σπίτι του θείου Άλιστερ, η Έιμι διηγήθηκε στη Νέλι τι είχε συμβεί, τελειώνοντας με το στραπατσαρισμένο καπέλο του θείου τους, που είχε βρει ο άντρας με τα μαύρα. Η Νέλι την άκουσε κουνώντας το κεφάλι της. Ύστερα σώπασαν κι οι δυο τους. Ο Νταν όλο και έφτιαχνε με το μυαλό του φράσεις να πει, μα στο τέλος τού φαίνονταν όλες χαζές. *Ήταν σπουδαίος άνθρωπος. Νοιαζόταν πραγματικά για την οικογένεια Κέιχιλ. Θα μας λείψει.*

Το παιδί συνειδητοποίησε πως δεν ήξερε σχεδόν τίποτα για τον θείο Άλιστερ. Ο γέρος ήξερε χίλιες φορές περισσότερα για κείνους, απ' όσα ήξεραν εκείνοι γι' αυτόν. Τους είχε προδώσει. Εντάξει. Αλλά στο τέλος, τους είχε σώσει τη ζωή.

Στο σπίτι του Άλιστερ πουλάκια τιτίβιζαν στους φράχτες και μπαμπακένια άσπρα συννεφάκια στόλιζαν τον ουρανό. Λες και τίποτα δεν είχε συμβεί. Ο Χάρολντ, ο μπάτλερ του θείου Άλιστερ, τους περίμενε στην πόρτα, με το πρόσωπό του τραβηγμένο και σκοτεινό από τη λύπη. «Λυπάμαι πολύ», είπε η Έιμι.

Ο Νταν, η Έιμι και η Νέλι έβγαλαν τα παπούτσια τους και πήγαν στην κουζίνα, όπου ο Χάρολντ είχε ετοιμάσει σάντουιτς. Η Νέλι άρχισε να τρώει, ο Νταν όμως δεν άγγιξε το πιάτο του. Έβαλε το χέρι στην τσέπη κι έβγαλε από μέσα ένα φύλλο χαρτί κι ένα μεγάλο χρυσό δουβλόνι. «Αυτό το νόμισμα, ήταν το τελευταίο πράγμα που μου έδωσε...»

«Τι λέει το χαρτί;» ρώτησε η Έιμι.

Ο Νταν το ξεδίπλωσε και το ίσιωσε όσο μπορούσε πάνω στο τραπέζι. Ήταν η σελίδα από το βιβλιαράκι, όπου είχε αποκωδικοποιήσει τα γράμματα του καθρέφτη.

ALT SHAKE
THE SKALA
SHEA TALK
LAST HAKE
LAKE TASH

ALKAHEST

«Αυτό ήταν;» ρώτησε η αδερφή του. «*ALKAHEST* και όχι Λίμνη Τας;»

Ο Νταν έγνεψε καταφατικά. «Ναι. Η άλλη ονομασία της φιλοσοφικής λίθου».

«Μια λέξη της αλχημείας», είπε η Έιμι. «Πώς μπορεί, όμως, να είναι στοιχείο η φιλοσοφική λίθος, αφού δεν υπάρχει στ' αλήθεια;»

Ο Νταν ανασήκωσε τους ώμους και στριφογύρισε το δουβλόνι στον αέρα. «Πού να ξέρω; Ο Χιντεγιόσι είχε μανία με την αλχημεία».

Το νόμισμα προσγειώθηκε στην ανοιχτή παλάμη του με την όψη που έδειχνε κάποια θεά των Αιγυπτίων και κάτι ιερογλυφικά.

Τα μάτια της Έιμι άνοιξαν διάπλατα. «Περίμενε! Θεέ μου! Για δώσε μου το μολύβι σου!»

Άρπαξε το μολύβι από το χέρι του Νταν κι έγραψε άλλη μια λέξη κάτω από τις δικές του:

AL SAKHET

«Αυτό πάλι τι θα πει;» ρώτησε η Νέλι.

Η Έιμι είχε τιναχτεί όρθια. «Κάναμε ένα κεφάλαιο για την Αίγυπτο, πέρυσι! Al σημαίνει *του*. Sakhet είναι μια αρχαία Αιγύπτια θεά».

Η Νέλι έγειρε το κεφάλι της στο πλάι. «Σοβαρά;»

«Το μήνυμα του καθρέφτη...», είπε ο Νταν μέσα από τα δόντια του. Δεν γινόταν αλλιώς: έπρεπε να το παραδεχτεί. Η αδερφή του ήταν χαζοχαρούμενο και βλαμμένο. Αλλά το μυαλό της έκοβε. «Ο Χιντεγιόσι μάς έδειξε τον δρόμο για το επόμενο στοιχείο...»

«Νέλι», ρώτησε η Έιμι, «έχουμε αρκετά χρήματα για να πάμε στην Αίγυπτο;»

«Και βέβαια!» δήλωσε με σιγουριά η Νέλι. «Οι Κάμπρα μπορεί να σας την έφεραν, αλλά δεν τόλμησαν να 'ρθουν και να μου ζητήσουν πίσω τα λεφτά που μου είχαν δώσει. Λοιπόν: καβαλάμε τις καμήλες μας και φεύγουμε!»

Μια αμήχανη σιωπή απλώθηκε στην κουζίνα.

Ο Νταν ανασήκωσε τους ώμους. «Δυσκολεύομαι... και να το σκεφτώ ακόμα ότι θα φύγουμε. Μετά απ' όλα όσα συνέβησαν...»

«Δεν χρειάζεται να το σκέφτεσαι», είπε η Νέλι. «Κι αν δεν πεινάτε, δεν χρειάζεται να φάτε. Αλλά ένα ντους θα σας κάνει καλό. Βρομάτε κι οι δυο αυγουλίλα. Νταν, μπορείς να χρησιμοποιήσεις το μπάνιο στο δωμάτιο του Άλιστερ. Εσύ, Έιμι, πήγαινε στο μπάνιο των ξένων».

Ο Νταν παραδέχτηκε πως η ιδέα της δεν ήταν καθόλου κακή. Πήρε την πετσέτα του και τράβηξε για το δωμάτιο του Άλιστερ.

Η Αίγυπτος μπορούσε να περιμένει. Για λίγο.

Μύριζε ωραία στο δωμάτιο του θείου Άλιστερ. Μύριζε σαν τον θείο Άλιστερ: μια μυρωδιά από κολόνια και καθαρά ρούχα. Όλα ήταν τακτικά: οι φωτογραφίες πάνω στον κομό, η στοίβα τα δεμένα βιβλία στο κομοδίνο, τα μαξιλάρια στο κρεβάτι. Με λίγες πινελιές αφροντισιάς μόνο, σαν αυτό το ζευγάρι τα γάντια που ήταν πεταμένα πάνω στο κρεβάτι...

Ένα ζευγάρι *λερωμένα* άσπρα γάντια.

Ο Νταν, που είχε ήδη φτάσει στην πόρτα του μπάνιου, έκανε στροφή και γύρισε πίσω. Πήρε τα γάντια στα χέρια του. Ήταν γεμάτα χώματα και κομματάκια χόρτο και κάτι άλλο...

Κάρβουνο.

«Έιμι...;» φώναξε. «*ΕΛΑ 'ΔΩ! ΑΜΕΣΩΣ!*»

Μια κραυγή ευτυχίας είχε αρχίσει να ανεβαίνει στο λαρύγγι του, μα την σταμάτησε, καθώς μια σκέψη σχηματίστηκε μέσα στο μυαλό του. Μια σκέψη, που τον έκανε να χάσει το πάτωμα κάτω από τα πόδια του.

Με κάποιον τρόπο, ο θείος Άλιστερ ήταν ζωντανός.

Και τους την είχε φέρει.

ΕΠΙΛΟΓΟΣ

Ο γέρος έκλεισε την πόρτα του γραφείου του και βούλιαξε στη δερμάτινη πολυθρόνα. Γύρισε προς το παράθυρο και βόλεψε τα πόδια του πάνω σ' ένα σκαμνάκι. Τον πονούσαν περισσότερο από το συνηθισμένο. Στην ηλικία του, οι μακρινές πεζοπορίες ήταν κουραστικές.

Από τον δρόμο ανέβαινε πνιχτός κι απόμακρος ο θόρυβος της κυκλοφορίας, οι κόρνες των εκνευρισμένων οδηγών, οι φωνές των πλανόδιων μικροπωλητών. Η επίμονη υπενθύμιση του πραγματικού κι απελπισμένου νοήματος της ζωής – ταχύτητα, επιθυμία, λεφτά. Ένιωθε κουρασμένος απ' όλα. Μα τώρα κόντευε πια στο τέλος. Το μονοπάτι μπροστά του ήταν ανοιχτό.

Πίεσε το κουμπί του στερεοφωνικού. *Θάνατος και Μεταμόρφωση*, του Ρίχαρντ Στράους. Αλλόκοτα ταιριαστό, μετά απ' όσα είχαν συμβεί σήμερα.

Κουραστική μέρα. Το αναγκαίο δεν είναι πάντα ευχάριστο.

Τέλος πάντων. Πρώτα ο Θάνατος. Τώρα η Μεταμόρφωση.

Πίεσε ένα κουμπί στο τηλέφωνο ενδο-επικοινωνίας. «Εν Χι, καλέστε παρακαλώ τον κύριο Μακιντάιρ. Θέλω να του μιλήσω».

Περίμενε λίγα δευτερόλεπτα, αλλά δεν πήρε απάντηση. Περίεργο. Η Εν Χι ήταν εκεί, όταν μπήκε στο γραφείο του πριν από λίγα λεπτά. Δεν έφευγε ποτέ από το πόστο της.

«Εν Χι...;» δοκίμασε ξανά.

Το τηλέφωνο ζωντάνεψε με λίγα παράσιτα. Αλλά η απάντηση δεν ήταν καθόλου αυτή που περίμενε.

«Γεια σου, θείε», είπε μια βαθιά απαλή φωνή που τον κάρφωσε σαν μαχαιριά φόβου στη σπονδυλική του στήλη. «Ήταν ευχάριστη η βόλτα σου στο Πάρκο;»

Το κοκαλιάρικο δάχτυλο του Μπάε Ω άρχισε να τρέμει. «Ποιος... *ποιος είναι;*»

«Δεν με γνώρισες; Ο κληρονόμος σου», του απάντησε η φωνή. «Μη μου πεις ότι σου χάλασα τη μέρα. Κι όμως... ήταν εξαιρετική μέρα. Με είδες να πεθαίνω. Σκέφτηκες πως γλίτωσες τον κόπο: δεν θα 'σουν πια αναγκασμένος να με σκοτώσεις εσύ».

«Μα...», τραύλισε ο Μπάε Ω. «Πώς είναι δυνατόν... πώς γλίτωσες;»

«Δεν είσαι ο μόνος που αναρωτιέται. Σου δίνω τον λόγο μου, όμως, πως όταν ξεμπερδέψω μαζί σου, κανείς δεν θα 'χει πια αυτή την απορία».

Ο Μπάε Ω είχε πατήσει τα ογδόντα, αλλά τ' αντανακλαστικά του ήταν ακόμα καταπληκτικά.

Μ' ένα πήδημα βρέθηκε όρθιος κι άνοιξε την πόρτα, που έβγαζε στον προθάλαμο του γραφείου του.

Το δωμάτιο ήταν άδειο.

Άκουσε βήματα που ξεμάκραιναν πάνω στο χαλί του διαδρόμου. Μετά τίποτα. Είχε φύγει.

Τα γόνατα του Μπάε Ω λύγισαν. Στηρίχτηκε στην άκρη του τραπεζιού, νιώθοντας την καρδιά του να χτυπάει ξέφρενα. Πίσω του, από την ανοιχτή πόρτα του γραφείου του, ξεχυνόταν η μουσική του Στράους.

Το Κυνήγι Συνεχίζεται...

www.the39clues.gr

McIntyre, MacArthur, Mulligan, and Smood
ATTORNEYS-AT-LAW

Υπόμνημα

Προς: τα μέλη της οικογένειας Κέιχιλ
Σχετικά με τη διαθήκη της Γκρέις Κέιχιλ

Η επιστολή αυτή σκοπό έχει να σε πληροφορήσει ότι το όνομά σου αναφέρεται στη διαθήκη της μακαρίτισσας Γκρέις Κέιχιλ. Η κληρονομιά σου δεν είναι χρυσάφι, κοσμήματα ή χρήματα. Είναι μια εκπληκτική ευκαιρία – να πάρεις μέρος στο κυνήγι των 39 στοιχείων. Δεν το ξέρεις, δεν σου το είπαν, αλλά είσαι μέλος της οικογένειας Κέιχιλ – της πιο ισχυρής οικογένειας που γνώρισε ποτέ ο κόσμος. Τα 39 στοιχεία θα σε οδηγήσουν στην πηγή της δύναμης των Κέιχιλ. Και το πρόσωπο που θα τα βρει, θ' ανταμειφθεί πέρα από κάθε φαντασία.
Το κυνήγι των στοιχείων άρχισε και αμέτρητα δώρα περιμένουν.
Άρχισε να κυνηγάς τις λύσεις από τώρα.

Πώς θα βρεις στοιχεία:

1. Πήγαινε στο site www.the39clues.gr
2. Κάνε κλικ στο «Δημιουργία Λογαριασμού» και διάλεξε username και password.
3. Ανακάλυψε σε ποιο παρακλάδι των Κέιχιλ ανήκεις.
4. Εξερεύνησε τον κόσμο των Κέιχιλ και βρες τις λύσεις.

Καλή τύχη. Θα την χρειαστείς.

Διάβασε τα βιβλία. Παίξε τα παιχνίδια. Κέρδισε τα βραβεία.